Nação Inovadora

Como a América Está Perdendo Seu Poder de Inovação, Por Que Isso é Importante e o Que Podemos Fazer Para Reconquistá-lo.

JOHN KAO

Autor do best-seller *Jamming*

Nação Inovadora

Como a América Está Perdendo Seu Poder de Inovação, Por Que Isso é Importante e o Que Podemos Fazer Para Reconquistá-lo.

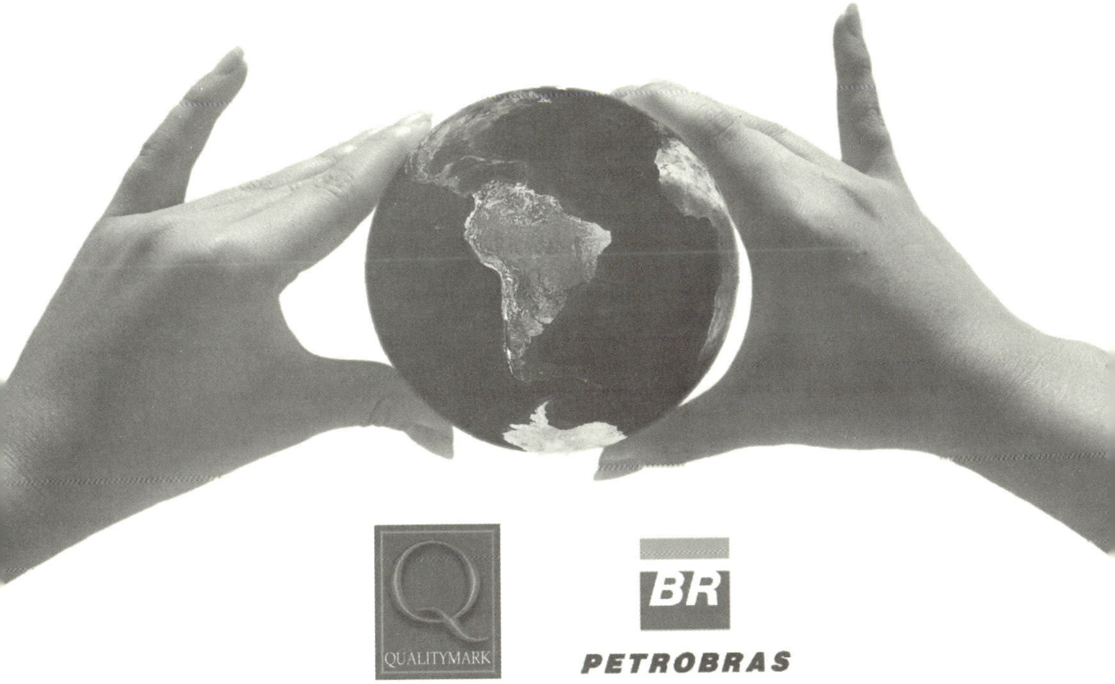

QUALITYMARK

BR PETROBRAS

Direção Editorial
SAIDUL RAHMAN MAHOMED
editor@qualitymark.com.br

Produção Editorial
EQUIPE QUALITYMARK

Capa
CRIATIVOS DESIGNER

Editoração Eletrônica
MS EDITORAÇÃO

Tradutor
CELSO PASCHOA

CIP-Brasil. Catalogação-na-fonte
Sindicato Nacional dos Editores de Livros, RJ

K25n

Kao, John J.

Nação Inovadora : como a América está perdendo seu poder de inovação, por que isso é importante e o que podemos fazer para reconquistá-lo / John Kao ; [tradução Celso Paschoa]. – Rio de Janeiro : Qualitymark, 2008.
304p.

Tradução de: Innovation Nation
Inclui Bibliografia
ISBN 978-85-7303-809-5

1. Inovações tecnológicas – Estados Unidos. 2. Inovações tecnológicas – Estados Unidos – Administração. I. Título

08-2802

CDD 338.06
CDU 338.06

2008
IMPRESSO NO BRASIL

Qualitymark Editora Ltda.
Rua Teixeira Júnior, 441
São Cristóvão
20921-405 – Rio de Janeiro – RJ
Tels.: (0XX21) 3295-9800/3860-8422

Fax: (0XX21) 3295-8424
www.qualitymark.com.br
E-Mail: quality@qualitymark.com.br
QualityPhone: 0800-263311

Para Jackson, Emeline e Desmond,
novos cidadãos da Nação Inovadora,
e para Laurel, que já vive lá.

“Os americanos sempre fazem a coisa correta após terem tentado todas as demais alternativas.”

– Winston Churchill

PREFÁCIO À EDIÇÃO BRASILEIRA

A inovação é, cada vez com mais intensidade, um dos grandes vetores do desenvolvimento das nações.

Costumamos dizer que a construção de um ambiente que contribua com a inovação precisa ser abordada pelo menos em três aspectos. O primeiro é a visão macro, que é o sentimento, a subjetividade que dá suporte aos movimentos de um país, de um estado, de um município ou de qualquer instituição.

É o motivo impulsionador para a motivação, o sentimento que está presente tanto no campeão olímpico como na criança que está aprendendo a andar de bicicleta. É o sentimento alimentado pelos valores da cultura da sociedade ou organização. É a constância de propósitos nos critérios de avaliação da Fundação Nacional da Qualidade. A cultura, no seu mais abrangente conceito, está presente na dinâmica das sociedades, na forma como elas desenvolvem o seu cotidiano. Este cotidiano, este "fazer", gera a percepção de necessidades e a percepção de necessidades é a grande alavancadora da inovação.

O segundo aspecto, também de caráter motivacional, tem como foco as razões do baixo grau de interação entre a academia, os pesquisadores e a atividade operacional. As lacunas de comunicação que sempre são citadas nos debates sobre o tema inovação enfocam as características da personalidade das pessoas, o que motiva alguém a se preparar com determinação e perseverança durante anos para ser um campeão em qualquer esporte de grande impacto físico e outros com a mesma determinação para escrever um livro de poesias, praticar dança...

E quais são estas características?

O que motiva o pesquisador é o desconhecido, é o equacionamento correto do problema, é a busca da solução. Conhecido o que era desconhecido, descoberta a solução há imediatamente uma redução na motivação para que o pesquisador continue na mesma atividade. Colocar no mercado e fazer a comunicação da sua descoberta, solução ou invento já não o motivam tanto. E o operador da fábrica? Do serviço? Este é mobilizado pela perfeita rotina. É motivado pelo conhecido, pelo total controle do processo contínuo. Costumo dizer que o pesquisador tem a cultura do "não errar", gerar a perfeita solução. Contempla, observa atentamente os mínimos detalhes e analisa as mais diversas possibilidades.

O operador tem a cultura do "não parar". Por que mudar se tudo está funcionando perfeitamente? Por que correr o risco de o novo parar o meu processo?

Este vazio na comunicação entre as atividades de pesquisas e as atividades que fazem a rotina da aplicação da inovação à sociedade só é preenchido quando há um reconhecimento mútuo dos valores que cada atividade tem e o quanto um pode contribuir com o enriquecimento da atividade do outro. A excelência na em operação contribui com a excelência na pesquisa, e vice-versa. Uma das características da excelência na operação é a precisão com que esta percebe e explicita as suas necessidades inovadoras. Ao pesquisador cabe fazer com que as demandas vindas da área operacional sejam qualificadas como as direcionadoras no desenvolvimento do seu trabalho. Fazer com que o conjunto das informações acumuladas ao longo do tempo seja o caminho para a realização de grandes saltos tecnológicos.

O terceiro ponto da abordagem do tema é o processo contemporâneo de inovação como um todo dentro de uma sociedade, do qual fazem parte a pesquisa científica, a pesquisa aplicada, o protótipo ou projeto-piloto, a produção e o mercado.

Não queremos dizer que cada inovação tenha que obrigatoriamente passar por todas estas fases para ser usufruída pela sociedade. O que queremos dizer é que para que uma sociedade se desenvolva de forma sustentável ela precisa atender a duas condições básicas, ou seja, ter uma forte capacitação em todo o processo de inovação, uma forte base científica e tecnológica, uma força de trabalho com alto nível de qualificação e um arcabouço social institucional competente e com elevado grau de interação. Isso só se alcança com educação, saúde e segurança, enfim com qualidade de vida digna para a sociedade. Segundo, que esta competência instalada tenha como referência no desenvolvimento do seu trabalho a dinâmica social e o cotidiano de sua sociedade.

John Kao, autor de *Jamming: A arte e a disciplina da criatividade na empresa*, de 1996, leitura imprescindível para se entender a flexibilidade do processo criativo e a importância da inovação como estratégia competitiva na gestão das pessoas e dos negócios, é uma figura simpática que geralmente veste gravata-borboleta e carrega um sorriso enigmático em suas feições orientais. Bom conhecedor do Brasil, morou 3 meses em Copacabana para aprender bossa-nova e poder ficar horas ao piano executando música brasileira da melhor qualidade.

Foi graças aos seus carisma, simplicidade e generosidade que nos encorajamos a convidá-lo para vir ao Brasil palestrar no Congresso Anual do MBC. Imediatamente surgiu a idéia de lançar seu novo livro aqui no dia do evento. Precisávamos de uma editora capaz de aceitar o desafio de, em menos de quatro meses, negociar, traduzir e publicar seu livro em português. Nesse sentido não podemos deixar de agradecer ao amigo Saidul R. Mahomed, editor da Qualitymark, que imediatamente apoiou e viabilizou a idéia.

Sobre a obra, vale ressaltar que a análise feita por Kao, embora tivesse originalmente o foco nos EUA, vale também para o Brasil. É chegada a hora de estabelecermos estratégias claras e definitivas para o desenvolvimento sustentado do país. Embasar este desenvolvimento em políticas públicas voltadas para a inovação é determinante para alcançarmos o sucesso. Cabe aos gestores de todos os níveis refletirem sobre o tema e definirem planos de ação compatíveis com os desafios que teremos pela frente.

Sugerimos especial atenção ao capítulo que aborda a visão de Porter na análise de *Clusters*, em especial ao caso do Guggenheim Museum Bilbau. Ali se pode perceber a complexidade e a dificuldade de se planejar o futuro baseado nas experiências passadas. A essência do pensamento inovador e sua surpreendente complexidade.

Nação Inovadora é uma leitura indispensável para todos que, de uma forma ou outra, se interessam pelo tema, pois mesmo em se tratando de sociedade com características diferentes das nossas, descreve experiências que com certeza contribuem para a construção de uma sociedade que tenha na inovação um de seus pilares da competitividade ou competência sustentável.

Irani Varella
Assessor da Presidência da Petrobras

José Fernando Mattos
Sócio-diretor da INDEXtech Management

AGRADECIMENTOS

A imagem clássica do(a) escritor(a) solitário(a) em um sótão trabalhando duro em páginas de papel-ofício está em desacordo com a era digital que encerra o poder da busca na Internet, o *e-mail*, a edição conjunta de documentos, as inovações abertas e a vivacidade de uma fértil colaboração.

Muitas pessoas me ajudaram na elaboração deste livro. Primeiro, gostaria de agradecer à minha editora Emily Loose, pela experiência editorial extremamente valiosa – constituída de partes iguais de empatia e suporte, profissionalismo e inúmeras sugestões proveitosas. Segundo, a Lance Knobel, que trabalha comigo na Kao & Company, prestando uma colaboração intelectual e nas pesquisas da mais alta qualidade que, em certas oportunidades, mais se parecia como se eu tivesse um Pete Sampras ministrando aulas de tênis. Agradeço a Donna Carpenter e a Mo Coyle pela perspicácia, refino, e pelo alicerce com suas contribuições editoriais. À minha agente Helen Rees, com quem estou "preso" há mais de uma década, que sempre trata os arranjos de negócios com seu habitual talento. A Marjorie McClain, que me apoiou em inúmeras tarefas administrativas associadas com o livro.

Os cenários contidos neste trabalho foram esboçados com a ajuda de um grupo excepcional de colegas locados em San Francisco, que inclui Peter Leyden, John Zysman, Michael Borrus, Niels Christian Nielsen e Lance Knobel. Um *workshop* realizado no Center for American Progress reuniu Neera Tanden, John Podesta, Ronnie Chatterji, Gene Sperling, Thomas Kalil, Josh Gottheimer, Ian Solomon e Rob Atkinson.

Mary Walshok merece uma menção especial por agregar ao meu entendimento as complexidades de uma inovação regional, e por tomar emprestado dela o zelo típico de San Diego em diversas revisões deste livro.

Muitos indivíduos investiram tempo de suas vidas ocupadas para colaborarem com entrevistas: Dean Kamen (DEKA), Vint Cerf (Google), Tony Tether (DARPA), Tan Chin Nam (Ministry of Information and the Arts, Governo de Cingapura), Philip Su (JTC Corporation, Governo de Cingapura), Nabil Ali Alyousuf (The Executive Office, Governo de Dubai), Philip Yeo (*Chairman* da A*STAR, Biopolis Cingapura), Chuan Poh Lim (Secretário Permanente, Ministry of Education, Governo de Cingapura), Sean Randolph (Diretor, Bay Area Science and Innovation Consortium), Craig Barrett (*Chairman*, Intel Corporation), Howard Gardner (Department of Education, Universidade de Harvard), Jay Cohen (U.S. Department of Homeland Security), Rob Atkinson (Information Technology and Innovation Forum), Erik Rassmussen (Innovation Council, Dinamarca), Linda Dozier (COO, In2Books), Stan Williams (Diretor, Quantum Science Research Group, HP), Steve Franklin (Gunderson Dettmer), Tom Melcher (Blue Bamboo Ventures), Uffe Elbaek (KaosPilots, OutGames), Brian Behlendorf (Collabnet), Miles Gilburne (ZGI), Bo Ekman (Tallberg Forum) e Reg Lewis (QB3).

Muitos colegas contribuíram para o meu conhecimento em certas áreas específicas. Gostaria de agradecer em especial e expressar minha apreciação à senadora Hillary Clinton por demonstrar interesse nesse projeto. Gostaria também de agradecer a Newt Gingrich, ex-presidente da Câmara dos Deputados americana, e à atual presidente Nancy Pelosi, pela oportunidade de discutir as dimensões políticas da *Nação Inovadora* com eles. Andy Krepinevich me ajudou a encontrar literatura sobre o crescente poder militar da China. Brian Persons, Ed Giambastiani, John Arquilla e Andy Marshall moldaram minhas opiniões sobre as questões militares. Robin Harper me capacitou a entender as nuances da comunidade Second Life, enquanto Peter Williams me apresentou ao mundo do alpinismo e do El Capitan. Matt Gardner me proporcionou visões sobre a indústria de biotecnologia de San Francisco; Mark Bunger iluminou padrões de inovação no setor de nanotecnologia, enquanto a equipe 12 da KaosPilot deu suporte em uma parte das pesquisas; a ajuda da Mette Fresner foi particularmente valiosa. E as discussões com Richard Rhodes foram um regalo intelectual.

Vários amigos e colegas amavelmente leram o manuscrito e deram suas sugestões: John Arquilla, Paul Saffo, Tom Singer, Mary Walshok,

Gary Meller, Wayne Johnson, Ronnie Chatterji, Sean Randolph, Peter Leyden, Laurel Kao e Mike Skurko.

Às vezes meu comportamento regressa aos anos 60; um sintoma disso é que tendo a escrever sobre música. Três gravações formaram a trilha original oculta da *Nação Inovadora*: (i) Steve Reich, *Reich Remixed* (Nonesuch 79522-2, 1998) (tocada cerca de 200 vezes); (ii) The Pat Metheny Group, *The Way Up* (Nonesuch 79876-2, 2005) (tocada cerca de 200 vezes); e (iii) *Sunday in the Park with George*, London Cast Recording (P.S. Classics B000EZ9048, 2006) (tocada cerca de 50 vezes).

Cada livro é a documentação de custos de oportunidades aplicados à vida pessoal de uma pessoa. Minha família tem suportado minha ausência durante a gestação deste livro, assim é mais do que merecido que ele seja dedicado a ela.

Finalmente, gostaria de agradecer a meus pais, ambos já falecidos, que aportaram aos Estados Unidos vindos da China há 50 anos em busca do Sonho Americano. Seus valores, conhecimento do mundo e amor por este país continuam a me inspirar no dia-a-dia.

SUMÁRIO

INTRODUÇÃO

"A Nova Fronteira não é um conjunto de promessas. Ela é um conjunto de desafios."

– John F. Kennedy

Apenas no passado nós, americanos, podíamos nos dar ao luxo de sentirmos presunção sobre nossa primazia. O Destino, assim parece, nos indicara para sermos os permanentes pioneiros do mundo, e estávamos sempre à frente dos desenvolvimentos de ponta mais avançados. Da Declaração da Independência à Creative Commons*, do cinema à Internet, das viagens aéreas aos circuitos integrados, do Mac ao MySpace**, lideramos o caminho até o novo. O futuro nos pertencia. Outras nações teriam de se estabelecer para serem seguidoras, meras clientes ou imitadoras de nossas fabulosas criações.

Isso é coisa do passado. Atualmente, o cenário é completamente diferente. As inovações têm sido a nova moeda da competição global à medida que país após país compete ferozmente por novos mercados num contexto em que a capacidade de criar novas idéias é considerada como a marca registrada do sucesso nacional. Esses competidores estão começando a nos desafiar seriamente como captadores de capital de

* N. T.: A Creative Commons refere-se a uma organização sem fins lucrativos dedicada a expandir a quantidade de trabalhos criativos, utilizando um sistema que permite que detentores de copyright ofereçam alguns de seus direitos ao público, enquanto retêm outros, por meio de inúmeras licenças e contratos, tendo como base a lei apropriada e vigente de direitos autorais.

**N. T.: O MySpace refere-se a um serviço prestado na Califórnia, constituído de uma rede social interativa, cujo objetivo é o de integrar e unir pessoas, amigos e famílias através de blogs, grupos, fotos, música, fóruns, vídeo etc., sendo na atualidade a rede que mais cresce no ciberespaço.

risco, de recursos para a Pesquisa e o Desenvolvimento, e de talentos, e como os "locais quentes" de inovações a partir dos quais emergirão inúmeras oportunidades futuras.

É sabido que o mundo mudou quando o politburo chinês – bastião histórico do conceito marxista-leninista-maoísta – introduziu a inovação exatamente no cerne de seu próximo plano de cinco anos, como o fez em 2006, ao definir a meta de construir um "país inovador", alicerçado em uma "base rica de talentos" para impulsionar o desenvolvimento econômico e social.

Nesse ínterim, nossa própria capacidade nacional de inovar está erodindo, com profundas implicações negativas para o nosso futuro. Conheço esse fato porque, como parte de meu trabalho em inovação, presto serviços de consultoria a governos, empresas estabelecidas líderes do mercado e firmas precursoras mundo afora. Esses organismos recorrem a meus préstimos não somente para desenvolver novos produtos ou serviços, mas também para obter novos modelos de negócios e visões de possibilidades. Constantemente, na busca por melhores práticas e tendências emergentes, observei dramas emergindo de minha posição privilegiada.

Vivemos em uma nação em que agora se gasta mais dinheiro com astrologia do que com astronomia, nação essa em que o tratamento de certas questões fundamentais, como educação, ciências e investimentos em pesquisa básica, parece cada vez mais discordante de um novo conjunto de melhores práticas globais desbravadas por outros. No Capítulo Dois deste livro, revelo uma série de fatos desalentadores e desconcertantes em um "boletim informativo" sobre as inovações americanas.

Embora ainda desfrutemos da posição de liderança, outras nações do mundo estão progredindo com rápida velocidade. De fato, meu trabalho tem-me mostrado que as inovações estão passando rapidamente a ser uma força orientadora para fins de políticas públicas em vários países – mas não no nosso próprio país. Outras nações estão acelerando suas iniciativas ligadas a inovações e gastando quantidades substanciais de dinheiro para dispor de novos tipos de incentivos, para fomentar talentos e para patrocinar ativamente iniciativas de inovação em grande escala. Minha mesa está repleta de estratégias de inovações e de relatórios oficiais originários da Suécia, China, Austrália, Canadá e Cingapura.

A maioria das pessoas não percebe a rapidez com que essas estratégias, impulsionadas por um novo cálculo da economia global, estão remodelando o panorama competitivo. Até 2010, por exemplo, especialistas estimam que Pequim abrigará o maior centro de pesquisas em nanotecnologia do mundo, com dez vezes mais pesquisadores lotados em uma única instalação do que qualquer unidade norte-americana. O segundo maior à época? Xangai. E, embora os americanos retenham a liderança na área de ciências naturais, países como a China e a Hungria estão se empenhando para se tornar *players* de classe mundial e obter os benefícios econômicos dessa ordem. E eles estão conseguindo êxito. Países que nem mesmo reconhecemos como competidores sérios estão começando a nos superar em alguns campos essenciais enquanto desperdiçamos nossa vantagem de outrora há tempos conquistada.

Trata-se de um momento crucial no tempo, talvez um ponto de transformação histórico. Exatamente na hora em que estamos começando a diminuir o ritmo, outros estão acelerando o passo. E, em algum ponto – mais breve do que podemos imaginar – haverá o cruzamento entre as curvas do nosso declínio e da ascensão do restante do planeta. No mundo futuro, muito mais acentuadamente do que no de hoje, a inovação será o motor do progresso. Assim, a menos que mudemos para retificar essa situação sombria, os Estados Unidos não podem sonhar em permanecer como líder. O que está em risco é nada mais do que a prosperidade e a segurança futuras de nossa nação.

A evidência acumuladora sobre a saúde de nosso propulsor nacional de inovações tem cada vez mais me inquietado, e perturbado. Vislumbro a formação de uma crise, e isso me deixa indignado. O nosso desempenho deveria ser muito melhor do que o conseguido. Temos os talentos, o dinheiro, o histórico e a infra-estrutura necessários para um sucesso continuado. No entanto, estamos rapidamente nos tornando a Detroit* complacente, preguiçosa, das nações. Estamos perdendo o senso coletivo de propósito juntamente com nossas paixão, ambição e determinação de realizar. Para piorar a situação, os anos de abertura do século XXI têm testemunhado o que denomino de crise doméstica de competência. Pense no furacão Katrina. Pense na seguridade nacional.

Logo após o 11 de setembro, quando participei de um congresso patrocinado pela comunidade de inteligência sobre metodologias para

* N.T.: Aparentemente o autor está citando Detroit de maneira negativa e um tanto pejorativa, colocando o que essa cidade representou de símbolo de burocracia e de linhas de produção antiquadas e morosas no setor automotivo, perdendo espaço, essencialmente nas décadas de 80 e 90, para a manufatura e a qualidade emergentes à época no Japão.

se pensar sobre o futuro, tive uma vaga noção de quão prejudicada nossa visão passara a ser. Fiz um comentário sobre o que imaginara: que haveria um aumento substancial em novas abordagens para o contraterrorismo, uso de novas tecnologias e novos conceitos operacionais desde aquele terrível evento. "Oh, não" foi a resposta na outra ponta do diálogo. "Infelizmente, demandará talvez um outro episódio significativo antes de acordarmos e empreendermos ações positivas reais." Eu fiquei chocado.

Como aluno de cursos de história militar, retomei ao ano de 1941 e aos dias sombrios após Pearl Harbor. Aquele ataque deixara a Marinha dos EUA com apenas uma dúzia de porta-aviões para guardar suas linhas, a maioria dos quais os japoneses afundaram logo após o início da extensiva guerra no Pacífico. No entanto, passados apenas três anos, a América tinha uma centena de porta-aviões totalmente armados com novos aviões, pilotos, táticas e barcos de apoio, suportados por novos enfoques relacionados à logística, a métodos de treinamento, a fábricas de aeronaves, a estaleiros de navios e a mulheres operárias. Isso sem contar a rápida mobilização de uma enorme força distribuída entre a Ásia e a Europa e algumas inovações que mudaram o jogo, tais como o B-29, as técnicas de aterrissagem e a fissão nuclear. Temos trabalhado em algo que se aproxima daquele tempo na era atual?

Os americanos adoram a narrativa nacional do bem-estar e segurança decorrentes das histórias e confiam, talvez até de maneira exagerada, em nossa capacidade de acompanhar o ritmo rapidamente quando necessário. E certamente gostamos da idéia de sermos os primeiros. Mas, infelizmente, também temos uma boa habilidade para sermos levados ao sabor de nossa direção corrente – num movimento lateral. E, na atualidade, falta-nos um consenso nacional sobre o que defendemos como uma nação e sobre o nosso papel no mundo, além de um senso claro e vital de propósito.

Para amplificar os perigos que enfrentamos concorrem o declínio súbito de nossa posição mundial e a concorrente falta de respeito no tocante à nossa habilidade para liderar. Estou exagerando? Não de acordo com o *Pew Global Attitudes Project*, o maior estudo até o momento sobre a opinião pública global. Ele revela, por exemplo, que nossa imagem na Indonésia, a nação em que há a maior população de muçulmanos do mundo, tem-se deteriorado muito. Embora 61% dos indonésios tivessem uma boa visão sobre os americanos em 2002, os números despencaram para apenas 15% em 2003, nos calcanhares de nossa marcha em direção ao Iraque. Então, após dois ex-presidentes norte-americanos e uma frota de aviões de carga rumarem para a Indonésia na ajuda para prover alívio contra o flagelo do tsunami em 2005, nossos índices de apreciação melhoraram um pouco, mas eles ainda recaem em somente 30% em 2006, exatamente a metade do que era antes da invasão do Iraque.

A história é praticamente a mesma entre aliados mais tradicionais como a Alemanha. Em 2002, 61% dos alemães tinham uma visão positiva sobre nós; em 2006, somente 37% tinham a mesma opinião. E na China, de acordo com a pesquisa conduzida pelo *Pew Project*, os Estados Unidos são considerados como o "grande risco" para a paz mundial por mais pessoas, superando em números o Irã, a Coréia do Norte ou o conflito entre israelenses e palestinos.

Nossos líderes políticos não estão insensíveis à ameaça imposta pela nossa perda do prestígio mundial, embora existam fortes evidências de que uma nova abordagem e narrativa nacional frente a nossos desafios pertinentes às inovações não estejam aparentes no presente. O presidente Bush propôs a American Competitiveness Initiative. Ela inclui, entre outros elementos, um maior número de pesquisas básicas em campos como os de supercomputadores, energias alternativas e nanotecnologia; um crédito fiscal permanente sobre negócios para cobertura de despesas em pesquisa e desenvolvimento; e um esforço para o treinamento de mais 70 mil professores em ciências e matemáticas para o ensino médio. A presidente da Câmara dos Comuns, Nancy Pelosi, há tempos tem defendido uma estratégia de inovações nacional que reforça um papel rejuvenescido para o governo em pesquisa básica. O plano dela consiste no aperfeiçoamento de matemática e de ciências, com financiamento duplo da *National Science Foundation*, uma ênfase revigorada em pesquisa básica na *Defense Advanced Research Projects Agency* (DARPA) e um impulso liderado por pesquisas para fins de independência em energia. E foram emitidos relatórios por numerosos outros grupos de *stakeholders*, incluindo a *National Academy of Sciences*, o *Council on Competitiveness*, a *National Governors Association*, a *Asia Society* e a *TechNet Alliance*. Mas, o que está se discutindo atualmente é uma estratégia voltada preferencialmente para o "mais", não para o "diferente", quando o que necessitamos é um enfoque renovado para as inovações, enfoque esse que aspire mudar a natureza das conversações.

Não há uma única resposta ou solução. O que é requerido é nada menos do que um compromisso substantivo dos recursos da América – humanos e financeiros – para renovar nosso propulsor de inovações. E a primeira etapa óbvia é simplesmente reconhecer os desafios que enfrentamos no nível nacional. Vencida essa fase, devemos desenvolver uma visão persuasiva e um plano detalhado de ação que reinventará o modo como educamos nossos filhos, alocamos nossos recursos, perseguimos nossos projetos de pesquisas, transmitimos e compartilhamos nossas descobertas, e como nos conduzimos na comunidade mundial. O incrementalismo não nos levará ao ponto onde precisamos ir; estamos no que os biólogos denominam de momento de "equilíbrio interrompido", em que um contexto de rápidas alterações demanda uma evolução igualmente veloz de nossa habilidade para adaptação.

Nosso desafio é aproveitar ao máximo o dia, muito embora ele ainda esteja praticamente em sua metade.

Haverá aqueles que rotularão uma estratégia de inovações nacional como uma meta quixotesca ou irrealista, pois a maioria dos americanos não é adepta de políticas imprimidas de cima para baixo. Em seu lugar, preferimos um modelo econômico que acata a assim chamada "mão invisível" dos incentivos do mercado livre para orientar o progresso dos negócios, da ciência, e o desenvolvimento social. Mas, de fato, nós já alocamos nossos recursos para abordar desafios de grande escala no passado, e com ótimos resultados. Pense no Sputnik. Depois que a União Soviética alfinetou nossa bolha de complacência e desafiou o senso americano de confiança em nossa liderança global ao enviar um objeto artificial que orbitava em torno do planeta, respondemos com maciços financiamentos em educação, modernizamos os currículos escolares de ciências e matemática, e houve uma "enxurrada" de lançamentos de iniciativas federais que eventualmente colocaram Neil Armstrong em posição para empreender seu "gigantesco salto em prol da humanidade". Nenhum presidente tinha se igualado à convocação emocionante de John F. Kennedy para que mirássemos em inovações quando ele jurou enviar o primeiro homem à Lua há cerca de metade de um século.

Apesar do exemplo da Apolo ser instrutivo, o desafio atual é diferente. Como descrevo brevemente, a ameaça de hoje é um Sputnik "silencioso", ameaça essa que não é evidente – assomando em um céu noturno – nem capaz de colocar em risco nossa segurança e nosso modo de vida, pelo menos no princípio. Todavia, nossa resposta deve ser igualmente vigorosa – para inscrever nossa base de recursos e nossos abundantes talentos em um movimento que estimule inovações num âmbito nacional, no intuito de afirmar e revitalizar nossa posição de liderança no século XXI.

Este livro pretende apoiar essa missão diagnosticando nossa situação atual, descrevendo melhores práticas de inovações encontradas pelo mundo, explicando como as inovações funcionam num nível nacional e tornando manifesta uma proposta para uma estratégia dos EUA que todos os *stakeholders* possam suportar. Segundo minha visão, uma estratégia nacional oferece-nos a oportunidade de passarmos a ser o que chamo de Nação Inovadora, um país com um objetivo amplamente compartilhado, e bem-entendido, de melhorar continuamente nossas competências de inovação a fim de atingir metas transformadoras para o mundo.

Decidi escrever este livro a partir de uma percepção de alerta sobre uma "posição de ponta" que segue continuamente "desprovida de orientação". Sob alguns aspectos, nosso país está na situação de um indivíduo que padece de anosognosia, uma disfunção cerebral com a qual tive o primeiro contato quando estudante de medicina em Yale. Imagine uma vítima de derrame com o braço e a perna esquerdas inertes que se recusa a admitir que está paralisado. A anosognosia geralmente inicia com uma lesão no lado direito do cérebro que tipicamente bloqueia o paciente de sentir ou mesmo compreender o que se passa no lado esquerdo de seu corpo. O único alívio conhecido para esse mal é a aplicação de um jato de água gelada no ouvido esquerdo do paciente, com o choque provocando um retorno temporário da percepção.

Este livro é minha tentativa de esguichar água gelada no ouvido dos americanos. Ele foi concebido não como um relatório de diretrizes ou um tratado acadêmico, e sim como um diálogo com meus co-cidadãos, um meio de compartilhar o que tenho aprendido a partir de uma série de experiências inusitadas tanto no trabalho como na vida pessoal. No que tem sido para mim uma jornada consumidora na busca por inovações mundo afora, fui apresentado a quatro manifestações divinas, e cada uma delas aprofundou meu entendimento sobre inovações e, coletivamente, me levaram a ver que nossa tarefa corrente como uma nação é a de inovar o processo de inovação em si. Sem uma nova percepção do como fazer isso, receio que não iremos atingir o objetivo apesar de nossas melhores intenções.

A primeira manifestação divina despertou um enorme mal-entendido em minha juventude. Com 10 anos, assisti à *Voyage of the Space Beagle*, de A. E. van Vogt, uma das óperas espaciais originais de ficção científica. Era o conto pungente de uma expedição interestelar que dera errado. A tripulação da nave se deparara, entre outros horrores, com uma consciência disseminada na galáxia denominada Ixtl que a atraíra em uma perseguição no espaço profundo da qual seus membros não conseguiram escapar durante décadas. Uma luta de poder irrompeu entre os especialistas – químicos, soldados, antropólogos e profissionais afins –, pessoas que faziam parte da tripulação, mas que não conseguiam trabalhar juntas, pois não podiam pensar fora de suas especializações. O herói era o Dr. Elliott Grosvenor, o único "nexialista"* da nave, uma nova disciplina (seu nome derivando de "nexo" – *nexus* em inglês) que integrava vários sistemas práticos de conhecimento. Quando a situação resultou em um desastre total, Grosvenor foi forçado a assumir o comando da nave, utilizando uma combinação poderosa de técnicas psicológicas, administração e ciências militares, além de aptidões de comunicação que uniram a tripulação, o que finalmente possibilitou a sua fuga.

"Uau!", eu pensei. "Um nexialista é o que eu quero ser." Apenas depois de algum tempo é que descobri que o nexialismo não era uma disciplina verdadeira; ela era um neologismo do autor. Mantidas todas as outras condições, passei uma grande parte de minha vida transformando minhas aspirações polimatemáticas em uma carreira que sob certos aspectos se aproxima do nexialismo. Na minha ânsia de descobrir as fontes da inovação, tenho atuado como empreendedor, produtor cinematográfico e de peças da Broadway, psiquiatra, professor de faculdade de administração, consultor e escritor.

De certa forma, minha verdadeira função no trabalho atualmente é a de um arbitrador. Adoro tratar de tópicos complexos – sejam eles chamados de agendas emergentes ou problemas graves – que estão além da

* N.T.: Nexialista se refere, em suma, a uma pessoa que em suas ações e conduta primará pelo nexo, isto é, por um senso de conexão, ligação ou vinculação; indivíduo esse com características de *encadeador*, que sabe um pouco de tudo sem ser especialista em uma só matéria. Por extensão, temos o nexialismo.

faixa efetiva de disciplinas estreitamente definidas, e em seguida descobrir quem está avançando com eles. Nos negócios, o arbitrador explora diferenças de preço em ações ou outros instrumentos financeiros entre mercados em todas as partes do mundo, adquirindo-os a preço baixo e vendendo a um mais alto. Minha versão de arbitragem envolve criar valor ao descobrir as ligações entre disciplinas e pontos de vista tradicionais, ao levar conhecimento do ponto em que ele é estabelecido até onde ele é necessário. Especificamente, efetuo transações envolvendo descobertas sobre inovações – novos métodos, grandes desenvolvimentos – no mercado global de idéias.

Na qualidade de arbitrador, tive a oportunidade de considerar um conjunto farto de perguntas interessantes. Por exemplo, como um entendimento da história e da narrativa pode oferecer subsídios à disciplina da estratégia? Por que a psiquiatria é útil no estudo de questões militares? De que maneira o conhecimento dos valores da produção hollywoodiana ajuda a criar experiências educacionais memoráveis? Por que ambientes como estúdios de gravação e salas de edição de som são especialmente convidativos para o surgimento de inovações?

O que tenho aprendido é que a inovação – criando o que é tanto novo como de valor – não é uma área técnica de competência com limites rigidamente definidos. Ela não pode ser reduzida a um único quadro de referência, modo de pensamento ou conjunto de métodos. Em vez disso, a inovação surge quando há um agrupamento de diversas matérias do conhecimento, perspectivas e disciplinas.

Minha segunda manifestação divina sobre inovação ocorreu logo após eu ter assumido como professor-assistente recém-indicado para a *Harvard Business School*. Procurei conhecer as reações dos docentes a meus planos para ensinar e pesquisar o tópico. Um de meus colegas, um professor com aparência de emérito e dotado de uma massa de cabelo branco e uma mesa do tamanho de um pequeno couraçado de batalha, me examinou superficialmente e disse: "Permita-me lhe dar um conselho. A inovação não é um bom tópico para você ensinar aqui." "Por que não?" – respondi. Sua resposta: "Porque tudo que é importante sobre o tema já tem sido refletido na literatura". Essa foi a ocasião em que fiquei sabendo que estava tomando parte em algo muito importante. E, desde então, o tema comum para todas minhas iniciativas de nexialista seria a inovação.

Durante minha passagem na Harvard, investiguei a razão de alguns executivos de negócios darem a impressão de serem inovadores natos, casualmente aperfeiçoando e reforçando qualquer coisa que tocassem, para qualquer lugar que fossem. Trata-se de um conjunto de talentos expressos em habilidades observáveis – como a aptidão de um grande músico de jazz para executar uma harmonia delicada sem necessariamente ter a capacidade de ler música. É o traquejo de ser capaz de perceber oportunidades emergentes, alocar recursos "no momento apropriado" para realizar algo tangível extraído de uma idéia. É a mistura do intuitivo e do prático, do otimista e do pragmático. Todas essas habilidades são rotineira e de modo geral praticadas inconscientemente pelos inovadores no topo de seus jogos. Para refinar meu próprio entendimento, procurei ter a cooperação de um grupo acadêmico e eclético de mestres profissionais – Richard Branson, Lou Gerstner, Leo Castelli, Stephen Schwartzman e Frank Zappa, entre outros – absorvendo fragmentos e partes de seu saber à medida que aprendia cada vez mais sobre a teoria e a prática das inovações.

Ainda me empenhei em uma busca mundial – de São Francisco a Cingapura, de Dubai à Dinamarca – para identificar melhores práticas de inovações. Também descobri que essas práticas poderiam ser utilizadas de maneira proveitosa sob modos não previstos originalmente. Por exemplo, os princípios de desenho que se aplicam a gerar os melhores ambientes para a formação de indivíduos e equipes criativas são também relevantes para arquitetar as estratégias de inovação de empresas em grande escala. Cultura, agilidade, visão e ambiência se revelaram como fenômenos escaláveis. Havia meios de extrair lições de "equipes ativas" e aplicá-las a empresas, e de desenhar uma ponte conceitual entre "empresas e países eficientes". Comecei a ver as inovações não apenas em termos de explosões irradiantes de criatividade de um gênio solitário ou de *jam sessions* de uma equipe de *design*, mas também como o produto de uma complexa teia organizacional e social cujos vários atributos demandavam atenção.

Em praticamente todas as organizações, é normal e necessário termos um entendimento dos sistemas. Se, por exemplo, você pergunta em que ponto de uma organização está localizado o dinheiro e como ele é tratado, com sorte alguém pode apontar para um sistema de profissionais habilitados em contabilidade e finanças, registros baseados em computador, contas bancárias etc. Mas, até agora, a inovação não tem sido pensada como um sistema, muito embora cada organização tenha algum tipo de esquema *ad hoc* graças ao qual as pessoas geram idéias que são suportadas ou ignoradas até que elas sejam, ou não, bem-sucedidas. Na maioria das organizações, esses sistemas de novas idéias operam sem um planejamento ou projeto consciente. Como, comecei a querer saber, poderia uma abordagem sistemática mais consciente ajudar a fomentar as competências de inovação, não somente para as empresas, mas também em um nível nacional?

Passados alguns anos, próximo ao final da década de 90, tive minha terceira manifestação divina enquanto assessorava diversas agências e departamentos americanos de segurança nacional. Estava trabalhando com oficiais militares e civis na complexidade de antecipar futuras guerras, em face da taxa aceleradora de mudanças sociais e tecnológicas, da natureza de futuras ameaças e oportunidades, e pela necessidade de novas medições de sucesso em um mundo em que triunfar na paz era igual a, senão mais importante do que, vencer na guerra.

Numa visita ao *USS Abraham Lincoln*, um porta-aviões de classe Nimitz em cruzeiro deixando a região costeira de San Diego, concluí que o projeto para a próxima versão desse navio dependia quase que exclusivamente da habilidade de a Marinha visualizar um futuro campo de comprometimento desconhecido e, talvez, insondável. Quem poderiam ser nossos futuros adversários? Que tipos de planos, tripulados ou não, poderiam ser conduzidos a bordo? Que tipos de campanhas em terra exigiriam suporte independentemente da espécie de meio geopolítico? E qual seria o conceito geral das operações?

Meu desafio era identificar os pontos desconhecidos bem antes de eles emergirem, para incitar a liderança na consideração criativa de suas opções, e para ajudar a gerar as inovações necessárias para lidar com as futuras realidades. Era algo como treinar um dinossauro – ou, sendo mais benevolente, um elefante – a se esquivar de um meteorito que provavelmente não colidiria com a Terra por outros 50 anos.

A próxima geração de porta-aviões, agora nas pranchetas de desenho, provavelmente ainda estará flutuando no século XXII. O capitão do último navio da série planejada provavelmente ainda não nasceu. O avô dele (dela) pode ser o comandante de um dos porta-aviões que temos no momento. Como pode um capitão de hoje adivinhar que tipo de crise seu(sua) neto(a) irá enfrentar? No que importa, como era previsto que eu soubesse? Obviamente eu não sei. Mas, meu trabalho era imaginar as possibilidades e delinear meios de lidar com elas.

Os porta-aviões são o mais destacado item de linha individual no orçamento de nossa nação, e geram controvérsias. Seus defensores insistem que eles são indispensáveis: tamanho sempre importa em combates navais, dizem eles, e porta-aviões projetariam o poder dos EUA para qualquer região em que fossem enviados. Nada pacifica mais uma nação conturbada, ou é assim que funciona o raciocínio, como o espectro de uma base aérea flutuando sobre um gigante e seus jatos de combate ruidosos emergindo da neblina que cobre a costa.

No entanto, os críticos dos porta-aviões afirmam que eles são excessivamente dispendiosos; eliminam forçosamente do orçamento muitos programas que seriam mais flexíveis e úteis. Além disso, os porta-aviões correm sempre o risco de se tornarem obsoletos em um mundo de rápidas transformações. Um estrategista militar de renome me disse que a simples visão de um porta-aviões o faz "querer vomitar".

Ao reorganizar esses pontos de vista opostos consegui expandir enormemente minha perspectiva de onde e como as inovações poderiam ser gerenciadas. E também me convenceu sobre a relevância do conhecimento do segmento privado em lidar com questões do setor público. Mas o conhecimento-chave extraído dessa experiência foi que meramente melhorar um produto existente – na linguagem do Vale do Silício, partir para o "melhor, mais rápido, mais barato" – não iria necessariamente justificar os enormes investimentos para se projetar um porta-aviões da próxima geração. Tínhamos de mudar nossos modos estabelecidos e tradicionais de pensamento. Tínhamos de ser capazes de considerar possibilidades "impossíveis", consultar *outsiders* com opiniões e formações totalmente divergentes, conduzir experimentos significativos e assumir riscos intelectuais ousados para poder conquistar o futuro desejado.

Minha quarta, e até agora final, manifestação divina sobre inovação era simplesmente que um número demasiado de nossos líderes – tanto nacionais como internacionais – no governo, nos negócios e nas universidades, tinha um entendimento perigosamente limitado do que ela significava. Em um dos muitos diálogos que travei sobre o tema, lembro de ter perguntado a um delegado sênior das Nações Unidas qual de seus parceiros era o responsável pelas inovações. Após um longo silêncio, ele me respondeu que deveria ser alguém que atuasse na área de direito de propriedade intelectual, ou talvez um indivíduo que lidasse com alta tecnologia. Ele simplesmente não podia assegurar.

Você imaginaria que os *stakeholders* de uma grande organização estariam tão determinados sobre o seu futuro (e seus próprios futuros) que as inovações – o segredo para esses futuros – seriam suas primeiras prioridades, ou, ao menos, estariam entre suas três principais prioridades. Mas, é triste dizer, essa asserção está longe da verdade. Até entre os pensadores e escritores sobre inovação, uma grande parte da discussão – fomentada por pilhas de relatórios oficiais, estatísticas e estudos – está paralisada por definições convencionais, angustiadamente limitantes, de inovações e visões antiquadas de como fazer isso ocorrer. É como se esses autores estivessem recomendando melhores práticas do século XX oriundas de estruturas hierárquicas de manufatura do século XIX como a bíblia para os inovadores conectados em rede do século XXI. (O Capítulo Um abordará esse dilema mais detalhadamente.)

Em contrapartida, minhas quatro manifestações divinas me ensinaram que nossa abordagem nacional para inovação deve ser em si extremamente inovadora. Ela deve ser interdisciplinar e cruzar fronteiras. Deve ser baseada em idéias sobre melhores práticas numa base mundial. Deve ser mais ambiciosa e inventiva do que meramente fazer o que estamos fazendo, apenas melhor. E, finalmente, deve ser suportada por um nível maior de consciência e urgência por parte de nossos líderes políticos e de negócios.

Se desejarmos manter nossa ascendência, devemos estar abertos a novos modos de pensamento sobre novas idéias. Eu me lembro do debate que corria entre os alpinistas, incitando aqueles que defendiam o método de expedição lento e gradual contra os que praticavam o estilo mais leve e rápido. Os recém-chegados trouxeram diferentes equipamentos e técnicas de alpinismo para a montanha, juntamente com uma tendência distinta. Livres das idéias legadas e sem muito a perder, eles abordaram o desafio não em termos de "conquistar" a montanha, mas sim com uma noção de respeito e um desejo de se envolver e fundir-se com ela.

Nossa nação precisa lidar com as inovações exatamente dessa forma. Em lugar de tratá-las como uma agenda tática, descontínua, que pode ser melhorada pela aposta em bolsas ocasionais de pesquisas ou em laboratórios de biotecnologia, afirmo que precisamos imergir como sociedade no desafio e considerar a inovação com um olhar renovado. Para receber a prioridade que merecem, as inovações devem passar a ser parte do núcleo de nossa visão e estratégia nacional, começando em nossas escolas e lares, e continuando dessa maneira no decurso de nossas vidas.

Cunhei a expressão Nação Inovadora para me referir a um país que esteja mobilizando seus recursos segundo essa maneira inovadora e difusa. Uma Nação Inovação é, de acordo com meu conceito, um país que esteja comprometido a reinventar constantemente a natureza de suas competências de inovação para melhorar as condições da população mundial. Neste exato momento, não há qualquer Nação Inovadora. Mas a América tem potencial para se tornar a primeira, uma mescla entre interesse próprio esclarecido e altruísmo dirigido além de suas fronteiras.

Será que os Estados Unidos estão à altura de enfrentar esse desafio das inovações, atendendo ao chamado por uma grandeza nacional renovada? Ou optaremos pela trajetória da menor resistência, gozando os efeitos de nossa glória decadente e explorando velhos recursos a ponto de os esgotarmos? A opção de superarmos essa falta de aceitação é nossa, e devemos decidir isso neste exato momento.

UM

INSERINDO INOVAÇÃO NAS INOVAÇÕES

"Faça algo. Faça algo quanto a isso, e depois continue a fazer algo. Muito em breve você obterá algo."

– Jasper Johns, pintor

Há não muito tempo, enquanto me preparava para ministrar uma palestra na sede da Google em Mountain View, Califórnia, decidi experimentar os serviços da própria empresa, digitando a palavra "inovação" na ferramenta de busca e acionando a tecla Enter de seu site. Embora esperasse ver uma porção de ocorrências, não tinha idéia do grau de popularidade que o termo apresentava no universo Google de "todas as informações do mundo disponíveis na ponta dos dedos". Bem, os resultados da pesquisa: 330 milhões de referências para inovação.

Aqueles que, como eu, examinam constantemente os livros recém-chegados na seção de negócios nas estantes da livraria local podem estar cientes de um fenômeno similar. A inovação – ou pelo menos a sua noção – é um tópico quente, "do momento". Os títulos já dizem tudo: *Open Innovation*, *The Art of Innovation*, *Fast Innovation*, *Customer-Driven Innovation*, *The Innovator's Dilemma*, *The Innovator's Solution*, *Dynamics of Innovation*, *Seeds of Innovation* etc. Praticamente todos os meses surgem novos títulos em uma proliferação interminável de argumentos, um debate sobre inovação que é por si só sintomático de nosso principal problema que temos com ela.

Não estou exagerando quando digo que o maior obstáculo para o desenvolvimento de uma agenda de inovações nacional não é de quantos doutores especialistas ou de quanto capital de risco ou de equipamentos sem fio dispomos. Em vez disso, o que conta é o nosso nível de conhecimento sobre inovação. E, em sua maior parte, os modos como atualmente a definimos não se enquadram às novas realidades globais. Nem abrangentes, tampouco específicas, o excesso de definições na verdade mascara uma falta de consenso subjacente. Em resumo, sabemos tudo – e ao mesmo tempo não sabemos nada – sobre inovações.

Sei de imediato que há uma confusão sobre inovação, pois freqüentemente recebo ligações de pessoas – algumas bastante nervosas no começo – que se identificam como alguma versão de um novo "detentor do processo de inovações", indicando que elas são, de alguma forma, responsáveis pelas inovações em suas organizações. Minha primeira pergunta é, normalmente, "O que você quer dizer por inovação?" A variedade de respostas que tenho recebido durante esses anos preencheria uma extensa lista, mas esta seria tão curta em consistência interna como o é abundante em quantidade.

Nem a experiência é garantia de *expertise*. Quando leciono inovação a executivos seniores, utilizo às vezes uma transparência exibindo diversos termos de gerenciamento dispersos em uma página. A palavra inovação está entre eles, assim como estratégia, criatividade, transformação e liderança. Peço aos executivos para que definam inovação e descrevam como os vários conceitos se correspondem mutuamente. Suas respostas normalmente ficam tão espalhadas como as palavras projetadas na tela. A estratégia é parte da inovação ou esta é parte da estratégia? Quão distante no futuro as iniciativas de inovações devem ser objetivadas? A inovação é sobre ser criativo ou a criatividade é sobre ser inovador?

Creio que estamos no que poderia ser chamado de período pré-coperniano em relação à inovação. É como se ainda não soubéssemos quais corpos celestiais giram em torno dos outros. Nós sequer sabemos em que local os planetas estão localizados, tampouco temos uma teoria viável do movimento planetário. Baseamo-nos em metáforas e imagens para expressar um entendimento, se bem que impreciso e não sistemático.

Não admira que uma das primeiras tarefas que empreendi em minha época de professor foi pedir a meus alunos que definissem inovação, preparando uma boa parcela deles para que murmurassem encobertos pela respiração sobre o "inferno semântico". Não importa. A importância de ser o mais claro possível sobre a jornada na qual você está embarcando, quer como um inventor em sua garagem, quer em um laboratório financiado pelo governo, raramente é exagerada. Seu entendimento modela, por sua vez, como você mede inovações e o que você decide fazer sobre isso. Se a inovação for equiparada ao capital intelectual, você contará patentes; se a uma força de trabalho treinada, contará Ph.Ds; se à infra-estrutura, redes de banda larga e *bits* por segundo; se à cultura, peças de arte pública e orquestras sinfônicas.

Muitos de nós pressupomos que as ferramentas e os métodos de inovação já estão desenvolvidos, simplesmente esperando para sua implementação. A verdade é outra: temos poucos – para não dizer nenhum – padrões para o modo de praticar inovações e medir a eficiência de nossos esforços, sem falar no modo de treinar pessoas para que se tornem mestres profissionais.

Em contrapartida, considere a disciplina já amadurecida da contabilidade. A demanda de auditorias torna-se necessária à medida que as organizações ficam mais complexas, e uma tecnologia de gerenciamento foi desenvolvida em resposta. Se você quisesse saber de que fontes uma companhia aufere seus recursos financeiros e onde eles são aplicados, é possível achar as respostas dirigindo-se ao departamento de Contabilidade, conversar com o CFO, examinar dados financeiros *online*, consultar os princípios contábeis geralmente aceitos e perscrutar relatórios anuais e formulários 10-K*. Mas, quando se trata de inovação, falta algo à maioria das organizações com um nível comparável de tangibilidade ou um método de gerenciamento.

E, para piorar, há uma aura em torno das inovações que obscurece nossa perspectiva e, de modo geral, introduz um componente emocional no racional. Hummm! De um lado há uma parte agradável, geradora de riquezas, empreendedora e sedutora, enquanto de outro há uma parte burocrática, estruturada e legada. Com qual delas mais *me* identifico? Podemos seguramente supor que ninguém quer ser conhecido

* N.T.: O formulário 10-K é um relatório anual exigido pela Comissão de Valores Mobiliários de toda companhia registrada em bolsa e que prevê a divulgação do total de resultados e receita operacional antes da tributação, bem como das vendas por diferentes classes de produtos, para cada uma das diferentes linhas de negócios da empresa e para cada um dos últimos 5 anos.

como um não-inovador. Mas, se a inovação é considerada meramente como um outro mantra da gestão, outro sinônimo para "bom", então a causa está perdida. A verdade da questão é que a inovação significa trabalho árduo, e ela tem passado por muitas encarnações e várias tentativas de explicação com o passar do tempo.

Provavelmente, o erro mais comum amplamente divulgado sobre inovação é o de que ela se resume a ciência e alta tecnologia. A ascensão do *microlending* (microempréstimo), uma das inovações mais poderosas nos últimos anos, destrói essa noção.

O economista Muhammad Yunus introduziu a idéia de microcrédito em 1974, após ceder a uma mulher na aldeia de Jobra, Bangladesh, 27 dólares de seu próprio bolso para ajudá-la a fazer móveis de bambu. Anteriormente, as mulheres em uma vila igual a Jobra não tinham acesso a capital ou eram obrigadas a pagar taxas abusivas aos agiotas da localidade. Percebendo que mulheres pobres eram de fato excelentes pagadoras de dívidas e que fornecer pequenos empréstimos poderia transformar toda uma economia regional, Yunus fundou o Grameen Bank em 1976 para institucionalizar o que denominou de microcrédito. O banco agora tem emprestado um montante superior a US$ 6 bilhões a mais de 7 milhões de tomadores(as), e Yunus levou para casa um Prêmio Nobel da Paz em 2006 como reconhecimento por suas iniciativas inovadoras.

O microempréstimo não é a única inovação social dos últimos anos. Podemos ainda citar o advento dos testes imparciais de produtos pelos consumidores, a implantação de faixas exclusivas para quem dá carona em estradas movimentadas, os esquemas de tipografia a carbono, e milhares de outros exemplos.

Inovações não-tecnológicas também são abundantes no ramo de negócios. O exemplo clássico é o de Herb Kelleher e o que ele realizou na Southwest Airlines. Com base na simples idéia de vôos curtos, serviço sem sofisticação e uma estrutura clara de tarifas de baixo custo, a Southwest tem atingido um sucesso fenomenal e mudado o setor de viagens aéreas dos EUA no processo. E que tal John Bogle, que inventou o fundo indexado para investidores individuais, além de criar o Vanguard Group de firmas de investimento? Dov Charney provou com a American Apparel que era possível fabricar roupas nos Estados Unidos dando aos operários bons salários e benefícios. E que tal os W Hotels? Quem poderia imaginar que uma cadeia de hotéis conseguisse obter tanto sucesso?

Esses exemplos não pretendem desconsiderar o papel vital da ciência e da tecnologia. De fato, tecnologias revolucionárias preparam o terreno para ondas inacreditáveis de novas idéias. Estamos agora nos estágios iniciais de uma dessas transformações que tem sido habilitada pela tecnologia da Internet. É fácil concordar com analistas que estimam que este século verá explosões de inovações, graças, especialmente, às revoluções nas ciências naturais, na nanotecnologia e na tecnologia limpa. E há cada vez mais discussões sobre o potencial de inovação de nosso entendimento de rápida evolução sobre o cérebro e a consciência.

O ponto não é que a tecnologia não seja crucial – ela é –, mas sim que devemos pensar com maior amplitude. Minha própria definição de inovação é tanto integradora como serve para denotar aspiração. Defino-a como a capacidade de os indivíduos, empresas e nações inteiras criarem continuamente seus futuros desejados. A inovação depende de colhermos conhecimento a partir de uma faixa de disciplinas além da ciência e da tecnologia, entre elas o *design*, as ciências sociais e as artes. E ela é exemplificada por mais do que simplesmente produtos: serviços, experiências e processos também podem ser inovadores. O trabalho de empreendedores, cientistas e aficionados por software também contribui para a inovação. Ela se refere ainda aos homens comuns que sabem como extrair valor de idéias. As inovações fluem de mudanças nos pensamentos fixos que conseguem gerar novos modelos de negócios, reconhecer novas oportunidades e tecer inovações por todo o tecido da sociedade. Ela trata sobre novos modos de se executar e ver as coisas da mesma forma como trata de idéias revolucionárias.

Vista dessa forma, a inovação é sempre um estado de evolução, com a natureza de sua prática evoluindo juntamente com nossas idéias sobre o futuro desejado. Essa é a razão pela qual as inovações têm significado coisas diferentes em diversos períodos da história de nossa nação, um estado de fluxo que tem dificultado o ajuste de um consenso em torno de qualquer significado de inovação em si.

A versão 1.0 de nossa competência em inovações nacional, por exemplo, caracterizava inventores visionários individuais. O elenco central nos contemplou com Benjamim Franklin e sua pipa, o que poderíamos denominar de modelo artesanal da inovação.

Gênios em oficinas e garagens, homens como Thomas Edison e Henry Ford, posteriormente surgiram com invenções que inspiraram empresas de grande porte, prenunciando a versão 2.0 – modelo industrial da inovação. Requerimentos de negócios originaram grupos de pesquisas corporativas centralizados, gigantescos, que atingiram seus ápices em instituições tão veneráveis como o Bell Labs, o HP Labs e o Palo Alto Research Center (PARC) da Xerox.

Na época em que os CEOs ainda não ficavam obcecados sobre o valor aos acionistas e as métricas financeiras, alguns desses centros eram instalações de implementação rápida de pesquisa e desenvolvimento inovadores. Engenheiros e cientistas eram estimulados a seguir seus instintos, havia muita tolerância no exame dos orçamentos e gerentes indulgentes protegiam visionários talentosos de departamentos financeiros quantificadores que buscavam sistematicamente a redução de custos. A narrativa de um caso de Bill Hewlett – que, juntamente com Dave Packard, fundara a Hewlett-Packard – descreve a atmosfera criativa que prevalecia outrora. Ao encontrar um almoxarifado trancado no HP Labs, diz a lenda que Hewlett retornou com um alicate de pressão para destruir o cadeado. Ele queria que seus engenheiros pudessem vagar à vontade e fazer descobertas exitosas ao acaso, sem a necessidade de autorização e/ou de formulários volumosos.

No setor público, a mudança até inovações organizadas, em grande escala, foi expressa pela criação da National Science Foundation, do National Institute of Health e de outros órgãos centralizados do governo que proviam financiamento federal e funções administrativas.

A versão 3.0 desinstitucionalizou a inovação e destacava o empreendedor – inovador, financiado pelo capital de risco e devotado à organização *just-in-time*. Nesta esfera, enquanto o gigante corporativo PARC da Xerox desenvolvia a interface gráfica do usuário, a precursora e recém-criada Apple Computer a comercializava. Empresas farmacêuticas de porte cancelaram seus projetos de pesquisa básica, preferindo inovar adquirindo *start-ups* de biotecnologia com tecnologia valiosa. Em outras palavras, configurava-se uma inovação por fusão e aquisição, não em razão de pesquisa e desenvolvimento. E, em outra virada de rumo, a Procter & Gamble, historicamente um baluarte do conhecimento proprietário, anunciou um plano de procurar a maioria de suas inovações no exterior de suas paredes corporativas. Mais recentemente, a versão 3.0 tem presenciado a ascensão de comunidades empresariais e redes abertas habilitadas pela Internet, e de novos tipos de ferramentas de colaboração digital, como a Groove, a MySpace e a expansão explosiva de redes sociais em todas suas formas.

A versão 4.0, onde estamos hoje, está se desenvolvendo rapidamente – em beta, como os *techies** gostam de dizer. No entanto, muitos dos colaboradores mais importantes residem fora dos Estados Unidos. De fato, a versão 4.0 é fundamentalmente para a adaptação a novos modelos de negócios de inovação que podem se originar em qualquer lugar. Ela é impulsionada por uma difusão global de recursos de inovações que têm terminado com o monopólio da América. Para a China, o modelo-chave de inovação hoje em dia pode ser um tipo de força bruta proveniente das mentes massificadas cada vez mais inteligentes que trabalham juntas. Para Cingapura, ele é a especialização competitiva – até o momento em biotecnologia, mídia digital e em tecnologia ambiental – que funciona como o veículo para navegar nas ondas crescentes da globalização. Para a Índia, o modelo baseia-se no *boom* do setor de terceirização. E as nações ricas em petróleo têm uma oportunidade limitada pelo tempo para entrar no jogo.

Países em todas as regiões do mundo estão buscando suas próprias fontes de vantagem comparativa no cenário da inovação. E a lógica desse auto-interesse é evidente. Robert Solow ganhou o Prêmio Nobel de Economia por, entre outras coisas, demonstrar que um índice tão elevado de 80% de crescimento do produto nacional bruto (GDP – *Gross Domestic Product)* derivam da introdução de novas tecnologias. E o Boston Consulting Group, em um estudo conduzido pela *BusinessWeek*, concluiu que empresas inovadoras atingiram um crescimento médio da margem de lucros de 3,4% comparativamente com o 0,4% do índice médio S&P Global 1200. Além disso, seus retornos acionários numa base anual de 14,3% eram 3% redondos melhores do que os do S&P Global 1200 durante a mesma década.

---

* N.T.: Uma das acepções mais encontradas no contexto de negócios para o termo *techies* seria a de colaboradores da área técnica de empresas, mas num âmbito mais geral também pode chegar a se referir a pessoas autônomas que gostam, enfim, de tecnologia para fins de trabalho, ou mesmo como entretenimento.

Portanto, a inovação traz recompensas. À medida que batalhamos para acertar os meios com os quais nossos processos de inovação devem evoluir neste mundo extremamente globalizante, *experts* estão ávidos para se adiantar com uma porção de novas idéias sobre os últimos e melhores segredos quanto às inovações: curvas S, passagem do abismo, inovação orientada pelos consumidores, abordagens antropológicas e orientadas pelo *design*, e taxonomias de papéis no processo de inovação. Cada conceito tem seus méritos, mas um de meus favoritos foi proposto por Clayton M. Christensen, um professor da Harvard Business School, em seu livro de 1997, *The Innovator's Dilemma*. Christensen fez uma distinção vital entre inovação que meramente melhora o que existe, e inovação que define o que poderia ser.

Quando teóricos do gerenciamento começaram a examinar a inovação nas décadas de 60 e 70, eles se concentraram no tipo de desenvolvimento gradual de produtos que melhor se conformava a uma era de modelos de negócios centralizados, industriais e hierárquicos. (Você talvez recorde que, quando iniciei minhas atividades na Harvard Business School, me afirmaram que "não havia mais nada a dizer" sobre inovações.) Mas, as firmas precursoras começaram a desafiar as tradicionais com um sucesso assombroso. Dois garotos fundaram a Apple Computer. Um aluno que abandonara Harvard se tornou o homem mais rico do mundo. A Xerox icônica foi praticamente destruída pela Canon. Um comerciante de Bentonville, Arkansas, capitalizou na obsessão mundial pelo preço baixo e passou a ser seu maior varejista. E assim por diante. Claramente, havia mais coisas em jogo aqui do que uma progressão estável, serena.

A inovação para fins de melhoria é uma espécie de assumir riscos de maneira cuidadosamente controlada e limitada. Os biscoitos tipo sanduíche Oreo, por exemplo, geraram os minis Oreo, que geraram os Oreo com sabor de menta, que, por sua vez, geraram os Oreo cobertos de doce de leite, os Oreo de Páscoa, os Oreo de Halloween de edição limitada etc. Há atualmente 40 extensões da marca Oreo no mercado, incluindo a crosta de pastelão e os cones de sorvete Oreo. Se a abordagem incremental não funcionar, sem problemas. Nós simplesmente a ajustaremos.

Não há nada de errado com as inovações incrementais. De fato, elas são essenciais para o progresso normal: os semicondutores tornam-se mais rápidos a cada ano; os remédios tornam-se mais eficazes; os carros tornam-se mais estilizados e, se espera, mais eficientes no tocante ao consumo de combustível; o governo fica mais eficaz (ou não).

Todavia, inovações que mudam o jogo exigem que alguém assuma um nível muito mais alto de risco. Você realmente não sabe como será o seu resultado, de modo que todos esses modelos lineares de previsão simplesmente não são aplicáveis. Esqueça o Oreo, vamos lançar um aparelho pessoal de música denominado de *walkman*, ou vamos transformar o segmento de computadores fabricando máquinas personalizadas, ou vamos possibilitar que as pessoas vendam *online* seus equipamentos. Esse é o tipo de mudança no qual estarei focando, pois requer o domínio de inovações disruptivas em uma escala nacional para revitalizar as competências de inovações da América.

A China, a Índia, Cingapura e a União Européia (UE) irão desenvolver todos seus próprios modelos para se beneficiarem de suas específicas vantagens comparativas. Uma de minhas propostas é que os Estados Unidos se especializem em um estilo de inovação mais abrangente, transformacional, estilo esse que possibilite a colocação de grandes apostas no futuro, implementando seus enormes recursos, executando experimentos ambiciosos e que fujam do padrão, reinventando o modo como educamos nossos filhos, alinhando nossas agendas federais, estaduais e municipais, e recarregando o magnetismo da abertura e da oportunidade que tem atraído historicamente os talentos mundiais a nossas costas.

Ao adotar esse enfoque inovador frente às inovações, creio que os Estados Unidos possam dar alguns passos à frente até atingir uma idéia nacional revitalizada. O que aconteceria com uma nação se ela continuamente inovasse a serviço de metas ambiciosas, abrangentes e transformadoras do mundo? Não estamos falando da inovação prosaica descrita em livros didáticos de negócios – um meio de maximizar retornos sobre investimentos, municiar o *pipeline* de produtos ou investigar um pouco mais o desempenho da linha de Pesquisa & Desenvolvimento. Não, visualizo uma aplicação concentrada de nossos vastos recursos para inovar em grande escala para o benefício da humanidade. Em resumo, quero que a América esteja envolvida no tratamento de problemas graves.

Diversos entendidos têm proposto uma lista global de prioridades de problemas graves, incluindo mudança climática, degradação ambiental, doenças transmissíveis, ensino, qualidade da água, pobreza, migração da população e suficiência em energia. Esses tipos de problemas ainda detêm as chaves para fazer as revoluções mais importantes do século XXI. Eles me interessam porque passam a ser oportunidades quando se movem em sacudidelas rápidas em suas mentes. A inovação aplicada a um problema grave pode efetivar uma enorme quantidade de valor social e econômico ao estabelecer novos padrões comerciais, criar novas empresas e gerar novas fontes de valor. Para um país que aspira se tornar uma Nação Inovadora, a busca por oportunidades para fazer boas coisas e também fazer bem possibilitará que ele exercite seus músculos de inovação.

A expressão "problema grave" não é nova – embora eu tenha uma abordagem diferente sobre ela. Em 1973, o periódico *Policy Sciences* publicou um artigo intitulado "Dilemas em uma Teoria Geral de Planejamento". Seus autores, Horst W. J. Rittel e Melvin M. Weber, dois estudiosos da Universidade da Califórnia, Berkeley, visavam descrever os problemas de planejamento – por exemplo, construir uma estrada passando no meio de uma cidade – que envolviam questões sociais tão complexas a ponto de, virtualmente, não terem solução. "Na melhor das hipóteses", eles escreveram, "os problemas são apenas resolvidos novamente – várias vezes".

Os graves problemas de nosso tempo raramente têm soluções definidas que podem ser reveladas por uma única disciplina. Eles são complexos e ambíguos. Questões como a mudança climática, tratamento de saúde e a segurança nacional são, de uma só vez, políticas e psicológicas, financeiras e tecnológicas. Elas demandam modelos de negócios revolucionários e novos modos de pensamento sobre a forma de mudar o *status quo*. Acima de tudo, elas requerem abordagens integradoras que mesclem perspectivas necessárias em um novo modo de se fazer o trabalho efetivo de inovação.

Mas, este é um trabalho difícil sem um guia orientador. Cada esforço para se descobrir uma solução de um problema grave pode gerar uma oposição obstinada de interesses investidos com diferentes perspectivas. Você afirma que a pressão absoluta do desenvolvimento está destruindo o fornecimento mundial de água limpa? Sim, é estarrecedor, mas estamos realmente querendo pagar o preço político e econômico da conservação da água? Como nos definimos, sem falar de concordarmos, sobre as questões e medições relevantes? Os construtores estão desejosos de parar a expansão, os fazendeiros de limitar as safras, as fábricas de cortar as emissões, os políticos de indispor doadores de campanha – tudo para lidar com a formação gradual de um deserto ou de um pântano tóxico em uma outra região?

A resposta normal, ou assim sugerem os históricos políticos, não é um direto sim ou não, mas sim algo da ordem de um indiferente talvez. O problema é simplesmente muito grande, muito indistinto – simplesmente muito grave.

Em contrapartida, estamos acostumados a lidar com problemas fáceis, aqueles facilmente definidos e que têm fronteiras transparentes que se emprestam a pensamentos lineares, ordenados. Comprar um carro, por exemplo, é relativamente simples. Sabemos que precisamos de um carro, pois o antigo está desgastado com o uso. Assim, comparamos as revendas, analisamos as variáveis envolvidas, estreitamos nossas opções e tomamos a decisão. Em resumo, começamos definindo o dilema e, depois, prosseguimos diretamente analisando uma lista de opções, a escolha de possibilidades e a seleção do produto ideal.

Não há nada simples no tratamento de um problema grave. Na verdade, apenas o trabalho nele pode mudar sua natureza ou piorar também outros problemas graves. Por exemplo, descobrir um meio econômico de extrair petróleo do xisto poderia reduzir a dependência em energia da América e mover o mundo durante um outro século – mas ao custo de novas erupções de gases do efeito estufa e mudanças climáticas potencialmente mais rápidas. Nem mesmo é possível dizer com certeza que um problema grave tenha sido resolvido. Como podemos assegurar que triunfamos na guerra intitulada global contra o terrorismo, ou que atingimos um nível satisfatório de saúde na sociedade?

Considere então o desenvolvimento de novos medicamentos de controle de doenças. Há inúmeros *stakeholders* povoando o campo. Alguns estão entrincheirados em modelos de negócios estabelecidos – quer os chamemos de empresas farmacêuticas de grande porte ou laboratórios nacionais. Outros são os insurgentes – denominemo-os de firmas precursoras financiadas por capital de risco. Grupos de pacientes, acadêmicos, grupos de discussão de diretrizes, grupos de defesa e um ecossistema inteiro de *stakeholders* de outros segmentos também devem ser considerados, pois todos eles têm um interesse investido no resultado – seja ele econômico, político ou social – e qualquer um pode intrometer-se intempestivamente fazendo objeções em um fórum público ou forçando o envolvimento de legisladores. O último caso é praticamente um dado, pois, como milhares de questões em nossa sociedade nos dias de hoje, o tópico da descoberta de medicamentos tem, infelizmente, se tornado extremamente politizado. É difícil ver como o sistema para a descoberta de medicamentos pode ser um dia melhorado quando a possibilidade de se criar consenso parece, na melhor das hipóteses, ilusória.

A agenda energética está emergindo como um dos principais graves problemas dessa geração. Talvez não sejamos capazes de dizer por que certas formas de energia são "alternativas" ou certas tecnologias, "limpas". Mas isso não tem estancado o desafio de ela ter se tornado a principal prioridade, conforme visto nas demandas por uma agência modelada pelas linhas da Defense Advanced Research Project (DARPA) e pelo aumento de investimentos de capital de risco em tecnologias verdes. O colunista-líder do *New York Times*, Thomas Friedman, até tem ido mais longe a ponto de denominar verde o "novo vermelho, branco e azul", redefinindo expressões ambientalistas em termos do auto-interesse patriótico. Se nossos recursos energéticos nacionais estão redirecionados para uma tecnologia verde e limpa, a lógica dita, nossa imagem global será revisada, nossa economia conseguirá um enorme impulso e o planeta obterá a limpeza criticamente necessária.

Todavia, a sociedade civil global tem dificuldade de alavancar esses problemas graves, visto que lhe faltam os meios para congregar os diversos grupos de *stakeholders* de várias disciplinas necessários para forjar inclusive uma solução parcial. Para termos alguma possibilidade de sucesso, necessitamos de novos enfoques que combinem processos de facilitação e colaboração, novos tipos de locais, tecnologias, ferramentas, práticas de gestão de conhecimento, e mais elementos consolidados em um modo diferente de trabalho. Não é um exagero afirmar que uma boa parcela do que segue neste livro é uma caixa de ferramentas nacional para o enfrentamento de problemas graves.

Nos capítulos seguintes, o levarei em uma viagem para importantes localidades que estão envolvidas em grandes processos de inovação mundo afora para descobrir melhores práticas emergentes. Será um exame do que poderia ser denominado de nova geografia da inovação e as indispensáveis novas ferramentas de inovação em uma escala nacional. Primeiro, no entanto, vamos examinar a erosão problemática de nossa capacidade doméstica para inovar.

DOIS

SPUTNIK SILENCIOSO

> **"Assim que a 'mão invisível' apanhar todas essas injustiças e as manchar formando uma ampla camada global de... prosperidade – você sabe o que ocorrerá? Há apenas quatro coisas que fazemos melhor do que todos os demais: música, filmes, software de microcódigo e entrega de pizzas com grande rapidez."**
>
> **– *Neal Stephenson,* Snow Crash**

Diz-se que Alexander Tytler, escritor escocês do século XVIII, argumentara que todas as grandes nações restabelecem um ciclo inevitável que as conduz desde a escravidão, passa pela liberdade e atinge a abundância e, depois, desde a complacência, passando pela dependência e retornando até a escravidão. Se os Estados Unidos são uma exceção a essa teoria, devemos começar confrontando os fatos sombrios de nossa situação atual. Já fizemos isso antes.

No outono de 1957, nivelados ao novo poder mundial, os americanos foram repentinamente atacados do espaço cósmico por um cápsula de metal de 83 kg – o primeiro satélite Sputnik da União Soviética. Com tamanho não superior a uma melancia grande, ele fez um "passeio descarado" em torno da Terra como se gozasse de nossa suposição nacional de que as viagens no espaço e, talvez, os planetas em si, estivessem à nossa própria disposição para que tomássemos sua posse. Os soviéticos tinham nos derrotado na fronteira interplanetária, colocando deliberadamente o que à época era então considerado como uma séria ameaça militar, bem como abalando nossa auto-imagem orgulhosa de sermos a nação mais inovadora do mundo.

Esse evento foi um sinal de alerta, e a América respondeu a ele. Revisamos os currículos escolares para enfatizar o ensino de ciências e matemática. Foi sancionado o National Defense Education Act (Decreto do Ensino para Defesa Nacional) de US$ 900 milhões (cerca de US$ 6 bilhões em moeda atualizada), que fornecia bolsas de estudo, empréstimos a estudantes e equipamentos científicos para faculdades. Criamos a Advanced Research Projects Agency, que se tornou a DARPA do Departamento de Defesa, bem como a National Aeronautics and Space Administration, um impulso monumental para as inovações que culminou com o passeio triunfante na Lua de Neil Armstrong em 20 de julho de 1969.

Hoje em dia, enfrentamos um desafio sem os pontos óbvios de tormento gerados pelo Sputnik – poderíamos falar de um "Sputnik silencioso" – , cujos sintomas são ecléticos e talvez sejam ignorados se considerados de maneira fragmentada. Todavia, vistos como um todo, eles descrevem um grave desafio à prosperidade e robustez futuras de nossa nação. Alguns dos sintomas principais, expressos como fatos sombrios referentes às nossas competências de inovações são apresentados nas páginas a seguir. Eles variam desde desenvolvimentos revolucionários a detalhes menores, mas que contam. Similarmente a qualquer outro boletim informativo, este em particular não pretende ser enciclopédico. Considere-o, preferentemente, como um "retrato instantâneo" de fatos reveladores.

TENDO UM DESEMPENHO INFERIOR

Trata-se do melhor e do pior momento para as inovações americanas. Se alguém fosse emitir um boletim informativo sobre esse tópico em 2006, a situação poderia parecer brilhante em algumas dimensões como ensino superior, financiamentos, *start-ups*, inovação em alta tecnologia e infra-estrutura.

Pesquisas mostram que temos 38 universidades classificadas entre as 50 melhores do mundo. Vinte e oito mil postulantes receberam o título de Ph.D. em ciências e engenharia em 2006. Mais de US$ 300 bilhões são gastos anualmente em pesquisa e desenvolvimento neste país, sendo dois terços desse montante pela indústria. O governo federal em si gasta cerca de US$ 30 bilhões ao ano financiando pesquisa científica básica nas universidades. Seu dispêndio total em pesquisa e desenvolvimento, graças a agências como a National Science Foundation e a DARPA, totalizava US$ 135 bilhões em 2006, e a gama de descobertas financiadas está se ampliando cada vez mais – tudo desde células solares mais eficientes a novas tecnologias para a produção de medicamentos.

Nossos laboratórios de pesquisa – corporativos e governamentais – buscam ativamente novas oportunidades em áreas de grande desenvolvimento como tecnologia limpa e proteômica, o estudo da estrutura e função protéica que muitos consideram como o próximo avanço após a genômica*. Houve uma atividade intensa das empresas precursoras, com os capitalistas de risco investindo mais de US$ 25 bilhões nos Estados Unidos em 2006. Os resultados de nosso motor empreendedor foram divulgados em várias fontes para serem vistos: os sistemas de navegação GPS, o mundo virtual Second Life, os materiais nanomoleculares, veículos elevados não tripulados, tais como o Global Hawk, *chips* de computador da próxima geração etc. Nossa grande capacidade de inovar estava exposta também em outras áreas da sociedade, do *design* à arquitetura até empreendimentos da mídia e sociais. Considere os edifícios de Frank Gehry e William McDonough, as novas idéias de Chad Hurley e Steve Chen (criadores do YouTube) e o surgimento do que alguns denominaram democracia participativa de ativismo político, em que ativistas políticos organizam seus partidários e incitam sua participação por meio de criação de *blogs* e outras formas de mídia *online*.

No entanto, cada um desses itens aparentemente radiantes em nosso boletim informativo tem um lado obscuro – uma sombra, se você desejar. Todos os "A" se equiparam com um "D". Alguns desses fatores são incompletos ou são matérias de controvérsia. Mas, quando considerados em conjunto, eles retratam um quadro assustador de uma "perfeita convulsão". Vamos considerar cada um deles individualmente.

Primeiro, nossa primazia no ensino superior mascara o fato de que tem havido uma espantosa globalização nesse campo nos últimos anos. O resultado: concentrações crescentes de inovadores potencialmente

* N.T.: A genômica é, em resumo, um ramo da bioquímica que estuda o genoma completo de um organismo.

bem-treinados em todas as regiões do mundo. A Austrália, por exemplo, tem-se dedicado explicitamente ao ensino superior como uma estratégia de crescimento nacional; 250 mil alunos estrangeiros estudam atualmente em instituições australianas e um número extra de 65 mil está matriculado em *campi* australianos no exterior. A maioria desses estudantes é originária da China, Hong-Kong, Malásia e Cingapura. A Índia mostra sinais de desregulamentação de seu sistema de ensino superior, de modo a abrir as portas a universidades internacionais. O governo da China tem uma meta explícita de levar ao menos dez de suas universidades até o grupo de classe mundial – uma revelação dessa ambição da China é que o ranking mais utilizado globalmente é baseado nas pesquisas da Shanghai Jiao Tong University.

Nesse ínterim, os dados mostram que os estudantes asiáticos em especial têm menor probabilidade de querer completar seus estudos nos Estados Unidos. De 1994 a 1998, houve uma queda de 19% no índice de estudantes chineses, sul-coreanos e taiuaneses que optaram por fazer doutorado nos EUA. Um fato ainda mais revelador é que o número dos que escolheram fazer doutorado em sua terra natal praticamente dobrou.

Além dessa redistribuição global no ensino superior, uma grande quantidade de instituições de ponta americanas, tais como a Wharton e a Northwestern, que entendem o poder de se tornar marcas globais, têm aberto unidades no estrangeiro. A Kellogg School of Management, faculdade altamente conceituada da Northwestern, agora tem *campi* de educação executiva em Hong-Kong, Tel-Aviv, Toronto e Vallendar, na Alemanha. Tem havido comentários, oficialmente negados, que a aristocrática Harvard está estudando o potencial de instalar um campus na China. A principal faculdade de administração da Europa, INSEAD, também está partindo para a globalização com um campus em Cingapura que é gerenciado numa parceria com a Wharton.

Depois, há a questão dos números de estudantes que estão recebendo instrução. Se examinarmos o índice de diplomas avançados conferidos, uma estatística particularmente esclarecedora vem da China, indicando que sua curva de crescimento está começando a se aproximar e até superar a nossa. Embora a China tenha conferido apenas 12.873 graus de mestrado em 1995, esse número passou a ser 63.514 no período entre 2004 e 2005, ultrapassando os Estados Unidos pela primeira vez. E embora o número de Ph.Ds conferidos nos EUA pareça pairar ligeiramente acima de 40 mil – 42.437 em 1996, 42.354 em 2005 – os índices correspondentes da China têm aumentado mais de cinco vezes na última década, passando de 1.784 a um número surpreendente de 9.427. Os números absolutos em si não revelam toda a história. Os detentores de doutorados americanos ainda são geralmente vistos como indivíduos com maiores chances de conseguir trabalho em face de sua experiência educacional de maior qualidade, o que serve para manter a percepção de que os Estados Unidos têm uma posição sólida na liderança. No entanto, nessas taxas de mudanças, a China está se tornando um competidor efetivamente formidável.

Examinando outra métrica geralmente utilizada para medir a quantidade de pesquisas que estão sendo feitas, nosso propulsor de inovações inicialmente passaria a impressão de estar operando em alta velocidade. O número de artigos de pesquisa publicados por cientistas, uma medida normalmente usada para indicar a dedicação de uma nação quanto a novas idéias, coloca a América facilmente na frente. Mas, a análise de seu índice de crescimento pinta um quadro muito diferente: entre 1988 e 2001, a produção anual de artigos de pesquisa na China subiu de 4.600 para 21.000, mais de 354%. Na Ásia como um todo, o aumento foi de 119%, com o número de artigos publicados elevandose de 51,8 para 113,6 mil. "Espere um pouco", poderíamos dizer, os números asiáticos refletem simplesmente um baixo ponto de partida. Pode ser uma parte disso, mas, mesmo na Europa, o número de artigos de pesquisa subiu de 143,9 para 229,2 mil, um aumento de 60%. Nos Estados Unidos, por sua vez, eles subiram de 177,7 para 200,9 mil, um aumento de apenas 13%.

Uma outra medida importante da competitividade é a condição do *pool* de talentos de uma nação. Se a demografia é destino, fatos calamitosos lançam uma cortina de fumaça sobre o futuro de nossas inovações. Patrick Callan, presidente do National Center for Public Policy and Higher Education, coloca esse ponto dessa forma: "A força da América está na população mais próxima da aposentadoria, enquanto a força de muitos países contra os quais nos comparamos se encontra em sua população mais jovem". O exame de um campo crucial é revelador. O emprego na área da ciência da computação está crescendo na faixa de 100 mil vagas preenchidas anuais, de acordo com Bill Gates, presidente da Microsoft. No entanto, o número de estudantes que estão se formando nesse campo está declinando. E mais, a concessão de vistos H-1B em 2007, que possibilita a cientistas e engenheiros estrangeiros trabalharem nos Estados Unidos, está tão limitada que os pedidos foram cancelados dois dias após a sua abertura; houve o recebimento de 133 mil pedidos para um total de 65 mil vistos.

Os Estados Unidos são como uma companhia que ainda não recrutou um número suficiente de novos talentos, quanto mais os treinou, muito embora seus mais brilhantes e melhores executivos e gestores estejam embalando suas lembranças e se dirigindo a jantares de despedida para receberem seus relógios de ouro. Se esta nação fosse uma empresa, seu diretor de recursos humanos seria despedido imediatamente.

E que tal o ensino médio e o fundamental? Tem sido bem – e dolorosamente – documentado em pesquisas de opinião que a maioria dos alunos do ensino médio nos EUA prefere trabalhar como lixeiros, arrumadores de seus próprios quartos ou de lavadores de pratos do que estudar matemática ou ciências. E eles parecem estar cada vez mais indiferentes ao ensino. As estatísticas da Califórnia para 2007 registraram que 33% dos alunos do ensino médio não se formaram, e isso após uma década de modificações custosas no ensino – classes com menor número de estudantes, padrões mais altos de ensino, aulas extras de reforço com professores.

As baixas pontuações dos estudantes dos EUA em testes padronizados também são consistentes com essas tendências de declínio no ensino. O Program for International Student Assessment (PISA) mede o desempenho de alunos de 15 anos de idade em 41 países. Os alunos americanos ficaram em 24º lugar em noções de matemática e 26º lugar na solução de problemas; eles se classificaram abaixo da média internacional em todos os itens do teste de noções em matemática.

Há também o TIMSS (Trends in International Mathematics and Science Study), uma outra iniciativa internacional. Em dois relatórios consecutivos desse programa, os Estados Unidos tiveram a distinção de ter alunos da 4ª série com um desempenho relativamente alto, que em seguida experimentaram uma queda acentuada nas classificações da 8ª série. O TIMSS mais recente, conduzido em 2003, sugere que a performance dos alunos americanos da 8ª série tem melhorado, mas a tendência geral ainda é preocupante.

Embora nossas nações concorrentes foquem no ensino e no treinamento de engenheiros e inventores, nossas instituições de ensino estão transformando jovens em melhores consumidores do que criadores. De acordo com a National Math & Science Initiative, os Estados Unidos estão colocados em 16º lugar entre 17 nações na proporção de jovens de 24 anos que se formam em ciências naturais ou engenharia em contraste com outros títulos. Ainda pior, estamos permitindo os caprichos de disparidades de renda para desperdiçar gerações de potenciais inovadores. Em escolas que recebem alunos de baixa renda, 30% dos professores de matemática para crianças das 7ª, 8ª e 9ª séries se formaram em suas disciplinas na faculdade – metade da proporção das escolas que recebem a população em geral. Outro fato revelador: existem 199 livros apropriados à idade para cada casa na abastada Beverly Hills, Califórnia, mas somente 2,7 e 0,4 livros por lar, respectivamente, nas regiões pobres e infestadas por gangues de Compton e Watts.

Nosso crescente déficit de talentos reflete também padrões mutantes de imigração. Durante gerações, os Estados Unidos têm contado com engenheiros e cientistas estrangeiros para preencher os quadros de nossos inovadores domésticos. As palavras de Emma Lazarus "Dê-me seus cansados, seus pobres...", inscritas nas placas da Estátua da Liberdade, sempre carregavam um passageiro invisível, "seus talentosos". Hoje, nossas políticas de imigração estão afugentando este tipo de talento. A espera pelos assim denominados *green cards* – eles na realidade têm as cores roxa e branca – agora excede seis anos. Nesse ínterim, as nações que outrora tinham pouca ou nenhuma instrução científica ou oportunidades de trabalho na área de alta tecnologia vêm-se autotransformando. Resultado: há um movimento intenso de residentes nascidos no exterior deixando o país.

Essas informações são baseadas em relatos, e até o momento não têm sido capturados dados confiáveis de tendências. Tendo-se isso em mente, apresento alguns dados evocativos. Por exemplo, apenas em 2005 e 2006, 30 mil profissionais de tecnologia indianos residentes nos Estados Unidos retornaram para sua terra natal, segundo a Nasscom, um grupo comercial de empresas indianas de terceirização. Anuradha Parthasarathy, CEO de uma empresa de busca, observa que muitos americanos de origem indiana que trabalham em áreas de alta tecnologia agora consideram o retorno para a Índia como uma "mudança para a melhoria da carreira". A tensão da recolonização é de modo geral facilitada pela oportunidade de morar em comunidades estruturadas como condomínios fechados, com nomes variando de Palm Meadows a Lake Vista. E uma parcela muito grande de jovens executivos americanos de origem não-indiana agora considera um período na Índia como uma "oportunidade para a busca de novos horizontes".

Centenas de cientistas e engenheiros nascidos em Taiwan têm sido seduzidos de posições em empresas americanas para trabalhar no Parque Industrial de Hsinchu, dedicado à pesquisa científica, que iniciou suas atividades na década de 80. De fato, um terço das empresas em Hsinchu foi fundada pelos assim denominados repatriados, que conseguem se estabelecer em ambientes de trabalho ativos explicitamente modelados no Vale do Silício. O mesmo cenário está sendo representado pelos milhares de homens e mulheres irlandesas que deixaram seus empregos nos Estados Unidos para retornarem para sua "velha terra natal". E a lista prossegue.

Ao mesmo tempo, muitos cientistas e engenheiros nascidos na América estão sendo atraídos para outros países com melhores salários, equipamentos e profissionais superiores, e a chance de obter o reconhecimento e o ambiente de trabalho que eles sentem que merecem. Edison Liu, ex-diretor chefe do U.S. National Cancer Institute e, no momento, diretor de divisão do Biopolis Cingapura, o enorme centro de pesquisas do país voltado a ascender a posição de Cingapura até a primazia em biotecnologia em uma geração, me disse:

> "Temos dado uma pincelada bastante ampla, com uma paleta dotada de uma porção de cores. Nos foram dadas ferramentas para realmente fazer algo, desenhar algo encantador. Aquele artista que existe em nós e aquele desejo de criar algo bonito emergem por causa dos recursos e dos graus de liberdade que recebemos".

Outros cientistas que seguiram os mesmos passos incluem Jackie Ying, anteriormente profissional do MIT, que agora dirige o Singapore Institute of Bioengineering and Nanotechnology; Neal Copeland e Nancy Jenkins, que migraram do U.S. National Cancer Institute para o Institute of Molecular and Cell Biology de Cingapura; Ed Holmes, reitor da faculdade de Medicina da UCSD, e sua esposa Judith Swain, diretora de medicina translacional da mesma instituição, que é a matéria que transforma ciência laboratorial em terapias de aplicação comercial.

Bem-vindos ao novo mundo da disputa dos talentos. Não demorará muito para começarmos a pensar seriamente na noção de uma fuga de cérebros americanos.

A história não é menos assustadora quando examinamos o suporte central para inovações em um nível nacional, tais como financiamentos para pesquisas básicas e para a infra-estrutura que lhe serve de alicerce – telecomunicações e logística. Enquanto outros países estão alocando mais verbas para pesquisas e infra-estrutura, os Estados Unidos estão "fazendo corpo mole".

Um estudo global de créditos tributários para fins de pesquisa e desenvolvimento, uma ferramenta fiscal importante para o estímulo de pesquisas, constatou que um número maior de países está recebendo créditos tributários para incentivar atividades corporativas que envolvem pesquisa e desenvolvimento. A Inglaterra, por exemplo, instituiu um crédito tributário de 150% para empresas de pequeno e médio portes em 2000 – parte de um programa maior para incentivar inovações nos negócios. O Japão concede um crédito tributário três vezes mais generoso do que o dos Estados Unidos, e para empresas de pequeno porte ele é quatro vezes mais generoso. A China oferece uma dedução de 150% em despesas atreladas à pesquisa e ao desenvolvimento, contanto que o dispêndio desses departamentos tenha aumentado pelo menos 10% em relação ao ano anterior. Enquanto isso, os Estados Unidos estão classificados em 17º lugar entre os 30 países da Organization for Economic Cooperation and Development (OECD) no que se refere a incentivos fiscais para fins de pesquisa e desenvolvimento.

Esses incentivos são significativos para corporações que visam maximizar o uso eficiente de recursos em uma base mundial. Craig Barrett, *chairman* da Intel, me contou que uma fábrica de chips em Cingapura vale um bilhão de dólares a mais no período de dez anos do que a mesma unidade nos Estados Unidos, principalmente em razão das políticas fiscais favoráveis, não devido às vantagens de custos com a mão-de-obra.

Aqueles que acreditam exclusivamente na sensatez do mercado livre talvez não estejam preocupados com a mudança para o financiamento privado das pesquisas, mas o progresso das inovações científicas e tecnológicas depende da habilidade de se concentrar recursos – humanos e financeiros – a serviço de oportunidades de grande escala e de horizonte duradouro. Ele ainda se baseia na habilidade da comunidade de talentos de compartilhar conhecimento, que pode entrar em choque com os anseios proprietários do setor privado.

O papel cada vez mais reduzido do suporte direto do governo às pesquisas também faz parte dessa história. Na década de 60, os dólares do governo americano financiaram 67% do dispêndio total em pesquisa e desenvolvimento da nação, com uma porção substancial dedicada à pesquisa básica – a área a partir da qual florescem as inovações mais importantes. Desde então, a cota do governo tem decaído a 30%, o total crescendo extensamente alinhado com o crescimento econômico dos EUA, não pela influência de novas oportunidades.

Durante os anos 80, o governo americano consistentemente gastou mais de 1% de nosso produto interno bruto (PIB) em pesquisa e desenvolvimento, mas os gastos federais nesse campo tiveram a maior baixa (0,68%) em 50 anos do PIB no ano de 2000. Houve um aumento a US$ 93 bilhões, ou 0,8% do PIB, em 2004, um nível alto em termos absolutos, mas que simplesmente nos retornou aos padrões de 1954 em termos de compromisso governamental. Embora o setor privado tenha tomado medidas para incrementar sua atividade e sua produção, esses recursos eram dirigidos mais à pesquisa aplicada do que à pesquisa básica geradora de inovações.

Com o definhamento gradual do Bell Labs, do PARC da Xerox e dos grandes laboratórios de empresas farmacêuticas, a América corporativa parece mais interessada no tipo de inovação que pode ser obtida por meio de fusões e aquisições. Trata-se de um movimento distinto das inovações caseiras para transformar a inovação em uma transformação do poder de inventividade de outros. Essa poderia ser uma decisão racional dos negócios. Os chamados medicamentos copiados, que promovem melhorias de pequena monta em produtos existentes, podem ser rapidamente rentáveis após experimentos relativamente simples. Mas, esse tipo de medicamento não irá transformar um setor. A reviravolta é parcialmente um reflexo do ritmo explosivo das inovações nos campos farmacêutico e tecnológico, que está forçando os responsáveis a mudar suas perspectivas para monitorar desenvolvimentos entre uma constelação crescente de empreendimentos empresariais.

O superávit de US$ 300 bilhões que o governo e o setor privado americano gastam em pesquisa e desenvolvimento permanece, em termos absolutos, muito acima do que a maioria das outras nações gasta. Mas, nossos competidores estrangeiros estão aumentando imensamente seus investimentos governamentais em pesquisas – a China e a Coréia do Sul, por exemplo, em 10% ou mais ao ano. A China acabou de superar o Japão como a segunda nação que mais despende em pesquisa e desenvolvimento, com US$ 136 bilhões em 2006 *versus* os US$ 130 bilhões japoneses. E, em termos de gastos com pesquisa e desenvolvimento como participação na economia, estamos perdendo para diversos países, inclusive Finlândia, Islândia, Israel, Japão e Suécia, que fazem parte de um grupo de elite que gasta mais de 3% do PIB na área de pesquisa e desenvolvimento. Os Estados Unidos, que ostentam a maior economia do mundo, encontram-se na segunda fila, com os dispêndios governamentais e do setor privado totalizando 2,7% do PIB. No que se refere à pesquisa básica, estamos no 11º lugar em relação à porcentagem do PIB.

E as empresas americanas estão mudando seus departamentos de pesquisa e desenvolvimento para o exterior a uma velocidade extremamente rápida. No passado, as invenções norte-americanas exibiam universalmente o rótulo “Made in USA”. Esse caso está se tornando bastante raro. Mais de 40% de nossas empresas de alta tecnologia investem em operações de pesquisa e desenvolvimento substanciais no exterior, e pelo menos um terço delas objetiva aumentar suas participações em recursos estrangeiros nesse campo. Embora haja benefícios óbvios quanto ao estabelecimento de unidades de pesquisa e desenvolvimento no exterior, incluindo o menor custo e os contextos regulatórios mais lenientes, o resultado líquido é uma difusão global de recursos americanos em inovações, com implicações de longo prazo para o nosso poder de competitividade.

Todavia, uma das migrações mais espantosas da última década tem sido a do capital de risco nacional para aplicações no estrangeiro. A fonte desse grande montante de financiamento para inovações está abrindo caminho na China e na Índia em somas jamais vistas. Apenas em 2006, fundos norte-americanos de capital de risco investiram US$ 856 milhões em 71 contratos na Índia e US$ 1,1 bilhão em 105 contratos na China.

Os investimentos na China de US$ 480 milhões no segundo trimestre praticamente duplicaram o ritmo de 2005. Parte da atração foi a intensa atividade no mercado chinês de ofertas públicas iniciais (IPOs – *Initial Public Offerings*); em 2006, houve 155 IPOs na China que captaram US$ 53,5 bilhões, transformando este país no primeiro mercado mundial de IPOs.

Associe o fluxo de capital de risco aos balanços comerciais negativos em produtos de alta tecnologia que normalmente associamos com a liderança industrial dos EUA e ficará aparente o escopo inquietante de nossos problemas. Para qualquer um que sonhe que nosso segmento tecnológico salvará nossa posição no comércio mundial, considere esse fato: desde 1999, o déficit comercial em produtos de alta tecnologia da América em relação ao restante do mundo tem mais do que dobrado, ascendendo a US$ 96 bilhões em 2005. O que é pior, estamos gerindo um balanço comercial negativo – importando mais do que exportando – em, virtualmente, todos os setores de alta tecnologia, não somente em algumas áreas mais lentas e atrasadas como a de desenvolvimento de software em outros países.

A relação assustadora inclui a optoeletrônica, materiais avançados, manufatura flexível e a biotecnologia. E a nação no topo das exportações de alta tecnologia atualmente? Em 2005, a China exportou US$ 406 bilhões de bens de alta tecnologia comparativamente às exportações americanas no montante de US$ 284 bilhões. Uma parcela dessa disparidade é, inquestionavelmente, decorrente de as empresas norte-americanas estarem utilizando a China como uma plataforma de produção: o que elas exportam a partir da China revela-se como produtos importados dos EUA. Mas, segundo Robert Atkinson, da Information Technology and Innovation Foundation, a eliminação desses números do cálculo ainda deixaria os Estados Unidos com um déficit significativo no balanço comercial de produtos de alta tecnologia.

Além disso, nossa queda indica que estamos perdendo as novas oportunidades em tecnologia que freqüentemente emergem com a produção e o desenvolvimento. Hoje, um modelo desse relacionamento de estreitas ligações é a Toyota, cujo departamento de pesquisa e desenvolvimento em motores híbridos, por exemplo, fora rapidamente introduzido em seus produtos globalmente. No sistema produtivo da Toyota, os cientistas e engenheiros de pesquisa trabalham próximos dos gerentes de fábrica, equipes de marketing e dos profissionais especialistas responsáveis pela cadeia de suprimentos. A agilidade na distribuição graças à automação na cadeia de suprimentos e novos conceitos de logística de "percepção e resposta" são também vistos como vitais. No entanto, nossas atividades globais de manufatura no exterior estão nos privando da habilidade de gerarmos aquele tipo de conhecimento estrategicamente indispensável, que cada vez mais se baseia na tecnologia da informação para criar novas economias de escala na produção.

A história não melhora quando passamos para a infra-estrutura de alta tecnologia. Estudos recentes mostram que o acesso fácil à tecnologia da informação e das comunicações cria conexões sociais mais fortes e um maior nível de cooperação que, por sua vez, fomenta inovações e novos conceitos de *e-business*. Esse é o ponto em que devíamos brilhar. No entanto, em relação a essa infra-estrutura, apesar de nossos TiVos* e iPhones, a situação não mais é promissora. Em 2006, mais de 83% dos sul-coreanos tinham acesso à Internet de banda larga, enquanto apenas 45% dos americanos podiam reivindicar essa condição. E o adjetivo "larga" significa coisas diversas em países diferentes. A TechNet Innovation Initiative estima que os usuários em outros países têm conexões de 20, 40 e, às vezes, 100 megabits, embora normalmente, nos Estados Unidos, a banda larga signifique velocidades com menor número de megabits.

A infra-estrutura também figura nessa equação. A Sociedade Americana de Engenheiros Civis outorgou à América um grau "D" por sua infra-estrutura física, que alguns descrevem como "decadente". Quando falamos de infra-estrutura estamos nos referindo às instalações básicas – estradas, pontes, ferrovias, redes de telecomunicações, sistemas de processamento de dejetos, emissões e lixo e de tratamento de água. O grupo estimou que seriam necessários investimentos da ordem de US$ 1,3 trilhão só para se atingir condições "aceitáveis". Essa é uma quantia muito grande. Um "índice" real de nossa habilidade de investir no futuro. E um problema verdadeiro.

É preocupante, também, que os Estados Unidos não estejam acompanhando o passo das inovações sociais – a habilidade de criar novas ins-

* N.T.: O TiVo é uma marca popular de gravador de vídeo digital, que também pode ser chamado de gravador de vídeo pessoal. Trata-se de um aparelho de vídeo que permite aos usuários capturar a programação televisiva para armazenamento em um disco rígido e sua visualização posterior.

tituições e práticas que atendam necessidades sociais e reforcem a sociedade civil. Uma grande parcela do trabalho de ponta nesse campo emergente está sendo executada na Inglaterra, embora a Dinamarca e Cingapura tenham programas de arte com apoio do governo, dedicados explicitamente a fomentar uma cultura e um sistema diferente de inovação no nível nacional.

A sofisticação desses programas é impressionante. O governo da Dinamarca identificou a necessidade de aprofundar o relacionamento entre as artes e os negócios em 2000. A meta era expor as empresas a novas aptidões artísticas e criativas; estimular o desenvolvimento de novos produtos, o *design* e os serviços; e implementar mudanças nas culturas organizacionais. Nos Estados Unidos, em contrapartida, pressões políticas e fiscais têm forçado cortes nos programas de arte públicos do país, inclusive nos oferecidos em muitas escolas.

Nosso boletim informativo ainda cataloga déficits em certos e distintos aspectos, mais globais, da aptidão de inovar da América. Por exemplo, que tal as competências físicas e mentais de nossos jovens? Em 2005, enquanto jantava com Peter Schoomacher, oficial-chefe do quadro do Exército dos EUA, ele me pediu para que eu adivinhasse a porcentagem de adolescentes americanos que satisfaziam os requisitos mínimos da força nessas áreas. Lembre-se que essa era uma época em que o Exército estava particularmente interessado em incentivar o recrutamento, e seus critérios de admissão eram, de certa forma, mais lenientes. A resposta preocupante: 25%.

Nossa aptidão de inovar ainda é baseada em nossa capacidade de entender, falar e fazer negócios com uma variedade de diversos grupos étnicos e nacionais. Muitos dos países que competem conosco têm essa habilidade, e nós basicamente não. Nós certamente subestimamos as línguas: há informes de mais diplomas conferidos em universidades americanas em estudos sobre parques, recreação, lazer e educação física do que em todas as línguas e literaturas combinadas.

Até o momento, ao menos, o inglês permanece como a língua franca da ciência e da tecnologia. Assim, talvez não seja surpresa ouvir Gordon Brown, primeiro-ministro do Reino Unido, estimar que em 2025 a China terá mais falantes de inglês do que todo o restante do mundo. No mundo atual, as pessoas que falam unicamente inglês estão perdendo rapidamente sua vantagem. Falantes não nativos de inglês agora superam os nativos por um fator de 3:1, segundo David Crystal, autor de *English as a Global Language*. Ele observa que jamais teve tantas pessoas falando a mesma segunda língua. Somente na Ásia, chega a 350 milhões o número de pessoas que falam inglês, e um número estimado de 100 milhões de crianças chinesas estão aprendendo nossa língua.

A população de diversos outros países aprecia o que denomino de inteligência cultural, um ativo decisivo em seu papel proeminente nas negociações internacionais de manutenção da paz e, certamente, nos negócios internacionais. Ela ainda é um chamariz para cientistas e tecnólogos de ponta que costumavam "pendurar o chapéu" nos Estados Unidos.

Finalmente, a liderança nas inovações não é um processo barato, e a América tem um furo em seu bolso. No mundo dos negócios, as empresas lutam para atingir um fluxo de caixa substancialmente livre – o resultado líquido após a dedução das despesas e dos impostos. Elas extraem o lucro desse fluxo e consomem o restante na melhoria de operações e em dividendos. Se os Estados Unidos fossem uma empresa, estariam próximo de uma quebra. Nesse ínterim, países como a China estão economizando a um passo frenético, são capazes de investir em projetos nacionais de tecnologia, infra-estrutura em comunicações e ensino. Os Estados Unidos estão gerindo um extenso déficit comercial que atingia US$ 856 bilhões em 2006, no quinto ano consecutivo de quebra de recordes. Nossa dívida nacional também está se elevando em uma linha espiral. O Departamento do Tesouro fornece um cálculo proveitoso da "dívida até o nível de centavos" em seu site na Web. Quando conferi esses dados na primavera de 2007, ela tinha atingido uma soma superior a US$ 8,8 trilhões. Os empréstimos necessários para cobrir o déficit comercial em si – US$ 2 bilhões ao dia em 2006 – impedem a aplicação de mais investimentos produtivos em iniciativas que poderiam fomentar inovações.

• • •

Felizmente você já ouviu o sinal de alerta. Mas, meu objetivo na elaboração desse boletim informativo é o de manter o escore em algum tipo de soma zero, uma modalidade de aposta nas inovações globais. Na maior parte do tempo, fico contente de ver as competências de inovações se disseminarem pelo mundo. Faço a suposição fundamental de que um mundo com maior capacidade de inovar será mais interconectado e terá maior probabilidade de gerar novas fontes de valor que beneficiarão toda a humanidade.

Todavia, os tipos de dados apresentados anteriormente devem ser entrelaçados em uma narrativa geral. Pinçados isoladamente, pode ser difícil a assimilação de um retrato verdadeiro do *status* de inovação da nação. Assim, alguns argumentam que os indicadores apontam para um sério declínio, enquanto outros selecionam certos fragmentos de dados para mostrar que estamos indo bem. No entanto, a acumulação de dados sob qualquer uma das perspectivas não conforma em si uma visão convincente, robusta, de quais as implicações para as vidas rotineiras que nós, americanos, poderemos estar vivenciando no futuro se não promovermos aperfeiçoamentos.

Henry Adams definiu certa vez a ignorância como o acúmulo de fatos inertes e, em minha experiência, o verdadeiro conhecimento está reservado à imaginação – o lampejo da narrativa, o poder da narração de histórias para gerar fatos. Em meu trabalho, farei praticamente qualquer coisa para evitar que a "inovação" se torne uma palavra abstrata, morta, quando ela for assimilada pela mente de meus clientes. Acima de tudo, gosto de inventar narrativas que criam empatia, que fazem levitar as pessoas extraindo-as de seus estados confortáveis, e que geram resultados alternativos que ampliam seus horizontes e aclaram suas escolhas.

A construção de cenários – uma palavra que em francês literalmente significa roteiro – é uma técnica introduzida na Royal Dutch Shell pelo famoso futurista Pierre Wack. A técnica confirmou seu valor no choque do petróleo nos anos 70, ao permitir que a empresa – distintamente de seus rivais – antecipasse a disparada dos preços do petróleo e o fornecimento restringido, e para que implementasse uma estratégia para aproveitamento da vantagem. A estratégia, como Wack gostava de contar para mim durante sua atuação como acadêmico visitante na Harvard Business School, não era nada mais do que a arte refinada de perceber novamente o que fosse possível.

A construção de cenários desde então evoluiu para um modo disciplinado de estimular a imaginação criativa de modo a antecipar possíveis futuros e, portanto, identificar questões e implicações que poderiam, de outra forma, ser omitidas. Os cenários são baseados em processos analíticos e interativos bem-definidos, e seu uso tem sido adotado por governos e empresas de ponta mundo afora.

Em meu próprio trabalho, utilizo cenários para orientar equipes de liderança em um entendimento mais holístico – e geralmente emocional – de plausíveis futuros. Os cenários são um meio de reconhecer os sinais de mudanças e de estarmos preparados para elas. Eles não são previsões, mas sim uma estrutura de compreensão que ajuda a identificar potenciais ameaças e oportunidades. Eles são um meio efetivo de se "conectar os pontos" para retratar um panorama completo, vital, quando lidamos com as ambigüidades inerentes do futuro. O conhecimento gerado por meio de um processo de cenários bem gerenciado pode então orientar o desenho de planos de ação e a criação de competências.

Na primavera de 2006, reuni um grupo de colegas para que visualizassem cenários dos Estados Unidos daqui a 20 anos. Eles eram baseados independentemente se nosso *pool* de talentos e a infra-estrutura para inovações tivessem sido ou não erodidos, destruindo no processo nossas competências competitivas nacionais e nossa qualidade de vida. Verificamos a guerra global por talentos e a capacidade de capitalizar em novos modelos de negócios para inovação como alguns dos fatores-chave orientadores de um conjunto de cenários que, por sua vez, poderiam definir um novo panorama global para as inovações.

Enquanto alguns dos cenários revelavam uma história razoavelmente positiva, outros eram profundamente inquietantes na descrição de como seria a vida de um(a) americano(a) médio(a) se ele(a) fosse surpreendido(a) na contracorrente de uma nação que tivesse perdido seu poder de inovação. Os cenários de narrativa curta, um neste capítulo e o outro no próximo, são excursões ficcionais extraídas de nossa narrativa carregada de fatos. Eles pretendem ativar tanto o coração como a mente. Assim, permita-me levá-lo em uma viagem até o ano de 2027.

• • •

Numa manhã de sábado, Jim Polk despertou com o som de crianças brincando ao lado de seu carro-moradia puxado a reboque. Por alguns instantes, ele pensou que tinha retornado à cidade natal de Mount

Joy, Tennessee, tentando ter mais uma hora extra de sono enquanto sua esposa Cindy acalmava seus dois filhos: "Meninos, o papai de vocês trabalha duro toda a semana. Ele precisa descansar!"

Que vida tão agradável eles tinham, com os quatro naquela casa pequena estilo rancho, o amor e as risadas. De madrugada, na cama, após os garotos estarem finalmente dormindo, Jim e Cindy compartilhariam seus próprios sonhos para o futuro, confiantes de que ele poderia apenas melhorar.

Repentinamente, uma série de explosões rápidas irradiando fogo irrompeu do lado de fora da janela do *trailer*. Embora ainda um tanto adormecido, Jim reagiu instantaneamente saindo do leito e atravessando o quarto para apanhar a pistola e o coldre que repousavam em cima de uma cadeira nas proximidades. Na hora em que teve a arma na mão, percebeu seu erro. Era o dia 4 de julho. Os garotos estavam se divertindo com fogos de artifício.

Ele bufou aborrecido e pegou a garrafa de Bourbon barato que estava sempre à mão. As imagens de sua vida antiga retornaram para assombrá-lo. Este era seu futuro, pensou – um acampamento velho e sujo para *trailers* que margeava a Interstate 95 próximo da cidade industrial de Bridgeport, Connecticut, um emprego sem perspectivas, uma vida sem família, sem orgulho, sem esperança. Tudo o que tinha para mostrar a passagem do tempo era uma barriga crescente, cabelo prematuramente grisalho e aquela reação de "lutar e não fugir" frente ao perigo que ele tinha aprendido na Terceira Divisão de Infantaria no Exército.

Ele riu, recordando das palavras da mulher que o tinha contratado como segurança dois anos atrás. "Você não tem idéia do quanto é sortudo", ela disse. "Tivemos 400 candidatos para esse emprego." Ela estava certa, também. Até então, ele tinha desperdiçado uma vida em trabalhos temporários desprovidos de dignidade. Agora, tinha de passar dez horas ao dia, seis dias por semana, pistola na bainha, guardando a entrada da Treasure Island.

Esse é o nome pelo qual gostamos de chamar a Bonham Reef, uma ilha privada em Long Island Sound, a uma pequena distância da metrópole de Stamford. Existem dezenas desses enclaves fortificados espalhados pelo país. A Reef, outrora propriedade de um herdeiro dos Rockefeller, agora abrigava 2 mil pessoas da nova elite – gestores de fundos *hedge**, advogados corporativos, cirurgiões cardíacos e executivos estrangeiros cujas empresas mantinham partes da próspera Stamford. Uma auto-estrada de quatro pistas levava-os diretamente ao centro da cidade. Na ilha, eles confiavam em Jim e em seus colegas para protegê-los do crime e do crescente interesse dos vizinhos próximos desprovidos de recursos. Exceto por algum cumprimento irônico ocasional de um adolescente que passasse, os residentes da Reef ignoravam Jim, e ele desprezava-os e invejava-os.

Normalmente ele demorava somente meia hora para chegar em Stamford e na Reef Highway. A parte mais lenta do percurso era o trânsito mais pesado de cinco minutos pelo centro de Norwalk. As pessoas tinham lhe contado que essa cidade fora um centro comercial alvoroçado no passado, mas agora era um perfeito exemplo da influência maligna urbana. Naturalmente, isso ocorreu quando a braçadeira do cano de escapamento de seu carro cedera na sexta-feira.

Em um minuto, uma turma de homens com olhares irritados e adolescentes risonhos tinham cercado o carro – examinando as bandas de rodagem dos pneus, conferindo o interior para ver se achavam algum sistema de comunicação universal ou qualquer coisa que pudessem vender. Antes que eles fizessem algum movimento, Jim sacou sua pistola e disparou um tiro acima da cabeça do homem que ele identificou como sendo o chefe. Após isso, ele conseguiu recolocar a braçadeira e escapar sem danos.

Quando sentou em seu *trailer* no dia seguinte, pensando novamente no incidente, se perguntou quanto tempo tinha antes de as gangues assumirem inteiramente o controle, antes de as Treasure Islands e os centros corporativos protegidos ficarem totalmente isolados em um oceano de anarquia. Alguns dos homens com quem bebia, todos veteranos da guerra do Iraque, eram membros dos Filhos da Liberdade, um dos grupos de milícias que agora brotavam por todo o país. Eles queriam que John também participasse como membro – ex-atiradores do Exército eram sempre bem recebidos – mas ele sempre recusara. Furioso como era, ele não conseguia se inscrever como elemento das "demonstrações" arma-

* N.T.: O fundo *hedge* é um tipo de instrumento que visa proteger operações financeiras do risco de grandes variações de preço em um determinado ativo. Uma estratégia de *hedging*, em finanças, consiste em realizar um determinado investimento com o objetivo específico de reduzir ou eliminar o risco de outro investimento ou transação.

das que estavam planejando fazer em alguns dos bairros mais "barras-pesadas" de Bridgeport. "Eu sou uma genuína pessoa de sentimentos honestos e sinceros", dizia a si próprio, com um murmúrio autodenegridor. "Isso deve estar em meu sangue."

Jim nascera em Mount Joy, Tennessee, em 1908 em uma família de advogados, inclusive seu homônimo, James Knox Polk, o 11º presidente dos Estados Unidos. O pai dele era dentista, o primeiro homem da família Polk que não se formara em advocacia em sete gerações, e sua mãe lecionava matemática na nona série da Mount Joy High.

Quando Cindy ficou grávida no último ano do ensino médio, Jim insistiu para que eles se casassem. Ele conseguiu emprego em uma firma de contabilidade local – Jim sempre tinha estado entre os primeiros de sua classe em matemática e ciências – e começou a se esforçar para obter o diploma de engenheiro em uma faculdade próxima. Para ganhar algum dinheiro extra, ele entrou como reservista do Exército. Todas essas iniciativas, mais uma certa ajuda dos pais, permitiram que o jovem casal comprasse sua primeira casa a tempo de receber o nascimento de seu primeiro filho, James.

Depois, a unidade de reservistas em que Jim servia foi ativada e enviada para Bagdá. Ele serviu em três passagens para lá, cada uma pior do que a anterior. As mortes e a destruição provocadas pela guerra cobraram grandes perdas para ele. Ele viu sua esposa apenas o tempo necessário para criar outro filho, Knox, mas Jim e Cindy não mais falavam a mesma língua ou compartilhavam os mesmos sonhos. Em sua solidão, ela encontrou outro homem e pediu o divórcio. À época, Jim mal se importara. O pelotão tinha se tornado sua única família.

A América para a qual Jim houvera retornado contrastava muito com a nação que ele tinha conhecido no passado. A revista *Fortune* reportara sobre o "esvaziamento" da sociedade, o desaparecimento de qualquer autêntica classe média. A tendência já era evidente no passado quando da primeira convocação de Jim para servir no Iraque. Cinco por cento da população estavam pagando 57% dos impostos (e auferindo 33% da renda), e metade da população estava pagando somente 3% do total. Agora, aqueles 5% tinham se reduzido a 3%, e eles estavam pagando 75% dos impostos. Efetivamente, havia apenas pessoas endinheiradas e pobres no país, uma elite de primeira classe e uma subclasse própria do Terceiro Mundo cada vez mais indócil. Nesse ínterim, nações como o Brasil e a África do Sul, outrora divididos totalmente por linhas de classe social, estavam desfrutando de um novo renascimento impelido por inovações juntamente com uma classe média ressurgente.

Jim não tinha escolaridade, mas ele não conseguia evitar a leitura das manchetes na mídia. A economia estava indo "mal das pernas": o índice Dow Jones tinha ficado estagnado durante anos. Os produtos americanos ficaram tão famosos por sua fraca qualidade que não tinham, virtualmente, qualquer mercado no exterior. O país corria o risco constante de ficar inadimplente em face de sua gigantesca dívida externa, e o dólar submergira a uma nova baixa, substituído pelo euro como a moeda internacional de preferência. Governos e empresas estrangeiras, abarrotados com bilhões de dólares que ninguém mais queria, estavam utilizando-os para adquirir corporações, terrenos e moradias americanas a preços de liquidação. A General Motors, agora uma divisão da Toyota, estava produzindo rapidamente versões de baixo custo dos veículos de alta tecnologia da Toyota em um envoltório americanizado e estritamente para o mercado norte-americano. A indústria cinematográfica, o ícone cultural americano, tinha sido completamente dominada por conglomerados estrangeiros e estava produzindo entretenimento derivativo em larga escala com base em programas europeus de jogos e tecnologia de avatares japoneses. Até a infra-estrutura básica de transportes nacional, a rede de ferrovias e rodovias, estava sendo "sucateada" – Jim tinha chegado tarde ao trabalho duas vezes no último mês devido a reparos na rodovia interestadual para Stamford.

Como ele sabia muito bem, o padrão de vida da maioria dos americanos tinha caído de forma absolutamente profunda. O mesmo acontecera com o nível educacional do país, com 50% dos jovens sequer concluindo o ensino médio – comparativamente com os 30% em 2006.

James, seu filho mais velho, estivera no lado perdedor dessa estatística. Depois que o segundo casamento de Cindy também não deu certo, ela encontrou um trabalho em telemarketing em Nashville e se estabeleceu com os garotos em um projeto federal de conjuntos habitacionais de vários andares. Num breve período de tempo, James entrou numa gangue, passou a ser viciado em *whiz*, a nova droga equiparada à supercocaína, e abandonou o ensino médio. Cindy, em lágrimas, disse ao ex-marido que não sabia por que James trilhara esse caminho ou o que tinha acontecido com ele.

Knox tinha se saído melhor – muito melhor. Ele herdara a inclinação matemática de seu pai e ganhou todos os tipos de prêmios do ensino médio. Mesmo assim, encontrara dificuldades para entrar nas faculdades mais renomadas. Suas fileiras eram preenchidas pelos jovens de ótima instrução da elite, tanto americanos como estrangeiros. Knox ainda cursava a sexta opção entre suas faculdades preferidas, formando-se em engenharia como seu pai, quando ele e Jim restabeleceram contato.

De acordo com Knox, que desabafara com seu pai em um final de tarde, seu futuro nos Estados Unidos estava estritamente limitado. Ele estava determinado a operar no campo avançado de tecnologia e, de modo geral, as principais empresas da América não estavam interessadas. Para começo de conversa, a ciência e a tecnologia eram o campo de ação das classes privilegiadas. E suas empresas essencialmente se especializavam em logística global, *design*, prototipagem rápida, propriedade intelectual e afins – elas serviam como uma espécie de integrador de sistemas para o mundo pela criação e desenvolvimento de marcas, processamento e reacondicionamento de idéias de outras pessoas. As tecnologias revolucionárias – por exemplo, materiais nanomoleculares e produtos farmacêuticos para prolongamento da vida – eram, nesta época, em sua grande parte originárias da China, da Índia e de países europeus.

Jim mal conseguia acreditar nessas palavras. Ele se lembrava de como, em sua época, os Estados Unidos tinham liderado as inovações enquanto o resto do mundo comprava ou copiava nossas grandes idéias e produtos. Dezenas de universidades norte-americanas ofereciam ensino de classe mundial. Os melhores e mais brilhantes vinham aos Estados Unidos para estudar e muitos deles permaneciam para ajudar a alimentar a fábrica de inovações nacionais. Outras nações reclamavam amargamente por perderem seus principais talentos para a América.

Isso já não acontece mais, Knox disse a Jim. A fuga de cérebros estava se dando no sentido contrário. Sim, ainda existiam estudantes estrangeiros na América, mas agora eles preferentemente retornavam para seus países após se formarem, pelo menos os mais capacitados, enquanto o restante esperava por uma chance para obter os melhores empregos no exterior. As principais universidades norte-americanas tinham instituído unidades no exterior, e havia uma disseminação de faculdades técnicas de ponta em todas as regiões do mundo. O resultado: mais e mais cientistas e engenheiros pseudo-americanos, bem como seus pares estrangeiros, estavam estudando no exterior e fazendo suas carreiras lá fora. Não havia qualquer necessidade de ir aos Estados Unidos cada vez mais xenofóbico. Knox tinha conhecido uma garota finlandesa na faculdade, e estava pensando em se fixar em Helsinque – justo agora que seu pai estava começando a restabelecer relações com ele.

"Por que você não fica aqui nos Estados Unidos?" – Jim queria saber.

"Você está brincando?" – Knox replicou. "Essa é a atitude de uma pessoa que você costumava dizer que não usa a inteligência. Olhe ao seu redor. Se eu tiver sorte, poderia conseguir um emprego em um laboratório em alguma cidade fortificada como Stamford e ficar meio esquecido em algum trabalho rotineiro relacionado com produtos. Minha família poderia acomodar-se em Treasure Island e fingir que não notamos toda a pobreza e raiva que nos cercam."

"Na Finlândia, o céu é o limite, e existem oportunidades em todas as partes em que procuremos. O que Roosa e eu queremos fazer é criar nosso próprio laboratório – temos uma idéia para um PDA* de próxima geração com uma interface ao usuário nova e revolucionária – e há um grande montante de capital de risco nesses países. Nós não teríamos qualquer chance de obter essa espécie de suporte aqui nos EUA."

Jim nem mesmo tenta discutir com seu filho. Somente uma pessoa pouco inteligente conseguiria.

• • •

Não está convencido de que este é um cenário plausível? Você acha difícil acreditar que os Estados Unidos poderiam ficar tão para trás nesse jogo? À medida que considerarmos se ou não devemos enfrentar esse tipo de futuro, é vital pensarmos não somente no enfraquecimento de nosso poder competitivo, mas também nas inovações extraordinaria-

* N.T.: O PDA (em inglês, *personal digital assistent*), nada mais é do que um assistente digital pessoal, também chamado resumidamente de agenda digital ou de organizador pessoal, e que há um bom tempo já faz parte do cotidiano de homens de negócios, profissionais os mais variados e até de pessoas comuns.

mente vibrantes que podem ser vistas em tantas localidades importantes mundo afora.

O próximo capítulo narra a história de outros países que não apenas começaram a ter esse entendimento, mas também começaram a efetivar isso. Há muito para nos deixar preocupados, mas ainda mais a partir do que podemos aprender.

TRÊS

A NOVA GEOGRAFIA DA INOVAÇÃO

"A inovação e a imaginação conferem a uma economia ou empresa aquele diferencial extra. Hoje, a riqueza é gerada por novas idéias."

– *Goh Chok Tong*, ex-primeiro-ministro, Cingapura

No fim da Segunda Guerra Mundial, uma única nação permanecia no topo do Monte "Inovação", e ela era os Estados Unidos. Agora, novos e poderosos países ascendentes emergiram para desafiar a supremacia americana em uma frente ampla de inovações. Você poderá se surpreender com alguns – Brasil, Dinamarca, Estônia, Finlândia, Nova Zelândia, Cingapura, Taiwan –, enquanto outros, como é o caso da China e da Índia, são mais conhecidos. O ponto mais importante? Atualmente, o mapa da inovação tem sido profundamente retraçado.

Na qualidade de consultor de governos e organizações em praticamente todos os continentes, tenho ocupado um assento de destaque à medida que casos ocasionalmente estimuladores, ou ocasionalmente inquietantes, têm sido representados ao longo do palco mundial. País após país, tenho visto inovações configurando um propósito nacional para formar uma peça de política pública que influencia prioridades nacionais, investimentos em infra-estrutura e o desenvolvimento do capital humano.

Este capítulo aborda em detalhes as diretrizes e os feitos assertivos de alguns países-chave, analisando as suas realizações e como eles as atingiram. Serão examinados modelos de negócios, estratégias e os mecanismos subjacentes da inovação. Minha esperança é a de que, ao aprenderem mais sobre aqueles que abraçaram o imperativo das inovações, os Estados Unidos adotem uma agenda de inovações revitalizada.

Certamente a América abriga inúmeros dos maiores e mais vibrantes centros de novas idéias do mundo. Nenhum outro país tem o desempenho no mesmo nível que o nosso nos dias de hoje. Mas, para valer-se do termo de Clay Christensen no livro *The Innovator's Dilemma*, essa é a nossa incumbência. Nossa consciência está marcada por modelos de negócios de descoberta, distribuição e governança que evoluíram durante longos períodos de tempo. Países como Cingapura e a República Popular da China são exemplos de insurgentes: o primeiro, fundado em 1965; o último, em 1949. Eles estão ávidos, desejosos de experimentar e não têm nada a perder se investirem em novas oportunidades quando comparados aos Estados Unidos. Esse autor ainda propõe uma observação para se refletir, ou seja, que as inovações tendem a se originar de insurgentes, não dos responsáveis. Elas brotam daqueles que estão com desejo de investir na descoberta de novas fontes de demanda, novas necessidades dos clientes e novas tendências sociais sobre as quais possam lançar suas apostas. A China, que adota o espírito da descoberta fundamental, está destinada a se tornar uma potência em, por exemplo, ciência básica. Nesse ínterim, outras nações estão baseando seus modelos de negócios na terceirização ou na capacidade de estreitar relacionamentos entre culturas.

Como meio de forçar um aumento irreversível dos investimentos há o fato de que os empreendedores habilitados pela tecnologia de hoje estão mais ágeis e mais rápidos do que nunca. Um número cada vez maior de empreendimentos é global desde o início, bem como são rápidos, econômicos e, em minhas palavras, "leves"*. Assim, a corrida competitiva está se acelerando a um ritmo ainda mais rápido, ao mesmo tempo em que a natureza da corrida em si também está mudando. Se nos ativermos meramente ao nosso trabalho, em breve estaremos cercados por concorrentes ágeis que aprenderam a disputar um conjunto diferente de jogos-padrão.

* N.T.: O termo leves, de *weightless*, aparentemente está denotando algo desprovido de burocracia, com processos rápidos e de resultados bastante efetivos.

Para dar início, vamos examinar dois países relativamente pequenos que fizeram enormes avanços, inovando o processo efetivo de inovações e se transformando em centros de inovação de excelência. O primeiro é a diminuta cidade-estado de Cingapura. Esse país é uma prova do conceito de que uma nação não precisa ser grande para se tornar um competidor líder na disputa global por inovações.

Cingapura é uma nação-ilha do tamanho de Chicago, mas com o dobro de sua população – para ser exato, 4,4 milhões de habitantes. No entanto, sua ambição de inovar é do tamanho de um continente. Lee Huntsman, que durante sua gestão como presidente da Universidade de Washington negociara diversas *joint ventures* e programas de parcerias com Cingapura, denomina esse modelo como uma "empresa de capital de risco 'mascarada' na forma de um governo".

Uma das essências estratégicas de Cingapura (juntamente com a mídia digital e a tecnologia limpa) envolve competir na economia global na condição de líder em biotecnologia. Como muitos outros observadores de Cingapura, Huntsman, ele próprio um bioengenheiro famoso, particularmente admira o Biopolis. A estratégia do descomunal novo centro de pesquisas de atingir a predominância em ciências naturais no espaço de uma única geração resume-se a fomentar e alavancar o capital humano em uma abordagem de via dupla: primeiro, recrutar cientistas globais de renome e dotá-los com as ferramentas necessárias para que descubram curas para as doenças mais expressivas. E, segundo, instruir uma geração de cingapurianos nativos e imigrantes para levar a cabo esse trabalho altamente especializado.

Nos Estados Unidos, que têm uma população 70 vezes maior do que a de Cingapura, aproximadamente 4 mil americanos recebem o título de Ph.D. em ciências biológicas ao ano. Em Cingapura, país que paga suas próprias despesas, sem contrair dívidas, mais de 500 estudantes estão atualmente no curso para tirar doutorado, e a meta é dobrar esse número até 2015. Isso significa que uma população 1/70 menor do que a dos Estados Unidos estaria atingindo um quarto do que estamos sendo capazes de realizar no cultivo de talentos – uma disparidade espantosa.

O Biopolis já tem 2 mil cientistas atuando em uma área de cerca de 186 mil km² de deleite em supertecnologia. Instalações adicionais eventualmente irão suportar uma força total de 10 mil trabalhadores dedicados a pesquisas. Em termos de comparação, o National Institute of Health – o mais importante e antigo órgão norte-americano –, localizado em Bethesda, Maryland, com seus 27 centros e institutos, emprega 6 mil cientistas no nível de doutorado.

É digno de nota que o Biopolis foi explicitamente formatado com base no Vale do Silício, tanto em seu modelo de negócios como em suas ambições. Uma monografia sobre o Biopolis apresenta sua visão: "(Ele) tinha de ser um ícone, em todo o seu conjunto. De certa forma, ele seria o equivalente da arena biomédica ao Vale do Silício californiano". Para agregar ao seu potencial, o Biopolis foi concebido por um grupo de jovens talentos, não os da velha-guarda. O arquiteto-chefe, Kok Poh June, tinha 28 anos quando foi iniciado o projeto, e o líder do mesmo, Goh Kok Huat, tinha 35 anos. A juventude foi traduzida em velocidade. Quando as autoridades de Cambridge, Inglaterra, informaram a eles que demandaria 15 anos para o desenvolvimento de um centro de excelência em ciências naturais, a equipe "arregaçou as mangas" e conseguiu finalizar o projeto num prazo curto de dois anos e meio.

O resultado é um complexo de US$ 300 milhões, e o seu plano-mestre foi desenvolvido pelo famoso arquiteto Zaha Hadid. Ele encerra sete edifícios com arquiteturas distintas dotados de nomes evocativos, como Helios, Proteos e Nanos, que são interconectados por uma rede de pontes panorâmicas. Inclui ainda uma mescla de institutos de pesquisas governamentais e firmas precursoras de biotecnologia bem como multinacionais do ramo farmacêutico. Em sua plena capacidade, a formação total abarcará contingentes da Eli Lilly, Glaxo-SmithKline, Novartis e de uma dezena de outras empresas farmacêuticas líderes.

Os vários estudiosos que trabalham agora na Biopolis, além dos já mencionados anteriormente, incluem Alan Colman, o cientista escocês que dirigiu o Roslin Institute, no qual ocorreu a afamada clonagem da ovelha Dolly, em 1996. Ele rejeitou ofertas de trabalho nos Estados Unidos e na Inglaterra, privilegiando Cingapura, local em que se sente totalmente livre para perseguir sua meta de descobrir uma cura para o diabetes. Quando deixou a Escócia, ele afirmou: "Sou um cientista e a modalidade de ciência que quero seguir exige muitos recursos, e eu irei para onde são feitos os investimentos". Os novatos americanos do centro incluem Sidney Brenner, ganhador do Prêmio Nobel do Salk Institute, e Mark Seielstad, que deixou a Harvard School of Public Health em razão de ter um "melhor ambiente" no Biopolis.

Um grande atrativo do centro é o programa de compartilhamento de recursos. Todos os pesquisadores podem utilizar os equipamentos de última geração em vez de terem que adquirir os seus próprios. As políticas liberais delineadas por Cingapura no que tange às pesquisas de células-fonte também são um outro fator de sedução. Fornecedor importante de células a cientistas norte-americanos, cujos trabalhos têm defrontado obstáculos políticos, Cingapura tem algumas das leis mais liberais governando clonagem terapêutica e criação de bancos de células-fonte humanas para fins de pesquisa do mundo. Essas células-fonte embrionárias podem eventualmente desempenhar um papel decisivo na medicina regenerativa e na substituição de tecidos, bem como nas terapias para o câncer, mal-de-Parkinson e lesões na medula espinhal. Ainda, considera-se que os experimentos com grupos de cobaias criadas na própria unidade têm uma vantagem quando comparados a locais praticamente paralisados por regulamentos relativos aos testes com animais.

O centro também não economiza no trato com a qualidade de vida. Ele tem serviços de creche, lavanderia e até um bar. E está sendo construído um novo distrito de entretenimento, situado intencionalmente nas proximidades. Ele irá abrigar a maior arena para concertos de Cingapura, um centro de esportes radicais, um moderno shopping, restaurantes de comidas típicas etc.

O Biopolis é parte do One North, um projeto de "cidade dentro de uma cidade", assim denominado pois Cingapura está localizada a um grau ao norte da linha do Equador. Fusionopolis, que visa um aumento posterior do poder de atração do complexo para a nova comunidade de talentos da mídia, é o segundo principal componente do projeto. Alojado em uma alta elevação futurista projetada pelo arquiteto japonês Kisho Kurokawa, ele combinará elementos do SoHo, de Nova Iorque, e do Vale do Silício, na Califórnia. Fusionopolis é emblemático do incentivo de Cingapura à denominada mídia digital e interativa (IDM – *Interactive and Digital Media*). Conforme informado por um boletim noticioso local: "As artes, os negócios e a tecnologia felizmente irão se tornar aliados, e os pesquisadores talvez possam ser capazes de conviver com diretores cinematográficos para criar, digamos, melhores filmes ou ciberjogos digitais".

Além disso, o One North fica ao lado de um vasto terreno com propriedades em construção reservadas para "futuras agendas". Portanto, Fusionopolis e o centro podem ser simplesmente o começo de um país que acredita na utilização de princípios avançados de projeto urbano para criar espaço branco nacional que pode, por sua vez, impulsionar suas ambições para inovar. Trata-se também de um lugar para sonhos: um show no One North exibe uma história do futuro, com manchetes como: "2015 – um grupo de pesquisas de Cingapura desenvolve um novo composto utilizando estrutura genômica visando descobrir as proteínas responsáveis pela leucemia". Também é incluído um festival de arte: a exibição prevê que um diretor cinematográfico residente do local irá, algum dia no futuro, conquistar a Palma de Ouro em Cannes.

O conceito do One North foi articulado por Philip Su, CEO assistente da JTC Corporation e um dos principais incentivadores, que me contou: "Queríamos criar uma comunidade talentosa em que a métrica relevante deixasse de ser a área bruta construída e edificada (GFA – *Gross Floor Area*), para passar a ser a quantidade de propriedade intelectual gerada com o tempo – uma métrica futura contrastante com a atual".

E Tan Chin Nam, *chairman* do One North, bem como secretário permanente do Ministério de Informações e Artes, destaca a importância de uma fusão entre as artes, a ciência e os negócios que supere o modelo do parque científico tradicional. Ele descreve o One North como um "novo ecossistema e um imenso experimento nacional – um ambiente de aprendizado, convivência e trabalho e uma central de talentos da próxima geração".

Quando Cingapura deu seus primeiros passos no sentido de atrair cientistas e tecnólogos de renome mundial, sua identidade de marca informal poderia receber o nome de "China feita na Suíça". Sua reputação também era a de uma sociedade confuciana fechada e restrita que impunha penalidades rígidas, amplamente divulgadas, no combate a comportamentos inadequados. Houve uma intervenção do pragmatismo e o país mudou seu rumo. Seu grupo atual de líderes tecnocráticos, com formação nas melhores universidades americanas e inglesas, reconheceu que uma cultura mais aberta, não uma restritiva, era o que se fazia necessário para induzir talento criativo. Conseqüentemente, eles contrataram uma série confiável de gurus de todas as partes do mundo para que prestassem consultoria de como transformar a nação de um exemplo de eficiência a um facilitador de inovações. Hoje em dia, ensinam-se habilidades criativas nas escolas públicas numa tentativa de instilar a agilidade mental, enquanto empresas de investimento apoiadas pelo governo financiam o desenvolvimento de mega-shoppings e boates de primeira linha. Também tem havido um aumento da tolerância do setor público para com entretenimentos liberais – inclusive a promoção de *raves* extremamente concorridas na área litorânea que atraem boêmios de todas as regiões do sudeste asiático.

Além de criar uma nova casta de talentos domésticos mais bem equipada para praticar inovações, esse clima mais tolerante e criativo tem ajudado a seduzir alguns dos melhores cientistas e engenheiros do mundo, quer em regime de período integral, quer como colaboradores eventuais. Os vários comitês de assessoria de Cingapura agora registram uma espécie de "Quem é Quem" do talento sênior mundial em campos como o da mídia digital e da ciência dos materiais. A lista de estrelas inclui Paul Saffo, guru de tecnologia digital da Universidade de Stanford; John Seely Brown, ex-diretor do PARC da Xerox; Peter Schwartz, presidente da Global Business Network; Curtis Carlson, diretor do SRI International, centro de pesquisas sediado na Califórnia; e Rita Colwell, ex-diretora da National Science Foundation e professora de ciências biológicas na Universidade de Maryland.

O comprometimento do governo de Cingapura quanto à inovação jamais foi mais evidente do que na instituição, em janeiro de 2006, da National Research Foundation (NRF). Seu programa específico era estender o impulso de pesquisa nacional além das ciências biomédicas em duas áreas extras – tecnologias ambientais e de conservação da água, e mídia digital e interativa – que eram vistas como "preparadas para um crescimento rápido na Ásia e no mundo". A NRF recebeu um orçamento de US$ 3,3 bilhões para cinco anos – verba essa que, tomada em conjunto com outras iniciativas governamentais, indica que os dispêndios da pequena Cingapura em pesquisa e desenvolvimento totalizarão 3% de seu PIB em 2010. Lembre-se de que os Estados Unidos gastam 2,7% de seu PIB em tais esforços, situando-se em 6º lugar entre os países que devotam recursos para trabalhos nesse campo.

Considere agora a Dinamarca. Desdenhada por muitos como um país excessivamente interessado na proteção do bem-estar de seus cidadãos, e praticamente paralisada devido aos impostos que paga por sua liberalidade social, a Dinamarca está "enxotando" os negativistas de seus domínios. Há tempos classificada entre as nações mais prósperas do mundo, ela agora ocupa a 6ª posição em termos de PIB *per capita*. E, com uma combinação notável entre realismo de senso prático, energia e idéias criativas, o país conseguiu nutrir uma economia capitalista ativa, extremamente competitiva – tudo isso sem sacrificar mais do que uma fração de seus benefícios sociais e retendo ao mesmo tempo alíquotas de imposto que iriam deixar as mentes americanas perplexas. A alíquota de imposto mais elevada da Dinamarca – de 63% – aplica-se a todos os rendimentos superiores a US$ 60 mil.

A chave do êxito da Dinamarca reside em uma impetuosidade comum de ignorar os pessimistas e, em seu lugar, aplicar criatividade e questionar a sabedoria convencional em campos que variam desde a energia e o ensino até o planejamento urbano e o transporte público. Por exemplo, os dinamarqueses, que carecem do petróleo extraído de plataformas marítimas que tem enriquecido as vizinhas Noruega e Inglaterra, transformaram seu país em um líder mundial em energia eólica. A Dinamarca exporta moinhos de vento superesficientes para clientes em todo o planeta, e sua indústria propelida pelo vento, liderada pela Vestas, o maior fabricante mundial de turbinas, controla cerca de 40% do mercado global. Tudo isso faz parte de uma iniciativa de 30 anos extraordinariamente bem-sucedida em que o país reteve o consumo baixo de energia e aumentou sua auto-suficiência. Durante três décadas, o consumo de energia tem permanecido notavelmente constante na Dinamarca, embora seu PIB tenha dobrado.

A evolução do setor de energia eólica tem, de maneira significativa, sido orientada por uma combinação poderosa entre incentivos governamentais inteligentes, visar inovações tecnológicas e uma cultura oferecendo enorme suporte. Impelido pela crise energética do início dos anos 70, o governo dinamarquês patrocinou um expressivo programa de pesquisas energéticas que incluía a energia eólica; a partir dessa iniciativa emergiram projetos de turbinas inovadoras elaborados pelas companhias dinamarquesas. O governo então forneceu um incentivo poderoso de mercado requerendo que as empresas ligadas ao setor energético pagassem 85% do preço da eletricidade no varejo – não no atacado – pela potência gerada por turbinas particulares, muitas das quais eram construídas e operadas por associações locais de empresas se beneficiando adiantadamente do subsídio de capital dinamarquês para a construção. Com os preços mais elevados garantidos pelo governo, o novo grupo de fabricantes de turbinas encontrou um mercado pronto.

Com uma inclinação típica para a criatividade, os dinamarqueses também demonstraram que os problemas sociais podem ser resolvidos sem a aplicação direta de dinheiro. Exemplo de caso: o governo constatou que o país poderia economizar divisas – e combater a poluição – se simplesmente concedesse isenção aos cidadãos mais idosos para as tarifas de táxis em vez de criar frotas de vans para transportá-los pelas cidades.

Decisivo para o sucesso dinamarquês no campo das inovações tem sido um esforço conjunto entre o governo, o setor privado e os fortes sindicatos no sentido de descobrir novos meios de atingir vantagem competitiva nacional graças a novas idéias. E, conforme vi diretamente durante uma viagem em 2005, todas as três partes interessadas trabalham de maneira cooperativa para obter essa vantagem. Minha breve estada incluiu visitas até o Comitê de Inovação do primeiro-ministro, uma aliança dos setores público e privado que fomenta um diálogo amplo da sociedade e a orientação para inovações; o Learning Lab, do Ministério da Educação, que conecta a esfera das melhores práticas emergentes com o ensino tradicional; e o MindLab, do Ministério da Economia, uma incubadora de criatividade voltada a funcionários públicos.

Mas, você pode estar se indagando, o que todos esses comitês e consórcios efetivamente realizam? Bem, primeiro eles estão criando infra-estrutura para inovações. Poucos países podem alardear uma infra-estrutura comparável, quanto mais nações do tamanho da Dinamarca.

Similarmente ao que ocorre em Cingapura, o papel das inovações sociais tem sido especialmente importante na evolução da Dinamarca para a condição de um país líder em novas idéias. Considere, por exemplo, o modo impressionante como a Dinamarca tem lidado com sucesso no trato com a agricultura, a indústria e até as inovações, o que meu amigo Uffe Elbaek, diretor de uma das principais faculdades de administração de negócios do país, descreve como uma "transformação vigorosa". Conforme relatado por ele, "80% da população estavam morando em áreas rurais, e, após algumas décadas, a sua maioria tinha mudado para as cidades. Assim, por que é que cada vez que é feita uma lista das dez nações mais ricas do mundo, os países escandinavos estão presentes novamente?" A resposta, ele sugere, é a inovação social, e ainda dá um exemplo prático.

A Dinamarca é famosa no mundo inteiro pela qualidade de seus produtos agrícolas, como bacon, manteiga e queijo. Isso aconteceu, explicou Elbaek, não porque ela tinha um grande setor agrícola, mas porque um número substancial de pequenos fazendeiros juntou forças para criar cooperativas que pudessem manter padrões de alta qualidade. Eles tinham percebido uma verdadeira realidade crucial: não havia futuro no longo prazo se produzissem apenas *commodities* agrícolas, mas poderiam abrir um nicho no processamento de alimentos de alta tecnologia. E a Dinamarca tinha mecanismos efetivos para levar a cabo a transformação. "Temos muita capacidade para lidar com nosso tecido social", Elbaek disse. "Em nosso sistema social somos capazes de realçar o treinamento entre funções complementares, e o valor do aprendizado conjunto como comunidade que nos diferencia de muitos outros países."

Esse fato é consistente com o que a Dinamarca intitula de um modelo de "flexigurança" – uma mescla que envolve flexibilidade e segurança. Comparativamente a vários países europeus, é fácil contratar e demitir trabalhadores na Dinamarca. Mas, em vez de lhes assegurarem segurança no trabalho, os trabalhadores dinamarqueses têm uma segurança de emprego; se eles perdem o emprego, o governo fornece um retreinamento bem financiado.

A mensagem de Elbaek é essa: as inovações sociais necessárias no mundo moderno de hoje surgirão a partir de um alto nível de colaboração e cooperação. Elas demandarão novas aptidões e novos mecanismos sociais que incluem o aprendizado continuado, a agilidade e uma disposição de se reinventar a natureza da vantagem competitiva em um modo cooperativo, em oposição a um em que todos os trunfos são para o vencedor.

A faculdade administrada pelo meu amigo Kaos Pilots (nenhuma relação comigo; *kaos* é o termo dinamarquês para "caos") é uma instituição de graduação de três anos privada e independente que exemplifica a consciência entre os pensadores dinamarqueses sobre a necessidade de uma nova geração de executivos que possam facilitar inovações sociais. Ela descreve sua missão como treinar gestores para poder transformar o caos em mudanças econômicas e sociais inovadoras, e desenvolver um "estilo de vida empreendedor". Seu currículo encerra conceitos como o de responsabilidade social, gerenciamento de processos criativos e de mudanças, motivação de ações em terrenos desconhecidos, operações com utilização de parcerias público-privadas, trabalho em equipe, intra-empreendedorismo e empreendedorismo.

Cingapura e a Dinamarca são exemplos evidentes de que os pequenos podem ser bem-sucedidos. Elas servem de ótimos modelos para os Estados Unidos dos papéis que a criatividade e a agressividade desempenham no fomento de inovações.

Mas também não há escassez de grandes competidores perseguindo políticas de inovações nacionais, e o principal entre eles é a China. Partindo de uma posição estável em 1979, o país já se tornou o quarto maior exportador do mundo; algumas estimativas apontam que sua economia superará a dos Estados Unidos na metade deste século. Jamais no passado teve alguma nação que criasse tanta riqueza tão rapidamente. Estimativas recentes colocam o número de milionários chineses como mais de 300 mil, comparativamente com os 2 milhões existentes nos Estados Unidos. O mais significativo é que a China não tinha milionários se considerássemos há pouco tempo no passado. Seu recente ritmo de geração de riqueza tem sido realmente revolucionário. Um condomínio de casas próximo à região metropolitana de Pequim ostenta mansões dotadas de piscinas e janelas com vitrais; preços a partir de US$ 2 milhões. O que diria Mao?

O crescimento chinês é impressionante tanto por sua escala como por seu foco em uma estratégia de "Xangai modelada como cidade digital" que visionava uma ampla gama de serviços inteligentes habilitados pela Internet em áreas como ensino, finanças, tratamento de saúde e turismo. Os planos municipais para financiar projetos no campo de pesquisa e desenvolvimento utilizam 2,5% do PIB da própria cidade, um exemplo incomum de uma metrópole que utiliza métricas mais tipicamente aplicadas a nações. Mais de 140 laboratórios internacionais de pesquisa e desenvolvimento já se estabeleceram em Xangai, suportados por uma imensa infra-estrutura educacional de 59 faculdades e universidades.

Pequim não deve ser superada. Por exemplo, próximo do Palácio de Verão do Imperador, na extremidade noroeste da cidade, o distrito de Zhongquancun tem tido um crescimento muito rápido como um potencial centro de tecnologia. Similarmente aos benefícios angariados pelo Vale do Silício por suas conexões com a Stanford e Berkeley, esse bairro é fomentado pelas universidades de Tsinghua e Peking (esta universidade chinesa de topo tem-se aferrado de maneira quixotesca à antiga transliteração do nome da cidade). Diz-se que há cerca de 12 mil empresas de alta tecnologia no bairro, com mais de meio milhão de funcionários. Companhias pequenas locais prosperam ao lado de alguns gigantes internacionais, como a NEC, Microsoft, Siemens e a Sun.

No centro do distrito, o Tsinghua Science Park tem modelado suas formas em centenas de metros quadrados. Um complexo enorme e ainda em fase de construção, abrigando edificações lustrosas e modernas, o parque abriga unidades de pesquisa que estimulam trabalhos em biotecnologia, empreendimentos relacionados à energia, tecnologia da informação e ciência dos materiais, mas também encerra empresas de capital de risco, de serviços jurídicos e outros tipos de suporte aos negócios. Os locatários se beneficiam de períodos em que incide uma taxação especial e o parque tem escritórios para ajudar as empresas a navegarem pela burocracia do governo chinês. Em resumo, qualquer coisa que o aspirante a empreendedor possa necessitar fica a um alcance bem próximo. E estou querendo dizer tudo – um hotel de primeira classe, academias de ginástica e musculação e, inclusive, grupos de suporte dedicados àqueles que estão tendo dificuldades para tratar dos inevitáveis problemas e tensões comuns às primeiras fases num modelo de vida capitalista.

Enquanto isso, o governo chinês emite informes cada vez mais explícitos sobre suas políticas nacionais de inovação, desenvolvendo normas sobre propriedade intelectual, enfatizando o ensino voltado à ciência e engenharia e aperfeiçoando processos de negócios paralisados no passado pela inércia burocrática.

As inovações e os empreendimentos têm, de modo significativo, sido parte do caráter chinês. Em um artigo que escrevi na *Harvard Business Review* há alguns anos, intitulado "The Worldwide Web of Chinese Business", apontei que a cultura chinesa era um elemento facilitador para o tipo de formação de redes globais, da agilidade e do pragmatismo capazes de suportar uma grande variedade de modelos de negócios globais. A orientação familiar tradicional das empresas chinesas tem-se transformado com uma agilidade impressionante em redes de relacionamentos confiáveis que se disseminam pelo planeta.

Certamente, a China não teve escassez de avanços criativos na longa jornada de sua história. O país inventou a bússola, a pólvora, o relógio mecânico, os foguetes e teleguiados, e o barco a remo, entre tantos outros inventos. O compêndio magnífico que trata da história da ciência na China, do estudioso Joseph Needham, totaliza cerca de 20 volumes. E as atuais ambições desse país – de, por exemplo, estabelecer bases na Lua – são somente um sinal de sua visão crescente no tocante à ciência e à tecnologia.

• • •

Conforme tenho percebido, os Estados Unidos têm uma série bastante extensa de centros de inovação – do Vale do Silício ao conglomerado MIT-Harvard, vinculado ao Research Triangle (Triângulo de Pesquisas) da Carolina do Norte. No entanto, fiz questão de apresentar anteriormente os exemplos de Cingapura, da Dinamarca e da China para mostrar o grau de rapidez com que os centros de inovações têm surgido em outras partes do mundo. Há quatro fatores incentivadores principais por trás dessa evolução global:

1. *O Vale do Silício agora está onipresente.* Conforme diz o antigo ditado, a imitação é a forma mais sincera da lisonja. Durante décadas, governos e educadores mundo afora buscaram recriar as condições que originalmente propeliram a ciência e a tecnologia norte-americanas para a geração de inovações revolucionárias. Steven Chu, físico agraciado com o Prêmio Nobel e diretor do Lawrence Berkeley National Laboratory, na Califórnia, afirma que, para todos os lugares que ele viaja do mundo, professores e dirigentes universitários lhe perguntam como eles podem fomentar um ambiente no estilo americano para fins de aprendizado, idéias e inovações. "Eles estão aprendendo rapidamente", ele reporta.

   Há não muito tempo, não existia nada que se equiparasse ao Vale do Silício em outras regiões do mundo. Sua convergência de universidades de excelência, capital de risco, cultura permissiva, clima ótimo, corporações de suporte e infra-estrutura de primeira linha, era incomparável. Uma monografia recente se referia inclusive a um "habitat" do Vale do Silício para inovações. Agora, há Vales do Silício brotando em todas as partes, talvez mais notadamente na Índia.

Nos jardins de um palácio adornado em que um marajá reinou um dia, o "homem da hora" em 30 de maio de 2006 era Samuel J. Palmisano, *chairman* e CEO da IBM. Ele tinha viajado até a cidade de Bangalore para anunciar que sua empresa estava planejando triplicar o investimento de US$ 2 bilhões nos próximos anos. Uma grande parcela desse montante seria gasta e aplicada nos 10 mil funcionários da IBM, muitos dos quais engenheiros de software, que trabalhavam em Bangalore, um centro de tecnologia indiano com a maior concentração de cientistas e engenheiros do país. Nos últimos anos, a IBM tem aumentado sua base de funcionários na Índia, pulando de 9 mil para 43 mil, embora tenha dispensado milhares de colaboradores nos Estados Unidos e na Europa.

Após 1947, quando a Índia conquistou sua independência, Bangalore desenvolveu-se em um centro para os setores aeroespacial e de defesa, mas, durante a última década, essas empresas têm sido ofuscadas por um afluxo de companhias de alta tecnologia, particularmente nas áreas de tecnologia da informação e de biotecnologia. O centro abriga 47% das empresas indianas de biotecnologia, e responde por 35% das exportações de software do país. Cerca de 2 mil trabalhadores atuam nessa região, em 1.200 empresas. A Infosys e a Wipro, duas das maiores firmas de software do mundo, estão sediadas em Bangalore. Há alguns anos, essas e outras empresas indianas executavam operações internas de valor mais baixo, mas hoje em dia as principais empresas indianas migraram para campos de alto valor outrora reservados a engenheiros, técnicos e outros tipos de profissionais oriundos dos Estados Unidos e da Europa Ocidental.

O *boom* tecnológico em Bangalore tem sido suportado tanto pelo governo como por universidades de ponta, inclusive o centenário Indian Institute of Science (IIS), que tem um quadro de mais de 2 mil pesquisadores. As vantagens de se ter o IIS em Bangalore foram amplificadas quando o governo criou o primeiro Instituto de

Tecnologia da Informação da Índia na cidade e melhorou a infraestrutura em telecomunicações, energia e transportes.

O governo também estendeu seu financiamento para o Karnataka Information Technology Venture Capital Fund (Kitven). Com apoio do estado de Karnataka e do Small Industries Development Bank of India, o fundo iniciou suas operações com apenas US$ 3,5 milhões em 1999. Embora pequeno, ele foi um pioneiro entre os fundos de capital de risco indianos, impelindo o *boom* de Bangalore antes de muitos perceberem o que estava ocorrendo. O fundo funciona exatamente igual a um fundo de capital privado, com um portfólio sempre mutável de *start-ups*. O Kitven – que agora abriga um segundo fundo, no valor de US$ 11 milhões –, tem postado uma taxa de retorno de 30%, que se compara financeiramente a qualquer fundo de alto perfil.

A milhares de quilômetros e a anos-luz em relação aos aspectos culturais de Bangalore, a pequena Finlândia também tem uma história a contar. O distrito industrial e de pesquisas de Otaniemi, a cerca de 8 km do centro de Helsinque, sedia a principal concentração de empresas de biotecnologia e de ciências da informação no norte europeu. Uma das principais atrações do distrito é o Otaniemi Science Park, uma península no Golfo da Finlândia que combina uma universidade de tecnologia, um centro empresarial e 90 empresas de tecnologia e de serviços com 8 mil pesquisadores profissionais. Eles recebem uma ampla gama de incubação e assistência no desenvolvimento de negócios, incluindo pesquisas em parcerias e contatos internacionais.

O conglomerado Otaniemi ainda encerra inúmeras organizações finlandesas de tecnologia e de pesquisas, que vão da Technical Geological Survey ao Technical Research Center. No entanto, a instituição mais importante, neste modelo de desenvolvimento parecido com o Vale do Silício, é a Helsinki University of Technology, que se mudou para essa região há mais de 40 anos. A universidade, que conta com mais de 11 mil alunos e 2.600 formandos em cursos de pós-graduação, abriga seis operações de pesquisas, incluindo o National Physics Research Institute e o Helsinki Institute of Information Technology. Seus laboratórios e projetos de pesquisas absorvem mais da metade do dinheiro que a Finlândia gasta em pesquisas tecnológicas de alto nível. Estão sendo conduzidas pesquisas avançadas sobre diversas matérias – de ciências dos materiais e tecnologia sem fio a inovações de como a silvicultura, tradicionalmente um baluarte na Finlândia, lida com a exploração e o manuseio de madeira, operações de serrarias e as colheitas.

Otaniemi também se tornou líder mundial em pesquisas em sistemas micro-eletromecânicos (MEMS – *micro-electromechanical systems*), uma tecnologia que combina computadores com sensores mecânicos, válvulas, engrenagens, espelhos e atuadores diminutos inseridos em chips semicondutores. Por exemplo, os MEMS habilitam os controladores do Nintendo Wii inteligente e informam aos *air-bags* automotivos quando eles devem inflar. Ele também contém o Innopoli, uma unidade que presta consultoria a firmas precursoras e suporta centenas de empresas jovens de alta tecnologia.

Apenas para registrar, além de Otaniemi e Bangalore, o site Siliconia estima que há 105 locais nos moldes do Vale do Silício mundo afora, e todos eles, quase certamente, continuarão a se desenvolver – alguns de maneira bastante rápida.

2. *O talento agora está onipresente*. Nós, nos Estados Unidos, temos uma tendência de julgarmos nós próprios com base nos feitos de outros muito semelhantes a nós. Os alunos da última série do ensino médio de Connecticut, por exemplo, exultam quando superam seus pares da Califórnia nos exames SAT, ou um distrito escolar do Brooklyn é aclamado por ter melhor desempenho do que seus rivais de Manhattan. No entanto, prestamos pouquíssima atenção ao fato de que os padrões de ensino em ciência e matemática de muitos de nossos competidores no estrangeiro são mais altos do que os nossos, assim como o desempenho de seus alunos.

   Para um exemplo dramático, considere o sistema educacional chinês, em que há uma forte ênfase em ciência e tecnologia. Conforme apontado por um recente relatório da Asia Society, um grupo rotativo de especialistas em ciência começa trabalhando com os estudantes já na 3ª série, algo que nós poderíamos associar com o ensino médio, não com o fundamental. E, uma vez no ensino médio, os estudantes chineses devem concluir com sucesso cursos obrigatórios em biologia, química, física, álgebra e geometria antes de poderem se formar. Em contrapartida, 40% dos estudantes do ensino médio nos EUA não fazem cursos de ciências além da introdução em biologia.

No que diz respeito aos docentes, a ampla maioria dos professores chineses de matemática e ciências tem formação avançada, enquanto que menos de 60% dos professores norte-americanos da 8ª série concluíram uma matéria em uma disciplina relacionada a ciências, e somente 48% dos professores de matemática concluíram uma matéria dessa disciplina. Por toda a Ásia Ocidental, cerca de 90% dos professores de ciências da 8ª série têm formações em ciências bem como treinamento educacional nessa disciplina.

O *pool* de talentos de uma nação não somente engloba aquele que instrui, mas também aquele que pode atrair. No passado, nos beneficiamos graças à importação de talentos. Por exemplo, cerca de 40% dos cientistas e engenheiros com nível de doutorado nos Estados Unidos eram nascidos no exterior. No entanto, nos dias de hoje, com o desenvolvimento das pesquisas e o aquecimento vertiginoso de economias em vários países, muitos estrangeiros que estavam bem estabelecidos em corporações ou universidades norte-americanas estão retornando para suas nações de origem. Exatamente 54% do quadro na Chinese Academy of Engineering de Pequim, por exemplo, e uma porcentagem surpreendente de 81% dos cientistas na Chinese Academy of Sciences, são repatriados. Os chineses os denominam de "tartarugas marinhas" – em parte como um trocadilho, visto que a palavra para tartaruga marinha – *hai gui* – tem o mesmo som que o termo para alguém que retorna do estrangeiro, e parte porque tanto as tartarugas como os pesquisadores podem vaguear durante um período de tempo antes de eventualmente retornar aos ninhos.

Já se foi o tempo em que a América era, de longe, o ímã de talentos mais poderoso do mundo, atraindo os melhores e mais brilhantes de outras nações a nossas universidades e laboratórios de pesquisas. Mas, conforme observado no capítulo anterior, a maré está começando a se afastar de nossos litorais.

Nem todos aqueles que rumam para centros no exterior são estrangeiros. Um ex-aluno meu, Tom Melcher, atualmente vive em

Pequim com a esposa e duas filhas, ambas, a propósito, fluentes no idioma chinês. Tom, que tem um currículo excelente – Yale, Harvard Business School, McKinsey & Company, IBM, e um punhado de *start-ups* do Vale do Silício – diz que prefere Pequim ao Palo Alto, seu lar anterior, em face das oportunidades profissionais que têm lá, bem como pelas oportunidades de ensino para suas filhas.

As tartarugas marinhas – chinesas e de outras nações – estão migrando para o mundo todo.

3. *O capital agora está onipresente*. Outra característica transformadora da nova geografia da inovação é o acesso mais fácil a financiamentos por toda parte. Se as inovações precisam florescer de uma idéia a uma iniciativa completamente desenvolvida, elas devem ser irrigadas com dinheiro – de empresas controladoras, do estado ou de capitalistas de risco. Nos Estados Unidos, muito mais do que em qualquer outro país, os capitalistas de risco têm desempenhado um papel central no suporte das companhias novatas que passaram a ser nossas fontes corporativas de inovações. Mais de US$ 25 bilhões de financiamento de risco fluíram para novas companhias apenas em 2006. A Amazon, Apple, FedEx, Google, Intel e a Starbucks compõem apenas uma série das empresas originalmente financiadas por capitalistas de risco. Tudo dito, as companhias que receberam investimentos de firmas de capital de risco geram empregos para 10 milhões de americanos e mais de US$ 2,1 trilhões em receitas desde 1970.

Mas agora, os demais países do mundo estão emparelhando conosco. Estão sendo abertas associações de capital de risco em todas as partes do globo. A disponibilidade do capital de risco europeu é comparável à existente nos Estados Unidos, embora os investimentos sejam desviados das *start-ups* de risco de modo geral fundadas na América e dirigidos para empresas mais maduras. O capital de risco asiático, em particular, está crescendo rapidamente, com um movimento não menos importante de fundos estabelecidos pelas principais empresas norte-americanas na China e na Índia.

O protótipo da nova era de uma companhia global suportada por capital de risco pode muito bem ser a Skype, o prestador de serviço telefônico baseado na Internet de tarifa livre. Ele foi fundado por um sueco e um dinamarquês que usaram desenvolvedores de software da Estônia e capital para *start-ups* financiado por um grupo heterogêneo de capitalistas de risco europeus e norte-americanos. Teve sua sede fixada em Luxemburgo, e escritórios em Londres e Tallinn, capital da Estônia. Desde seu lançamento em agosto de 2003, a Skype cresceu para servir 1 milhão de usuários diários em apenas um ano. Passados apenas três anos, ela tinha mais de 100 milhões de usuários registrados e 9 milhões de usuários por dia; por fim, acabou sendo adquirida pela eBay americana em 2005.

O fluxo crescente de recursos de capital de risco para o estrangeiro ainda é relativamente pequeno comparado com a taxa de investimentos domésticos, mas ele está crescendo a uma velocidade distorcida. De acordo com o *Asian Venture Capital Journal*, por exemplo, o capital que flui em fundos de capital de risco orientados pela China elevou-se a US$ 4 bilhões em 2006, partindo de somente US$ 325 milhões há três anos. Poucas pessoas desconhecem os investimentos maciços que estão sendo feitos na China atualmente. A cada ano, ela atrai mais de US$ 50 bilhões em investimentos estrangeiros diretos, tornando-a um dos principais destinos para investimentos do mundo.

Um indicativo do desenvolvimento extremamente rápido da China é a seguinte conversa travada no ar entre James B. Rogers, famoso investidor (co-fundador, juntamente com George Soros, do Quantum Fund), escritor e viajante mundial, com a apresentadora do programa de entrevistas Charlie Rose. "Tenho uma filha com 1 ano e 8 meses de idade", Rogers disse à apresentadora. "Ela tem uma conta bancária, e todos os seus bens estão fora dos EUA." China é o foco de sua estratégia de alocação. De fato, Rogers disse, ele está tão convencido de que a China será a "próxima grande nação do mundo" que se mudou com a família para Xangai e contratou uma babá chinesa para a criança. Ele ainda declarou que a serviçal fala com ela somente em mandarim, pois esta será a "próxima língua de sua vida".

Não tenho certeza em que investimentos o dinheiro da senhorita Rogers será aplicado, nem isso importa muito. Meu interesse não é com os dólares estrangeiros freqüentemente à vista aplicados em aquisições corporativas e infra-estrutura, nem os bilhões em investimentos diretos dos Estados Unidos e de outros segmentos ocidentais que estão construindo suas próprias fábricas e pontos de vendas chineses. Não, o que eu gostaria de saber é onde os capitalistas de risco irão aportar em seguida.

Da mesma maneira que empresas de logística norte-americanas, como a FedEx, abriram unidades na China para facilitar o desembaraçamento operacional dos transportes, alguns operadores dos EUA estão instituindo bases de operações naquele país para promover o acesso de empresas inovadoras ao capital de risco. O SBV Financial Group, sediado em Santa Clara, Califórnia, é uma delas. Daniel Quon, na qualidade de vice-presidente sênior do SBV, explicou: "Tentaremos atuar como uma ponte para conectar empreendedores com um ecossistema de oportunidades de negócios".

Em seguida há Thomas Tsao. Ele administra uma firma de capital de risco baseada em Xangai denominada Gobi Partners, especializada em companhias de mídia digital. Conforme ele relatou na *Business Week* há alguns anos, não havia interessados em contribuir para o seu fundo. Agora, "todas querem participar". No caso de Tsao, todas incluem a IBM, a McGraw-Hill e a NTT DoCoMo – gigante japonesa das telecomunicações.

Os Estados Unidos têm liderado a parada chinesa de capital de risco. A Sequoia Capital lançou um fundo na China de US$ 200 milhões em 2005. Nesse mesmo ano, a IDG e a Accel criaram um fundo conjunto, China Growth Fund, no valor de US$ 250 milhões, que é operado por parceiros chineses. A GSR Venture tem um fundo de capital de risco de US$ 200 milhões patrocinado pelo Mayfield Fund, do Vale do Silício, e a Kleiner Perkins Caufield & Byers abriu suas filiais em Pequim e Xangai com um fundo de US$ 360 milhões em 2007.

Muitas outras nações, particularmente a Índia, também estão se beneficiando da onda de investimentos internacionais. Uma atração importante nesse país é o mercado em ascensão para aplicações da Internet e sem fio. A Cisco, a IBM e a Microsoft têm estabelecido operações substanciais em pesquisa e desenvolvimento na

Índia. A Cisco, no momento, tem 2 mil engenheiros naquele país, e, em 2009, a IBM irá aplicar mais US$ 6 bilhões ao montante dos US$ 2 bilhões já investidos. E Bill Gates anunciou em 2005 que a Microsoft investiria US$ 1,7 bilhão na Índia.

4. *Os investimentos governamentais nos campos aeroespacial e militar agora estão onipresentes*. Considerando o ambiente de segurança global em que os Estados Unidos operam hoje em dia, esse é um aspecto da geografia variável da inovação que, particularmente, provoca reflexões. As competências da América para inovar há muito tempo têm sido potencialmente expressas por meio de pesquisa e desenvolvimento aeroespacial e militar financiados por verbas governamentais. Atualmente, outras nações estão seguindo com sucesso nossa liderança.

   Em abril de 2006, o Departamento de Defesa dos EUA descerrou as cortinas de sua seleção anual de tecnologias de ponta, 42 das quais seriam selecionadas para avaliação e possível adoção pelas Forças Armadas a partir de um grupo de 120 candidatas. Nesse ritual primaveril, ninguém levantou para reclamar que 20 dos 42 projetos selecionados estavam baseados fora do país. De fato, ninguém aparentava achar que havia algo particularmente singular sobre isso. E por que deveriam, quando o programa do Pentágono para avaliação das propostas era, de fato, denominado Foreign Comparative Testing (Testes Comparativos Estrangeiros)?

   A competição destacava sistemas montados em veículos para desarmar minas terrestres, projetados na Croácia, Dinamarca, Noruega e Inglaterra. Da Itália tinha um rádio de combate de alta freqüência. A Suécia disputava com uma ogiva em tandem* para munições que descarregam com apoio nos ombros, assim denominada visto que ela utiliza uma primeira carga para disparar através de uma parede e uma segunda para destruir o que – ou quem – estivesse atrás da mesma. A Alemanha, por sua vez, oferecia um software avançado de análise e previsão meteorológica.

* N.T.: Ogiva em tandem é um tipo de míssil que, supostamente, teria duplo efeito, ou seja, efetuaria um primeiro disparo e depois, na seqüência, "detonaria" tudo que estivesse no campo de ação do mesmo alvo.

Muitas inovações militares ainda emergem de nossos 50 estados, mas a competição no exterior é impressionante. Quando, por exemplo, a *IT Week* selecionou seus 50 primeiros Inovadores em Tecnologia de 2005, notamos que, ocupando uma posição bem alta na relação, poderíamos encontrar a Columbitech, de Estocolmo, Suécia, uma firma especializada no desenvolvimento de softwares sem fio de apenas seis anos de existência. Conforme publicado pela revista, a empresa fornece "o padrão *de fato* de segurança sem fio" tanto para aplicações militares como civis.

Um estudo de caso que faz refletir como as inovações militares têm se tornado globais é o do helicóptero. Em 2004, um relatório do Pentágono claramente revelou que os planos do Departamento de Defesa de modernização de suas forças de levantamento vertical estavam sob risco por causa de uma "falta de novas idéias" no setor de helicópteros norte-americano. Como resultado, o relatório advertia: os três principais fabricantes do país – Bell, Boeing e Sikorsky – poderiam muito bem perder negócios para competidores estrangeiros.

Adivinhe o que aconteceu? Em junho de 2006, o Pentágono anunciava que a concorrência de US$ 3 bilhões do Exército para a aquisição de um novo helicóptero utilitário leve tinha sido vencida pela Eurocopter, uma divisão da European Aeronautic Defense and Space Company (EADS). A aeronave vitoriosa, o EC 145, tinha sido desenvolvida conjuntamente pela Eurocopter, que agrega empresas da França, Alemanha e Espanha, e a Kawasaki Heavy Industries, do Japão.

Em lugar de pautar sua atuação, o governo norte-americano tinha dado ao setor doméstico de helicópteros pouco suporte para a geração de inovações mais brilhantes. A NASA não mais financia pesquisa básica no campo de elevação vertical e fechou seu túnel de vento de tamanho natural e suas instalações para ensaios de choque. Toda a ciência e o desenvolvimento dedicados a aeronaves militares agora estão nas mãos do Pentágono. E conforme Steve Thompson, um assistente do órgão, relatou à revista *National Defense* em 2005, as decisões sobre financiamento de pesquisas são baseadas em considerações de curto prazo: "Não temos os recursos para nos aprofundarmos em tecnologia em prol dela mesma". Isso deve perturbá-lo se você acredita, como eu, que as inovações e a competitividade dependem do suporte das fronteiras da pesquisa e desenvolvimento.

• • •

A globalização das inovações e o capital para financiá-las são, em minha estimativa, grandes feitos gerais, tanto para os Estados Unidos como para o restante do mundo. No entanto, os Estados Unidos devem começar a forçar um aumento em sua própria capacidade de inovar a fim de permanecer na liderança da curva. Certamente, as questões significativas são: podemos empreender isso? E, se podemos, como? O restante deste livro apresentará minha visão sobre a maneira pela qual devemos prosseguir.

Mas, primeiro, apresento outro cenário da família Polk, esse pretendendo oferecer uma visão de como provavelmente seria a vida nos Estados Unidos revitalizado e mostrando como as idéias expostas nas páginas a seguir poderiam efetivamente ser vivenciadas. Os Polks, passando por apuros da última vez que a eles nos referimos, se deparam com um cenário mais promissor. Estamos em 2027 nos Estados Unidos na condição de uma Nação Inovadora.

"Querido", Cindy chamou do andar de cima. "Você ainda virá aqui para dormir?"

Jim Polk esfregou os olhos. "Devo ter cochilado involuntariamente", pensou, à medida que mexia na pilha de provas semestrais espalhadas na escrivaninha, a caneta que tinha deslizado de suas mãos, o copo com *bourbon* aguado misturado ao gelo derretido. Então, os detalhes de seu sonho retornaram: a pequena casa estilo rancho em Mount Joy em todo aquele tempo passado, seus filhos adormecidos, Cindy revelando suas esperanças para o futuro. Ele sorriu para si mesmo quando pensou quão drasticamente o mundo tinha mudado nas duas décadas precedentes sob modos que os dois jamais poderiam ter imaginado.

"Eu estarei aí em cima em minutos, amor", ele proferiu em retorno.

O ano de Jim no Iraque tinha sido horrível, culminando com um tiroteio que lhe custou uma rótula do joelho e meses englobando a cirurgia de reposição e a reabilitação em um hospital administrado pelos veteranos em New Haven. Cindy e os garotos estabeleceram-se provisoriamente na casa de um parente em Bridgeport. Quando Jim se recuperou, ele propusera um plano totalmente novo para suas vidas. Eles venderam a casa no Tennessee e compraram outra muito semelhante à primeira no norte de Bridgeport, não distante do jardim-de-infância dos meninos. Com a ajuda de uma bolsa escolar e salário-desemprego cedidos aos veteranos de guerra, Jim pôde matricular-se em tempo integral em uma universidade local decente, enquanto Cindy conseguia um emprego de meio período no consultório de um radiologista.

Talvez como reação à experiência penosa que passara no Iraque, Jim constatou que estava menos interessado em máquinas e engenharia, e demonstrava mais interesse nas pessoas. A idéia de ser um professor o atraiu muito, e a matemática era uma disciplina natural. Ele poderia ter ingressado em uma escola de ensino médio suburbana, mas a Bridgeport High constituía um desafio maior, e ele aceitou-o. Naquela época, a maior cidade de Connecticut era um desastre urbano, o índice de desemprego subindo a níveis assustadores, uma área central cheia de bêbados, políticos corruptos e disputas entre gangues que rivalizavam com as de Los Angeles. Subindo a escada, Jim deu um riso contido. Era impressionante a diferença que 16 anos podiam fazer.

Após levantar cedo para acabar de revisar as provas semestrais de seus alunos, Jim saiu rumo à escola em seu carro híbrido, com consumo otimizado de gasolina, fabricado na América. Dirigir era uma atividade gostosa naquele tempo, passando com prazer por casas conjugadas reformadas e parques bem tratados, e por um centro comercial limpo, vibrante. Desde que fora alçada à condição de Comunidade Federal de Inovações (FIC – Federal Innovation Community), Bridgeport tinha prosperado enormemente.

Recuando a 2010, o governo tinha instituído 20 desses centros por todo o país. Eles pretendiam revigorar o propulsor de inovações norte-americanas para abordar os desafios globais relacionados a doenças, à energia e ao meio ambiente. O objetivo: uma nação dedicada a contínuas invenções.

Bridgeport era o local sentimental favorito para acolher um Centro Federal de Informações que tratasse de transportes terrestres, por ter sido o palco em que automóveis de vanguarda, tais como o Locomobile, tinham sido fabricados há um século. A cidade de Washington tinha financiado os aportes iniciais para atrair os mais avançados laboratórios e instalações de testes no ramo de transportes para a região. À medida que alguns dos melhores projetistas e engenheiros do mundo se mudaram para a cidade, eles começaram a participar e se envolver com a política local e, dentro de pouco tempo, Bridgeport tinha um plano-mestre para o seu rejuvenescimento. A evidência de seu sucesso estava em todas as partes para as quais Jim olhava, incluindo a escola em si. O prédio antigo oferecendo risco de incêndio tinha sido substituído por uma edificação alinhada, estruturada, com um sistema eficiente de economia de energia, e dotada dos equipamentos mais modernos para ensino.

Certamente, Jim pensava, a real revolução no ensino tinha se instalado nas mentes e nos corações dos professores e estudantes. O perigo postado pelo deslize da América na direção da mediocridade científica e tecnológica que remontava à primeira década do século tinha finalmente inspirado a nação a empreender uma espécie de Projeto Manhattan para o ensino. Laboratórios de pesquisa, financiados pelas 25 fundações mais importantes até a quantia individualizada de uma centena de milhões de dólares, conduziram experimentos práticos orientados a ações em larga escala para desenvolvimento de melhores práticas no ensino. Os resultados foram disseminados no sistema de escola pública pelo governo federal com o suporte ativo dos dirigentes estaduais e municipais, bem como dos sindicatos dos professores.

Na própria escola de Jim, o impacto desses novos enfoques sobre os professores e alunos tinha sido entusiástico. Ele sentia que seu desempenho estava muito melhor, especialmente quando desafiava os estudantes a pensarem de forma independente e prática. E o desenvolvimento das capacidades criativa e empreendedora estava inserido no currículo básico desde uma idade precoce.

A iniciativa nacional para a educação, particularmente nas áreas de matemática e ciência, também tinha melhorado drasticamente a reputação dos professores na comunidade. Repentinamente, Jim e seus colegas estavam sendo tratados com muito mais respeito por seus alunos, possibilitando que eles investissem o tempo ensinando e não disciplinando. Os salários dos professores aumentaram 40% no curso de alguns anos. E a massa de candidatos para ocupar as vagas como professores novamente incluía os melhores e mais brilhantes.

A ênfase renovada nas inovações ainda reinspirava departamentos universitários de ciência e tecnologia negligenciados há tempos. Mais uma vez, a cidade de Washington começou a financiar programas extensivos de projetos de pesquisa básica nos *campi* universitários. Foram criadas centenas de novas bolsas de estudo – além de bolsas destinadas a pesquisas – para atender jovens talentosos. James, o filho mais velho de Jim, que tinha ficado inseguro sobre seguir a carreira de negócios ou partir para o ramo das ciências, estava cursando Física no Massachusetts Institute of Technology (MIT) com o suporte de uma dessas bolsas.

"Eu absolutamente não disse a ele o que fazer", Jim disse a Cindy após o filho ter tomado sua decisão. Ela riu. "Eu ouvi você falando para ele sobre como os professores do MIT eram fantásticos", ela disse, "e sobre as pessoas incríveis que ele conheceria lá, originárias de todas as partes do mundo". Jim resmungou. "O que você queria que eu fizesse? Mentisse?"

Um dos resultados do aperfeiçoamento educacional e do programa Federal Innovation Community foi uma inversão da fuga de talentos. Agora, os estudantes das áreas de ciência e tecnologia definitivamente queriam seguir carreiras no próprio país, e um número cada vez maior de estudantes estrangeiros estava novamente permanecendo nos Estados Unidos após tirarem o diploma. O governo ajudava esse processo juntamente com a revisão das políticas de imigração para acolher talentos vindos de fora. Cada estrangeiro que obtivesse o título de Ph.D. nos EUA teria, por exemplo, uma trajetória muito mais facilitada e rápida para obter o visto de residência no país.

Assim que os capitalistas de risco norte-americanos pressentiram o renascimento científico da nação ganhar força, eles começaram a votar com seus talões de cheque ao equilibrarem seus comprometimentos no estrangeiro em favor da variedade doméstica. Ao mesmo tempo, o governo federal renovava seu compromisso de financiar pesquisa básica. O filho mais novo do casal, Knox, e sua esposa finlandesa, Roosa, puderam abrir seu próprio laboratório em Bridgeport para desenvolver uma ferramenta de ensino sem fio, suportados por uma firma de capital de risco sediada em Connecticut e por subsídios do governo. Eles tinham sondado Jim sobre eventualmente contratarem-no como consultor, mas ele lhes respondeu que ainda não estava nem um pouco disposto a deixar o emprego na Bridgeport High.

Com a fábrica de inovações do país resultando em um número significativo de novos produtos, e o desemprego em níveis historicamente baixos, a economia parecia forte. A conta TIAA-CREF* de Jim estava crescendo estavelmente com a alta constante do índice Dow Jones, e, marcando o ritmo das inovações, mais da metade das empresas integrantes do Dow foram criadas somente após 2000. Para variar, os lucros acumulados fiscais estavam sendo utilizados para livrar a nação de sua imensa dívida pública.

Quando os rapazes foram morar fora, Cindy embarcara em uma carreira própria como gerente de um novo museu de arte. O país inteiro estava experimentando uma onda muito grande de interesse público em todas as formas de arte, da arquitetura à música e ao teatro, e ela queria tomar parte desse movimento. Jim lhe falou que estava orgulhoso dela, embora ele próprio reclamasse quando a esposa tinha de trabalhar durante parte de suas longas férias de verão.

Ao anoitecer, após uma bebida tomada depois do jantar, Jim e Cindy muitas vezes reconheciam que estavam tendo uma "vida boa". Seus filhos estavam bem e felizes. A renda deles era mais do que suficiente. Eles adoravam imensamente seus empregos – e também se gostavam. Mas, além disso, eles se sentiam confortáveis consigo próprios por contribuírem com uma sociedade decente, honrada.

O renascimento da nação não tinha se limitado somente à tecnologia. Houvera avanços estimulantes no campo da exploração espacial e nas ciências naturais – os combustíveis alternativos, por exemplo, tinham reduzido extremamente a dependência norte-americana do petróleo. Mas o foco no processo de inovações em si também tinha ajudado a resolver alguns problemas sociais supostamente intratáveis nos Estados Unidos e no mundo desenvolvido.

Por exemplo, com o acesso universal à Internet e as novas ferramentas de ensino, os cidadãos médios conseguiam ter uma noção mais clara das questões complexas e decidir mais eficientemente sobre seus interesses e suas consciências. O comparecimento de eleitores nas eleições presidenciais do país aumentara 20 pontos em relação a seu nível

* N.T.: A conta TIAA-CREF que, em suma, significa *Teachers Insurance & Annuity Association – College Retirement Equities Funds*, não é nada similar às existentes no Brasil, mas seria uma conta de depósito de previdência privada para benefício de professores exclusiva dos EUA.

percentual de 51 em 2000. E novos enfoques para a assistência à saúde introduziram rapidamente tratamentos novos e com boa relação entre custo e benefício, sem falar de sua eficácia médica, para combater doenças em todas as partes do mundo.

À medida que os Estados Unidos confrontavam seus problemas e descobriam soluções confiáveis, havia uma evolução muito grande de seu relacionamento com o mundo. Novamente a América era um líder entre as nações, mas dessa vez não envolvia esforço ou intenção de perseguir um destino imperial. Em vez de impor sua vontade sobre as outras nações, os Estados Unidos apoiavam iniciativas internacionais, provendo uma plataforma de suporte para todas as modalidades de inovações, e compartilhavam livremente seu conhecimento com outros países.

• • •

Esse final feliz para os Polks e os Estados Unidos reflete o que pode ser nosso futuro. No entanto, a solução desses problemas não será fácil. Esqueça as estratégias-padrão e as soluções incrementais do passado: estender o ano letivo, passar mais trabalhos de casa, ou contratar mais professores; fornecer mais largura de banda, reforçar o quadro de profissionais nos departamentos de pesquisa e desenvolvimento, ou investir mais recursos financeiros em pesquisa básica. Eu aprovo essas medidas, mas todas elas correspondem aos tipos extremamente familiares de iniciativas incrementais que devíamos estar fazendo rotineiramente – estratagema 2.0, 2.1, 2.2. Essas iniciativas incrementais provavelmente melhorarão a situação, mas elas não são as inovações transformadoras do jogo que irão alterar os pontos fundamentais ou que nos transportarão para um futuro desejado. Isso irá requerer um reexame total da abordagem de nosso país no tocante às inovações nacionais.

Nos capítulos seguintes, descreverei as etapas que devemos empreender para se poder realizar esse tipo de renascimento das inovações norte-americanas, e depois reunirei todos esses *insights* de modo a propor um plano para uma estratégia de inovação nacional transformadora.

QUATRO

CRIANDO TALENTOS

"É imprescindível ter capacidade para ter talento."
– *Ruth Gordon*, atriz

Quando a Finlândia anunciou publicamente suas ambições de empreender negócios globais há 20 anos, o mundo bocejou de tédio. Os finlandeses sempre tinham sido competidores fracos desde que seus ancestrais rumaram para o oeste, numa viagem longa e árdua partindo dos montes Urais russos. Falando uma língua obscura aparentada ao húngaro, eles se estabeleceram em uma península desolada no promontório enregelado do mar Báltico. Durante 20 séculos, a pequena Finlândia foi um campo de matança nos combates travados com russos e suecos. Teve que esperar até a década de 50 para se tornar efetivamente independente; até os anos 80, para ficar preparada para a grande era da globalização. Mesmo assim, o país tinha parcos recursos naturais, uma área escassa de terra cultivável e poucos produtos para vender – a não ser arenque e madeira.

A Finlândia desde então prosperou como um efetivo conquistador global, o país diminuto que conseguiu esse feito. Menor do que Montana, o país tem a mesma população que a região metropolitana de Atlanta. Mas, hoje, a Finlândia é a líder mundial em tecnologia, simbolizada pela Nokia, fabricante dos telefones celulares mais encontrados no planeta, com 35% da fatia do mercado global e receitas equivalentes a 3% de seu PIB. No Fórum Econômico Mundial de 2005 em Davos, Suíça, a Finlândia foi aclamada como a economia mais competitiva do mundo. Como se conseguiu esse milagre? Em grande parte pelo investimento em capital humano – pessoas com talento, idéias e conhecimento; pessoas com entusiasmo empresarial, visão e capacidade organizacional.

De que maneira um país obtém esse capital? Bem, você pode cultivar seus próprios cidadãos ou pode atraí-los do exterior. Crie ou compre. E, deve ser notado, "criar" leva tempo. "Comprar" pode ser mais rápido do que o tempo necessário para a tinta secar em um contrato de emprego.

Teoricamente, o talento por trás do renascimento da Finlândia poderia ter sido "fisgado" de outros países. Mas os finlandeses não se deram nem ao trabalho de experimentar seduzir os inovadores amantes do sol para que morassem em uma nação com baixíssimas temperaturas e um índice demográfico de 14 pessoas por quilômetro quadrado (a maioria delas abarrotada em uma cidade – Helsinque), e que tentariam de todas as formas se aquecer no inverno. Atuando diferentemente, e dotada de uma autoconfiança impressionante, a nação, no início da década de 70, começou a plantar e colher seus próprios talentos, convertendo o padrão das escolas da mediocridade à excelência, e motivando seus próprios cientistas e empreendedores.

Essa iniciativa também não chegou a consumir barris de dinheiro. A Finlândia despende 6,4% de seu PIB em educação, comparados aos 5,7% dos Estados Unidos. Mas, esses gastos colocam os finlandeses apenas no 23º lugar na lista global de nações em termos do percentual do PIB devotado à educação. Todavia, quando falamos em resultados, a Finlândia é posicionada consistentemente no topo de todos os países.

A atitude, ainda mais do que o dinheiro, está por trás da realização da Finlândia. Uma mudança cultural espantosa tem acompanhado o novo enfoque nacional da educação. Aprender é um tópico muito quente na fria Finlândia.

Há pouco mais de 30 anos, as crianças finlandesas tinham que freqüentar a escola durante apenas seis anos. Hoje, 95% dos jovens com 16 anos estão matriculados no ensino médio e o governo não tem receio de expressar seu desejo de subir esse número para 100%. Os jovens que decidem pelo trabalho em detrimento da escola nessa idade são inelegíveis para recebimento de salário-desemprego até completarem 25 anos. E a necessidade financeira não é desculpa para abandonar os estudos, visto que nenhuma escola finlandesa cobra pela instrução. Até livros e material escolar são cedidos gratuitamente nas primeiras séries. Os estudantes universitários recebem ajuda financeira, auxílio-moradia e têm à disposição empréstimos garantidos pelo governo. Não é de se admirar que a maioria dos alunos de escolas do nível médio prossegue seus estudos até o ensino superior.

Além disso, muitos dos estudantes mais brilhantes tornam-se professores. Os finlandeses se dedicam à formação de professores talentosos com a mesma intensidade que os texanos para o fomento de *quarterbacks* extremamente habilidosos. As instituições para formação de professores no país têm dez candidatos para cada vaga, e seus graduados rotineiramente obtêm títulos de mestrado até mesmo para lecionar a alunos das primeiras séries nas escolas. Não existe superlotação de alunos nas escolas finlandesas; é raro encontrarmos uma escola pública com mais de 500 alunos, ou mais do que dez alunos por classe.

Há também escolas sem os problemas associados com subsídios para fins sociais. De fato, a Finlândia é agora amplamente reconhecida como uma central produtora dos melhores estudantes e das melhores escolas do mundo. Exemplo: em testes com jovens de 15 anos em 39 países industrializados, os estudantes finlandeses obtiveram o primeiro lugar por dois anos seguidos. No tocante aos competidores americanos, eles não se classificaram nem entre os 10 primeiros; de fato, tampouco ficaram próximos dessa posição, e sim em 24º lugar.

O que nós, americanos, podemos aprender com a Finlândia? Comecemos com isso: o capital humano é o principal segredo de uma estratégia nacional de sucesso. Pessoas inteligentes, perspicazes e com grande conhecimento do mundo são a condição *sine qua non* no mundo dos negócios. E nesse exato momento, justo agora quando está sendo travada uma guerra global por talentos, transformando-os em um ativo mais difícil de se conseguir do que o capital, nossa nação está exaurindo seu estoque de munições. Todavia, conforme ilustrado pela pequena Finlândia, é possível uma nação realmente desenvolver seus próprios talentos, área em que os Estados Unidos se superavam no passado.

TALENTO DOMÉSTICO: LÁ FORA

A Finlândia não é a única nação competidora que visa cultivar seus próprios talentos. Cingapura, por exemplo, tem tido um sucesso fenomenal na atração de talentos estrangeiros. Mas, ao mesmo tempo, ela não pretende desperdiçar seus próprios jovens e promissores intelectos ou deixá-los disparar em busca de melhores oportunidades no estrangeiro. O país com uma identidade de marca para a educação – "Escolas que Pensam, Nação que Aprende" – tem trabalhado com afinco para implantar currículos de qualidade, recompensar professores com alto desempenho e tentar novas tecnologias de aprendizado. Com seu foco incansável na educação, não constitui surpresa o fato de que um dos mais importantes ícones nacionais de Cingapura não seja um arranha-céu de 120 andares, mas sim sua Biblioteca Nacional futurista. Até os líderes do país são modelos de excelência educacional: dois terços dos dirigentes governamentais têm diplomas de nível avançado e a correlação entre profissionais seniores do governo e a formação em Cambridge, Harvard, Oxford, ou no MIT, é muito grande.

O Comitê de Desenvolvimento Econômico de Cingapura apresentou um plano em 2002 para o país se tornar um "centro escolar global", com um conglomerado das melhores instituições educacionais do mundo para atrair professores universitários, pesquisadores e estudantes de primeira linha. A meta era seduzir ao menos dez instituições de excelência até 2008, e isso foi cumprido – cinco anos antes do prazo, em 2003. Entre os nomes mais salientes encontrados agora em Cingapura estão a Graduate School of Business, da Universidade de Chicago; o Massachusetts Institute of Technology; a School of Medicine, da Duke University; o Culinary Institute of America e a Tisch School of the Arts, da Universidade de Nova Iorque.

Os estudantes universitários de Cingapura podem se habilitar para um número significativo de bolsas de estudo, o que possibilita, por exemplo, que os competidores mais capacitados consigam obter doutorado em ciências naturais nas principais universidades internacionais. E, dado isso, você nem mesmo precisa ser um cingapuriano nativo para concorrer na disputa. A única condição é que os bolsistas concordem retornar para trabalhar em Cingapura por pelo menos seis anos. Aqueles que ganham bolsas para estudar nas instituições cingapurianas ficam obrigados a prestar serviços governamentais durante quatro anos. O ex-primeiro-ministro Goh Chok Tong afirmou: "Nós sistematicamente propomos identificar o que chamamos de melhores profissionais". Ele comparava seu governo a um "caçador de talentos", com o primeiro-ministro atuando como um "diretor-executivo de *head hunters*".

Os estudantes que satisfazem os requisitos rigorosos de seleção para serem enviados ao estrangeiro para cursar doutorado recebem suporte financeiro ainda mais substancial – um excedente de 1 milhão de dólares cingapurianos durante a vigência da bolsa de estudos. Um(a) estudante de 20 e poucos anos conseguiria facilmente cobrir as despesas básicas, como os estudos e o aluguel, e, com até um pouco de frugalidade, ele(ela) poderia guardar umas economias, na casa de milhares, que eventualmente seriam aplicadas, de início, para a aquisição de um apartamento, ou até de uma BMW nova.

Quando Philip Yeo assumiu o comando do Biopolis em 2001, ele me contou que a ênfase era contratar cientistas estrangeiros. "Essa abordagem estava correta", ele disse, "mas eu queria saber: 'Onde estão os cingapurianos?'" Num curto espaço de tempo, ele desenvolveu um programa para ajudar jovens brilhantes a fazer doutorado no exterior. "Minha função mais importante era me ocupar com esses jovens. Eu não interferia no trabalho dos pesquisadores; eles sabiam o que fazer." O programa de bolsas de estudos tinha gerado mais de 570 cingapurianos com o título de Ph.D. nos últimos cinco anos.

Yeo é um homem fascinante. Baixo, de compleição delgada e hiperativo, ele trabalha em um escritório enorme, ultramoderno, mobiliado com estantes que vão de cabo-a-rabo da parede repletas de periódicos e livros, bem como dezenas de fotos dos jovens aos quais tem servido como tutor. Além de sua posição no Biopolis, ele é *chairman* da A*STAR, uma agência governamental dedicada à ciência, tecnologia e pesquisa que abriga 12 institutos de pesquisas. Em ambas as funções, ele é o principal incentivador de seus brilhantes jovens, e constantemente empresta seu nome e pessoa a programas que louvam e promovem suas realizações.

Por exemplo, Yeo organiza periodicamente um almoço para os bolsistas indicados para a lista de distinção anual, e aqueles que em três anos consecutivos conseguem nela se manter ganham uma posição permanente no Quadro de Honra da A*STAR. Os nomes dos membros do grupo mais recente foram gravados em um bloco imenso de mármore no salão de um dos principais edifícios do Biopolis. Ele também patrocina um chá especial do presidente para os participantes no programa de bolsas de estudos e preside o simpósio anual dos bolsistas graduados, no qual os projetos deles são "exibidos e celebrados".

Além disso, Yeo implantou um desafio de ciência nacional, que coroa o grande campeão após sete semanas de uma competição intensiva de perguntas sobre ciências. E ele não se esquece de que o desafio e outros eventos recebam uma ampla divulgação, tanto na comunidade acadêmica como na mídia pública. Quando sugeri que ele estava transformando os jovens cientistas em estrelas do rock, ele assentiu com a cabeça. Tudo isso é parte de fomentar uma máquina dinâmica de inovações impelidas por talentos.

A capacidade de Cingapura de inovar na educação nasce, em medida significativa, de um espírito de colaboração nos níveis mais seniores do governo e também de sua habilidade de pensar além dos limites das disciplinas tradicionais e dos silos burocráticos. O secretário permanente de Educação do quadro do gabinete de Cingapura trabalha estreitamente com a Agência de Desenvolvimento de Informática e Comércio (IDA – Infocomm Development Authority) para explorar a fertilização cruzada de tecnologia digital avançada de longo alcance e vinculá-la com necessidades educacionais atuais e futuras.

Na primavera de 2006, um dirigente da IDA, acompanhado dos secretários permanentes da Educação, da Informação e Artes, do presidente do Comitê de Desenvolvimento Econômico, e de representantes da Singapore National Science Foundation, fez uma visita singular ao meu escritório. O grupo estava viajando pelos Estados Unidos para ajudar a formular a estratégia de mídia digital de Cingapura, um dos pontos focais mais importantes em seu plano de investimentos para a National Science Foundation, juntamente com ciências biotecnológicas/naturais e tecnologias ambientais. Todos eles estavam com as antenas de seu nível sênior sintonizadas com o que estava ocorrendo nas outras partes do mundo. Não há dúvida de que Cingapura está se posicionando na fronteira da mídia digital e interativa para fins de ensino e de uma série de outros campos. Tento imaginar como seria uma delegação americana comparativamente e lamento essa improbabilidade.

Cingapura ilustra que o impacto de talentos na força nacional é não-linear, de forma alguma uma função dos números absolutos. Trata-se da velha história: tamanho rende-se à aptidão e à inteligência. Por qualquer medida óbvia, Golias deveria ter massacrado David, mas o pequeno pastor de ovelhas tinha o talento e a motivação. Ao otimizar a maior parte de seus recursos humanos, Cingapura tem passado velozmente à frente de países maiores, mas que, no entanto, carecem do comprometimento disciplinado da ilha-nação para liderar as inovações.

Vamos considerar agora uma outra ilha de excelência educacional: a Irlanda. Seu renascimento econômico nas últimas décadas tem sido notável – e há um consenso global de que a transformação de seu sistema educacional tem um ingrediente-chave.

A Irlanda, que era uma das nações mais pobres da Europa Ocidental no passado, agora está entre as mais ricas. Desde 1985, seu PIB triplicou, a taxa de emprego aumentou 75%, a produtividade praticamente dobrou e o volume de suas exportações aumentou oito vezes.

Quando a Irlanda anunciou pela primeira vez, há mais de duas décadas, seu propósito de se tornar uma economia do conhecimento, os céticos zombaram de sua audácia. Onde, eles queriam saber, estavam os engenheiros irlandeses? Onde estava a infra-estrutura educacional para suportar setores importantes? John Fitz Gerald, economista em Dublin do Economic and Social Research Institute, escreveu as seguintes linhas na *Fortune*: "De 1922 a 1970, não investimos nada em educação, diferentemente do restante da Europa". Então, o governo acordou. Nos últimos 30 anos, todos os níveis educacionais, dos primeiros anos da escola básica até a faculdade, têm passado por melhorias significativas. Foram criados nove colégios técnicos regionais, e nove universidades foram abertas em Limerick e Dublin. Os estudos nas áreas científica e tecnológica passaram a ser cada vez mais complexos. O governo fez investimentos extraordinários em bolsas de estudos e de pesquisas, bem como em edificações e instalações físicas.

Os resultados têm sido admiráveis. Em 2003, 85% da população irlandesa entre os 20 e os 24 anos de idade tinham concluído o ensino médio, apenas um único ponto percentual atrás dos Estados Unidos. Trinta e sete por cento das pessoas entre os 25 e os 34 anos tinham diploma universitário, comparados com os 39% nos Estados Unidos. Emergira uma geração inteira de engenheiros e cientistas irlandeses nativos extremamente instruídos e treinados para ajudar a fortalecer o milagre econômico nacional.

A campanha de esforço próprio da Irlanda para desenvolver uma economia do conhecimento, baseada no desenvolvimento de seus talentos, tem dado certo. O sucesso de sua estratégia foi evidente para mim, quando viajei pelo país e vi diretamente todo o empenho de empresas de ponta como a Google, Intel e a Microsoft para trabalharem lá. Observei ainda anúncios publicitários que apresentavam ícones da criatividade irlandesa, tais como Bono, uma lenda do rock, com as seguintes legendas: "Os irlandeses: criativos, imaginativos e flexíveis. Mentes ágeis com uma capacidade singular de inovar sem serem dirigidos".

De modo geral, sou adepto da escola que a "quantidade forja a qualidade", mas, no que se refere ao talento técnico, não se pode negar o poder da curva do sino. Vamos supor que 1% da população de uma nação tenha o potencial inato para se tornar um cientista produtivo. Por essa medida, Cingapura, independentemente da grandeza do sucesso no cultivo de seu *pool* de talentos, jamais poderia atingir o número apresentado pelos Estados Unidos. Os 3 milhões, ou cerca desse número, de pessoas de nosso 1% do topo são uma base abundante de ativos, da mesma ordem de magnitude que toda a população de Cingapura.

E justamente por isso, em números absolutos do 1% do topo, a América jamais irá se comparar à China e à Índia com suas populações extremamente grandes. Essas também são nações que aprenderam como fazer a curva do sino trabalhar para elas. De fato, as duas juntas já geraram cerca de 6,5 milhões de formandos no curso superior ao ano, cinco vezes mais do que nos Estados Unidos, e aproximadamente 1 milhão entre eles são de engenheiros, contra cerca de 70 mil graduados em Engenharia a cada ano nos Estados Unidos. E, de acordo com o Tapping America's Potential, um relatório publicado recentemente pelas 15 maiores organizações de negócios norte-americanas, se as tendências atuais continuarem, mais de 90% de todos os cientistas e engenheiros do mundo estarão vivendo na Ásia até 2010. (Para piorar ainda mais o quadro, virtualmente todos os estudantes chineses de boa formação falam um pouco de inglês, que tem de fato se tornado a língua internacional dos negócios e da ciência.)

Na verdade, as principais faculdades americanas atualmente ainda são as melhores do mundo, e seus formandos ainda ocuparão o topo entre todos. De fato, os Estados Unidos ainda têm uma liderança quatro vezes mais acentuada do que qualquer outro país no número de engenheiros qualificados para trabalhar em organizações multinacionais. Mas, o enorme crescimento dos talentos técnicos de boa formação e de menor remuneração em outros países certamente terá um impacto negativo no âmbito doméstico à medida que empresas norte-americanas no movimento de redução de despesas terceirizarem milhares e milhares de empregos cada vez mais especializados. Os consultores da McKinsey & Company estimam que números de até 52% de funções de engenharia, e 31% de posições em finanças e ciências contábeis, poderiam ser definitivamente terceirizadas no mundo global. E pessoas com competências de menor valor agregado estarão bastante dispostas para subir na escada da arena dos empregos com maior valor agregado.

TALENTO DOMÉSTICO: AQUI DENTRO

Howard Gardner, professor da Harvard e autoridade educacional, revelou-me que ele visualiza o desafio central da educação como o de comprometer as pessoas nas "coisas adequadas". Ele pretende dizer que incutir um senso de respeito pelo conhecimento e a ética é tão importante quanto melhorar as habilidades cognitivas. Em outras palavras, os educadores têm de estabelecer uma vinculação contínua entre o aprendizado e o propósito. Se estivéssemos objetivando uma estratégia nacional para as inovações, o debate necessário sobre métodos e estratégias nos ajudaria a articular prioridades nacionais com base em uma visão de nosso papel desejado no mundo, e isso, por sua vez, impulsionaria nossa agenda educacional. Infelizmente, temos deficiência em todas essas áreas.

Vale a pena notar que o ensino médio na América começou como um privilégio para os ricos, e que mesmo após a criação da primeira escola de ensino médio pública em 1822, poucos adolescentes a freqüentavam. Até a Grande Depressão, a força de trabalho norte-americana era composta essencialmente de arrimos de família com 15 anos de idade em trabalhos de período integral e com responsabilidades de adultos. Os tempos difíceis mudaram todo esse contexto. Para proteger os empregos de seus membros adultos, os sindicatos procuraram remover os operários mais jovens do mercado de trabalho. Eles fizeram isso forçando *lobbies* para a sanção de leis sobre o trabalho infantil e comparecimento compulsório nas escolas. Essas pressões, mais a necessidade crescente de treinamento vocacional, impeliram um enorme contingente de jovens recém-desempregados para a proteção de nossas escolas de nível médio públicas grátis.

Nos outros países do mundo, somente um pequeno número relativo de jovens abastados e/ou talentosos recebia ensino médio livre, quanto menos uma oportunidade em uma universidade estadual praticamente grátis. Outras nações desenvolvidas focavam quase que inteiramente na educação de um núcleo de elite de formandos dotados de uma excelente instrução. Esses sistemas geraram avanços revolucionários nas artes e nas ciências, embora protelassem os benefícios da educação à sociedade como um todo.

A América optou por um caminho diferente, colocando sua fé – e recursos educacionais – no potencial de sua florescente classe média. No início dos anos 40, os Estados Unidos eram o país com o melhor nível de ensino do mundo em termos de educação de todos os seus cidadãos. Cerca de 25% dos adultos deste país tinham diploma do ensino médio: 6% deles eram compostos de formandos do ensino superior. A promulgação pós-guerra da G.I. Bill of Rights* e do NDEA (*National Defense Education Act*)*, ou (Lei do Ensino para Defesa Nacional), de 1958, ajudou a impulsionar esses números a patamares ainda mais altos.

O presidente Franklin Roosevelt e seus conselheiros claramente entendiam a importância da educação e da ciência. Em novembro de 1944, quando a Segunda Guerra Mundial estava entrando em sua fase final, Roosevelt escreveu: "Estamos diante de novas fronteiras da mente, e se elas forem desbravadas com a mesma visão, arrojo e motivação com que travamos essa guerra, podemos gerar um número muito maior e mais frutífero de vagas de trabalho, e uma vida também mais frutífera e plena". Vannevar Bush, seu conselheiro em ciências, observou:

> "A responsabilidade pela criação de novo conhecimento científico – e para a maior parte de sua aplicação – repousa naquele pequeno corpo de homens e mulheres que entendem as leis fundamentais da natureza e que são habilitados nas técnicas da pesquisa científica.
>
> Poderemos ter avanços rápidos ou lentos em qualquer fronteira específica, dependendo do número de cientistas extremamente qualificados e treinados que a estejam explorando".

* N. T.: A expressão G.I. Bill of Rights consiste essencialmente em uma Declaração de Direitos e é explicada pelo próprio autor na seqüência do trabalho. Quanto ao NDEA (*National Defense Education Act*), optei por sinalizar uma tradução aproximada em português, ou seja, (Lei do Ensino para Defesa Nacional), sendo essa de caráter um tanto livre.

O presidente Roosevelt sancionou a G.I. Bill em 1944, um pouco antes da invasão na Normandia. Com a intenção de reparar os danos infringidos aos veteranos da Primeira Guerra Mundial, cujos bônus, prometidos há tempos, tinham sido protelados até 1936, Roosevelt financiou um seguro educacional e de moradia multibilionário para beneficiar os veteranos de guerra. Diretores sem visão das principais universidades norte-americanas uniram-se aos legisladores republicanos conservadores para criticarem acidamente o "prêmio" concedido à plebe inferior e desqualificada. Os veteranos provaram que os pessimistas estavam errados em todos os sentidos.

Veteranos animados de pouca idade povoaram os *campi* de universidades. A G.I. Bill estava cobrindo despesas de subsistência para metade dos estudantes de faculdade do país em 1947. Na Syracuse University, veteranos incrementaram o número de matrículas a mais de 19 mil quando comparadas a 3 mil no fim da guerra. No Rensselaer Polytechnic Institute, navios-tanque de desembarque excedentes foram modificados para abrigar 6 mil veteranos no Hudson River. Beneficiando-se de um dos maiores investimentos no capital humano que os Estados Unidos, senão o mundo, tivera feito um dia, mais de 8 milhões de veteranos obtiveram vantagem da oportunidade oferecida pela lei para se tornarem cientistas e engenheiros, doutores e professores, pavimentando assim a trilha para o *boom* nos anos seguintes.

O presidente Dwight D. Eisenhower continuou a revolução quando sancionou o NDEA, ou Lei do Ensino para Defesa Nacional, em 1958. O Congresso penetrou nos cofres da nação para suportar praticamente qualquer tipo de treinamento que conseguisse revelar sua contribuição para a segurança de nosso país, desde instrução vocacional ao treinamento de cientistas altamente especializados vitais para a defesa nacional. A legislação autorizou ajuda federal para estabelecer fundos de empréstimos a estudantes de baixa renda e bolsas de pesquisas visando o aumento do número de alunos em programas de graduação.

A G.I. Bill e o NDEA assentaram os alicerces para o que Henry Luce, o fundador profético da revista *Time*, proclamou como o "O Século Americano". Esses decretos criaram o aparato educacional que fomentou o talento criador da fabulosa máquina de inovações norte-americana pós-Segunda Guerra.

Hoje, ainda há alguns sinais alentadores de inovação em nosso sistema educacional. Por exemplo, duas organizações de veteranos sem fins lucrativos – a College Board e a International Baccalaureate Organization (IBO) – estão tendo um impacto significativo nos prospectos educacionais da nação ao expor alunos do ensino médio a cursos mais rigorosos do que as ofertas curriculares típicas.

O programa de colocação avançada (AP – *advanced placement*) da College Board, que habilita estudantes a ganhar créditos universitários para aulas de nível de faculdade que freqüentam no ensino médio, emergiu em 1951, a partir de um simpósio de educadores das instituições de primeira linha. O número de alunos participantes de cursos de AP dobrou na última década, passando a mais de um milhão. E a variedade de cursos oferecidos tem-se expandido continuamente a um número de praticamente 40 opções. Um sinal especialmente bom: o primeiro exame de AP de língua e cultura chinesas foi oferecido em maio de 2007.

Outro desenvolvimento estimulante é que mais e mais famílias de minorias de baixa renda estão estimulando seus filhos a fazer os cursos. "Apenas 17% de nossos pais fizeram faculdade", segundo Brian Rodriguez, o coordenador do programa de AP na Encinal High School, em Alameda, Califórnia, "mas o programa tem tido um tremendo impacto por aqui – enviamos regularmente garotos para a Stanford, Brown, Dartmouth, Harvard, Berkeley e UCLA que jamais teriam tido uma chance de ir para essas universidades cerca de seis anos atrás".

O programa da IBO é bem menos conhecido nos Estados Unidos. Baseada em Genebra, Suíça, a IBO foi fundada em 1968 para prover uma faculdade privada, reconhecida universalmente, que oferecesse ensino portável a jovens cujos pais são diplomatas ou alguma outra variedade de profissionais-viajantes mundiais. Tendo ampliado grandemente seu público-alvo e seu escopo, a IBO oferece uma programação completa de cursos acadêmicos a três níveis de idade – dos três aos 12 anos, dos 11 ao 16, e dos 16 aos 19. Para ajudar aos professores e escolas manterem seus altos padrões, a organização tem um extenso *menu* de *workshops* e congressos.

Os cursos IB são geralmente mais rigorosos do que os das escolas públicas tradicionais, e há um foco mais destacado nos exames do domínio do material pelos alunos. Aqueles que têm bom desempenho nos testes IB de ensino médio geralmente podem cursar aulas avançadas na faculdade. O currículo IB tem ganhado prêmios de várias autoridades educacionais, inclusive de Howard Gardner, que revelou no *New York Times* que ele é "menos limitado do que a maioria das iniciativas norte-americanas". Por exemplo, material de fontes francesas e inglesas faz parte das aulas sobre a Revolução Americana – não somente a visão da perspectiva dos rebelados. Gardner e outros especialistas também admiram o foco do programa em conectar disciplinas e a exigência de fluência em pelo menos uma segunda língua moderna.

Por exemplo, próximo de Birmingham, Alabama, há a Jefferson County IB School, que tem apenas 325 alunos. Imagine você mesmo um recém-chegado de 16 anos de idade tendo sua primeira aula sobre a história da Europa. Após uma breve introdução sobre triunfos e tragédias que você provavelmente jamais ouviu falar, como a Carta Magna e a Peste Negra, você recebe sua primeira tarefa de casa – memorizar o mapa da Europa hoje à noite para amanhã estar preparado para desenhar cada país juntamente com dez capitais, dez rios e dez mares e/ou oceanos. Esse é o primeiro dia, o mais fácil: você ainda terá mais 12 aulas de dificuldade igual. Não surpreendentemente, após examinar as pontuações dos primeiros candidatos em toda a nação, a *Newsweek* apontou a Jefferson como a melhor escola de ensino médio dos Estados Unidos.

Mais e mais escolas americanas estão contratando os serviços IB: 682 agora oferecem um ou mais dos três currículos, com 72 delas oferecendo o nível básico, 168 o nível fundamental e 520 o nível do ensino médio. Mas, somente uma fração de nossas escolas participa nos programas IB.

Todavia, apesar desse pensamento avançado e de programas inegavelmente proveitosos, o talento norte-americano está sofrendo uma erosão gradual, insidiosa, no meio do processo educacional; uma espécie de "esvaziamento". Por exemplo, milhões de jovens americanos – um terço por algumas estimativas – nem mesmo estão concluindo o ensino médio, enquanto empregos que demandam competências técnicas estão tendo o triplo dos índices de emprego em geral. Em 2006, a Califórnia, por exemplo, reportou seu índice mais baixo de graduação no ensino médio em dez anos a 67%, o que representou uma queda de 4% em relação ao ano anterior. E isso a despeito de uma década de modificações dispendiosas em experiências de salas de aula: menor número de alunos por classe, padrões acadêmicos mais altos, treinamento extra para os professores etc.

Além do mais, para aqueles que completam o ensino médio e depois prosseguem na faculdade, a instrução técnica não é tão aceita. Os 70 mil diplomas de engenheiro auferidos nos Estados Unidos a cada ano representam uma queda de 20% comparativamente ao ano de pico de 1985. É mais do que irônico que uma geração que celebra o iPod, que não consegue viver sem seus telefones celulares, e que compartilha seus vídeos mais íntimos no YouTube, está cada vez mais se afastando dos campos tecnológicos que lhe possibilitam ter uma cultura viçosa nos dias de hoje.

Os Estados Unidos ainda despendem mais por aluno em educação do que a maioria das economias mais avançadas do mundo. No nível fundamental, segundo os números da Organization for Economic Cooperation and Development, o país gasta uma média de US$ 7.560 para cada estudante ao ano. Somente a Dinamarca, a US$ 7.572, e a pequena Luxemburgo, a US$ 7.873, gastam mais. Estamos similarmente no topo mais alto quanto aos gastos por estudante no nível médio. O problema é que os Estados Unidos perderam um pouco de seu poder para obter tais resultados. Estamos perdendo terreno na competição global para cultivo de talentos domésticos, em grande parte devido ao fato de que nossas escolas públicas de níveis fundamental e médio simplesmente não estão se saindo bem.

O que estamos fazendo quanto a esse problema, e o que mais pode ser feito?

O EXPERIMENTO GATES E OUTRAS QUASE-RESPOSTAS

Fazer experimentos é urgentemente necessário como um elemento precursor para a reforma educacional. Desde o ano 2000, a Fundação Bill e Melinda Gates tem respondido à convocação, em parte por aplicar US$ 1 bilhão para a criação de mil escolas pequenas de nível médio por todo os Estados Unidos. Exatamente como era esperado pelos Gates, ambientes mais acolhedores e receptivos e o maior grau de interação entre professor-aluno responderam pelo fato de as pequenas escolas terem diminuído as taxas de desistência, uma das principais causas de preocupação do casal. Mas, também houve má notícias: os estudantes de escolas menores têm, até essa data, pontuado um pouco melhor em inglês e apresentaram melhorias na interpretação de textos, mas tiveram muito menos avanço em matemática do que seus pares das escolas maiores tradicionais.

O experimento Gates é uma peça admirável de um complexo e confuso mosaico de esforços feitos por indivíduos e organizações privadas, bem como por governos federais e municipais, para lutarem corpo-a-corpo com o grave problema de nossa crise educacional. Há algumas reformas básicas que podem ser acordadas pela maioria dos *experts*, outras que são controversas, e há ainda muito mais a ser descoberto. Tenho muito receio de que as soluções mais importantes residam nessa terceira categoria. Em outras palavras, teremos que inovar com novos conceitos na área de educação para obtermos um verdadeiro progresso. Trata-se do clássico dilema do inovador: devemos escolher a trajetória da melhoria incremental na educação ou buscar inovações disruptivas – transformadoras do jogo – na forma de esquemas de financiamento, abordagens de desenvolvimento de corpos docentes, desenhos curriculares, ou adoção de tecnologias que possam mudar a natureza do empreendimento-educação?

Obviamente que precisamos tanto de melhorias incrementais como de inovações transformadoras do jogo. Podemos iniciar com algumas semi-soluções amplamente aceitas – sugestões óbvias, em meu livro. Considere o papel dos professores em nossa sociedade. Necessitamos repensar esse tema com urgência, melhorando drasticamente o modo como eles são recrutados, treinados e recompensados. Aumentar bastante os salários anuais para um número na faixa de seis dígitos, criar compensações na forma de incentivos baseadas em novas espécies de métricas (retenção de alunos, desempenho acadêmico) e trazer um quadro de aposentados e voluntários a nossas escolas públicas para que estimulem competências debilitadas fariam toda uma diferença.

É um crime contra nossas crianças que metade dos professores de matemática nos Estados Unidos não tenha qualquer treinamento formal em matemática e que sejam recrutados, às vezes, do terço inferior de seus cursos de graduação no ensino médio. Como resultado, suas habilidades para transmitir a alegria e os fundamentos da matemática são limitadas quando comparadas a qualquer outra instrução mínima que poderiam ter recebido na matéria em uma escola [faculdade] dedicada à formação de professores. Para atrair professores mais capacitados e instruídos a nossas escolas, temos de remunerá-los bem e encontrar meios de recuperar o prestígio deles e dos trabalhos que eles executam. Eles merecem respeito, reconhecimento, posição na comunidade, pagamento de bônus e oportunidades de ensino e enriquecimento continuados. Em um mundo em que imperam cada vez mais provas e currículos padronizados, estamos dando pouca importância às aptidões e conhecimento únicos que os professores podem trazer para a sala de aula, e devemos descobrir um meio de reverter essa avaliação incorreta.

Secundário a esse objetivo, precisamos desenvolver currículos rigorosos que estimulem e desafiem nossas crianças em todos os níveis. Da forma como está, um número elevado de interesses especiais dentro e fora do estabelecimento educacional – tudo desde gestores de escolas, legisladores estaduais e até organizações religiosas – diminui o ritmo com que os currículos são modernizados. Alguns argumentariam que o *No Child Left Behing Act* (Lei de "Nenhuma Criança Deixada para Trás"), com seu foco em provas obrigatórias, tem apenas piorado o problema, forçando os professores a investir tempo "ensinando o teste" embora aumentem os riscos perceptíveis de se utilizar material mais criativo ou personalizado na sala de aula.

Um dos problemas das inovações na educação é que os resultados precisam ser medidos, se bem que a mensuração pode ser uma peça central do problema. Robert Sternberg, reitor da School of Arts and Sciences e professor de psicologia na Tufts University, resumiu a situação: "A utilização cada vez mais maciça e abrangente de testes padronizados é um dos meios mais efetivos, se involuntários, que temos criado para suprimir a criatividade".

Outro obstáculo para a reforma curricular é o enorme poder que as editoras de livros didáticos exercem sobre as escolas delas dependentes para os materiais dos cursos. Aos professores que carecem de *expertise* em suas disciplinas não resta escolha exceto ensinar com base no livro didático. Satisfeitas por continuarem a transformar milhões de exemplares de materiais somente melhorados incrementalmente ano após ano, as editoras desencorajam os professores de testar e desenvolver novos materiais para seu uso.

Além de mudarem com lentidão, os livros escolares são caros. Como resultado, os alunos em milhares de salas de aula de todo o país estão usando livros didáticos conservados à base de fita isolante e elásticos – livros escritos há dez ou 15 anos que ainda descrevem a "União Soviética" como nosso maior inimigo no mundo e não fazem qualquer menção a telefones celulares ou à Internet. Em uma enquete de 2002 conduzida pela Association of American Publishers e a National Education Association, mais de 16% dos professores pesquisados não tinham livros didáticos suficientes de qualquer calibre para fornecer ao menos um a cada estudante. (Presumivelmente, também não é passado muito trabalho de casa nessas aulas.)

Até que ponto devemos ir nos dias de hoje para encontrar respostas a nossas escolas? Talvez percorrer todo o caminho até a China, de acordo com um relatório preparado pela Asia Society por uma delegação de educadores e líderes de negócios norte-americanos que observaram o sistema educacional daquele país. Em "Educação na China: Lições para os Educadores Norte-Americanos", o grupo recomendou que os dirigentes escolares e líderes de nosso país adotem algumas das melhores práticas dos chineses – uma reviravolta surpreendente. Suas recomendações:

- Tornar o currículo do ensino médio americano mais globalmente sintonizado pela adição de mais história, geografia e economia internacional, embora também aumentando o conteúdo internacional em áreas centrais de disciplinas requeridas.
- Fomentar intercâmbios globais entre estudantes.
- Incrementar o estudo de línguas com a meta de ter pelo menos 5% dos alunos do ensino médio do país matriculados em cursos de chinês até 2015.
- Aplicar *benchmarking* das políticas educacionais americanas, cotejando-as com outros sistemas de alto desempenho.

Todavia, até mesmo a implementação de todas as sugestões óbvias não mudará a maré. E mais, como a educação nos Estados Unidos tornou-se um jogo político, qualquer iniciativa para empreender mudanças significativas no modo como as escolas operam choca-se diretamente com um "vespeiro" de interesses conflitantes. Bill e Melinda Gates constatam isso na implementação do conceito de escolas menores, à medida que lutavam para convencer as secretarias de ensino de administrações municipais e estaduais a concordarem sobre a necessidade de fragmentar as grandes escolas. Não foi uma tarefa nada fácil. Cada nível da burocracia educacional se orgulha de suas prerrogativas e está propensa a resistir a mudanças.

Em vez de improvisar os meios para fazer com que uma abordagem educacional baseada em testes, de caráter universal, satisfaça as necessidades de nosso país, devemos perguntar: Como inserimos nossas melhores mentes e nossos talentos mais motivados no ensino? E o que fará os garotos ávidos de aprender e mantê-los retornando para a escola? Uma resposta é promover diversidade criativa como uma meta e construir nossas escolas em torno de aprendizes e processos de aprendizagem em vez de em torno de uma conveniência burocrática de um modelo de programação ainda otimizado mais para a produção agrícola do que para a era da informação. Colocado de outra forma, podemos garantir que os professores criativos continuarão a ficar frustrados por um rígido sistema que lhes possibilita pouco espaço para a introdução de novas idéias e iniciativas ou podemos estimular suas iniciativas para expandir os horizontes de nossos filhos.

Para complicar ainda mais qualquer tentativa de reforma de nosso sistema educacional, há o frustrante ritmo glacial com que as mudanças são implementadas. Nesse exato momento, estão sendo encontradas soluções operáveis, mas, de modo geral, leva-se de 15 a 20 anos antes de os resultados de importantes pesquisas serem amplamente aplicados. A incapacidade da sociedade de acompanhar o passo das inovações, tecnologias e outras variáveis, é que os sociólogos denominam de atraso cultural. Há um vazio entre os estudiosos de ensino e os líderes pensadores que conduzem a pesquisa de um lado, e os editores de livros didáticos e professores de sala de aula que interagem com os jovens em uma base rotineira do outro. Isolados em seus respectivos meios, os dois grupos parecem incapazes de encontrar um enfoque colaborativo e mais integrador para o grave problema da educação.

Para evitar uma erosão ainda maior de nossas competências educacionais, devemos criar um novo modelo de administração para um processo de transformação, modelo esse que traga todos os *stakeholders* para a mesa – não apenas os elaboradores de diretrizes e os profissionais de ensino, mas também os pais – e engajá-los no trabalho de introduzir inovações na educação. Para resolver esse grave problema, todas as partes devem aceitar os novos e inovadores meios de ensinar (alguns dos quais você lerá a seguir) que demonstram como podemos obter um real progresso se aplicarmos a criatividade.

Creio que devemos considerar o lançamento de um programa nacional para coletar e avaliar as lições a serem aprendidas de uma porção de efetivas iniciativas educacionais municipais e estaduais, sem falar das melhores práticas internacionais, que visam tanto o desenvolvimento de currículos como de programas, de modo que possamos consolidar as melhores práticas para implementação por todo o país. Assim agindo, nos ajudaria a endereçar o problema do "não sabemos o que sabemos". Acima de tudo, devemos investir mais recursos. A dotação orçamentária de 2006 do Ministério de Educação dos EUA para sua Diretoria de Inovações e Melhorias (Office of Innovation and Improvement) foi de US$ 936 milhões, uma soma modesta dada a importância da questão que se tratava e da necessidade gritante de experimentos e prototipagem ao longo de uma ampla gama de agendas educacionais.

Em termos de programas nacionais, Cingapura dá um exemplo a ser seguido. A cidade soberana ostenta o Learning Sciences Laboratory de âmbito nacional, renomado por sua excelência. Seu relatório geral sobre pesquisas, "Modelos de Assinatura do Aprendizado do Século XXI", é como um menu apetitoso para inovações no ensino. Ele foca em cinco áreas: promover novas capacidades de alfabetização, ciência na forma de sistemas, matemática e solução de problemas, comunidades de criação de conhecimento e métodos emergentes de pesquisa e ensino. Certamente que ocorrem pesquisas em todos esses campos nos Estados Unidos em grandes instituições como o Teachers College, da Columbia University, e nas faculdades de magistério de Harvard e Stanford. Mas, distintamente de Cingapura, não há qualquer vínculo forte, sem emendas, em nosso país, entre nossos elaboradores de diretrizes estaduais e federais, *players* do setor privado e esses centros de excelência educacional.

Se quisermos construir os talentos necessários, não temos outra escolha a não ser melhorar na educação inovadora. Uma avenida promissora para inovações disruptivas reside em nosso domínio – ao menos para o momento – de tecnologias baseadas na Internet, que Nina Zolt tem usado para tirar vantagem de seu inovador e original programa

In2Books. No entanto, havia muitos céticos à época, em 1977, quando Zolt, uma advogada aposentada do setor de entretenimento da cidade de Washington, propôs sua idéia.

Como voluntária das escolas dos filhos que começara a ficar impaciente com o progresso que estava vendo, ela elaborou um programa para aperfeiçoar o processo educacional, conectando crianças do ensino fundamental "com baixos recursos" a mentores adultos. Os mentores e as crianças leriam os mesmos livros e trocariam cartas digitais sobre o que tinham lido, com os professores supervisionando a correspondência dos dois lados.

Desde sua implantação em uma sala de aula da 3ª série em Arlington, Virginia, o programa In2Books de Zolt atingiu mais de 16 mil estudantes da 3ª até a 5ª série, principalmente no estado de Washington. Os resultados têm sido impressionantes. Os alunos que utilizaram o programa durante dois anos pontuaram significativamente mais alto nos testes de leitura de Stanford do que aqueles que não seguiram o programa. É certo que os programas de tutoria não são nada novos, e mais de um milhão de voluntários adultos já trabalham com estudantes. Esses programas têm sido mostrados para melhorar as atitudes dos alunos perante a escola e para reduzir os problemas com disciplinas e faltas. Todavia, o que eles geralmente não conseguem é uma melhoria significativa no êxito acadêmico das crianças.

Os programas In2Books inovam ao reconhecer que os livros e os exercícios em sala de aula são tediosos para muitas crianças – falta aos materiais repassados qualquer relevância imediata em relação às suas vidas. Eles preenchem essa lacuna exigindo que as crianças compartilhem suas idéias sobre um livro com um mentor. Conforme Joann Cornish, uma professora da 3ª série em Washington, explicou para o Washington Post, as crianças "estão querendo ansiosamente receber cartas de amigos formados por correspondência, e isso faz elas escreverem". E a Internet reforça a sensação de propósito pela abertura de novas oportunidades de comunicação entre os mentores e as crianças.

Nenhum jovem tem de ser convencido de que aprender a utilizar um computador seja relevante. A meu ver, a Internet é a ferramenta de aprendizado mais expressiva que apareceu desde que Gutenberg inventou o tipo móvel no século XV.

Se os adolescentes não conseguem ver a razão de estarem na escola, se não entendem como suas tarefas escolares se conectam com o que gostam ou com o que eles estarão fazendo no mundo real exterior, eles provavelmente não permanecerão nos cursos tempo suficiente para se formarem. A presidente Linda Dozier da In2Books acredita que mudanças na estrutura da rotina escolar – como, por exemplo, menor número de períodos, mas períodos mais longos de instrução em vez da sucessão atual de aulas com longas horas de duração – poderiam transformar as escolas em, segundo suas próprias palavras, "mais atrativas". Ela ainda enfatiza a necessidade de os professores terem *expertise* suficiente na matéria que ensinam para criar "um tipo de contexto da vida real" a seus alunos. Na inovadora Park Day School em Oakland, Califórnia, por exemplo, um professor de matemática da 7ª série introduz aos estudantes a noção de salário mínimo e de custo de vida para ajudar nos dados estatísticos dos professores – e muito mais além desses pontos.

Outro exemplo de inovação baseada em tecnologia em educação é a ePals. Um ano antes do nascimento da In2Books, Tim Discipio, pioneiro em mídia *on-line* e *e-commerce*, lançou-se no setor educacional. Ele criou um site em que professores e suas classes conseguiam se conectar com outras classes para se envolverem em exercícios conjuntos de aprendizagem. O projeto denominado ePals Classroom Exchange, começou com apenas quatro escolas, mas rapidamente se desenvolveu em uma ferramenta significativa de aprendizagem entre culturas. No início de 2007, ele estava atingindo 7 milhões de estudantes em praticamente 300 mil salas de aula em 191 países.

O programa SchoolMail da ePals fornece uma série de ferramentas *online* que tornam a comunicação em linha entre alunos e professores fácil e segura. A tradução da língua é inserida em grupos de discussão e compartilhamento de arquivos. Um outro programa, SchoolBlog, possibilita que os estudantes passem a se conhecer passando por barreiras de espaço e idioma. Utilizando o software Safebrowser da ePals, os professores podem construir os assim denominados jardins murados para abrigar sites educacionais que as crianças podem acessar e usar com segurança.

Nos negócios, assim como em um romance, duas organizações que se complementam tão bem simplesmente não podem permanecer separadas. Em janeiro de 2007, a In2Books e a ePals anunciaram sua fusão. A nova companhia, que manteve o nome ePals, introduzirá o currículo da In2Books e técnicas de tutoria para o grande número de membros *online* da empresa espalhados mundo afora.

A In2Books e a ePals são parte de uma iniciativa crescente de agregar mais rigor e vigor às escolas norte-americanas. Muitas escolas estão buscando ativamente currículos e livros didáticos que desenvolvam as habilidades de pensamento crítico dos alunos, em contraste com a tendência em um número elevado de escolas de abandonar os estudantes em detalhes rapidamente esquecidos. Por exemplo, um professor de uma classe de ciências da 10ª série, em Michigan, pediu aos alunos que escolhessem um bem de consumo, descrevessem seu impacto no meio ambiente e, então, apresentassem um modo de mudar o projeto e/ou a manufatura do produto para torná-lo mais "verde", mas retendo a mesma atração ao consumidor. No processo, os estudantes não apenas aprenderam ciências naturais, como também química, comércio e *design*. Howard Gardner, acadêmico de Harvard, há tempos tem defendido uma abordagem como essa, utilizando, por exemplo, um estudo detalhado dos tentilhões darwinianos para extrair os conceitos da evolução. E, esses enfoques integradores são suportados por novos materiais curriculares. Roy Pea, co-diretor do Stanford Center for Innovations in Learning, destaca que "países da Alemanha a Cingapura têm livros didáticos extremamente pequenos que focam nas idéias mais expressivas e produtivas".

Um dos novos enfoques educacionais mais estimulantes provém do que, a princípio, pode parecer uma fonte improvável. Scott McNealy, o *chairman* da Sun Microsystems, não conseguiu encontrar um único site ativo onde seu filho da 3ª série pudesse aprender sobre eletricidade. Assim ele, cuja companhia fora uma das primeiras defensoras do software de fonte aberta código aberto, decidiu criar um site livre no formato da Wikipedia para responder quaisquer questões que um estudante possa ter. O Curriki.org entrou em operação em janeiro de 2006 e rapidamente provou o seu valor. Os estudantes começaram fazendo perguntas e fazendo os cursos oferecidos. Os educadores começaram compartilhando seus experimentos bem-sucedidos em técnicas e conteúdo de sala de aula. Foi algo novo no mundo, uma "prefeitura educacional". Um ano após seu lançamento, o site tinha 25 mil membros e 3 mil itens postados de material de ensino, variando desde um currículo sobre a história dos computadores até uma animação das táticas de batalhas utilizadas na Revolução Americana.

Um outro habitante do Vale do Silício, o polimatemático John Seely Brown, também está envolvido na criação de novos modelos para a educação. Ele argumenta que o ritmo rápido das mudanças na tecnologia e o modo como os negócios são conduzidos indicam que os estudantes devem ter a capacidade de aprender independentemente, trabalhar confortavelmente em equipes complementares disciplinares e saber como utilizar vários métodos de pensar em problemas – matemáticos, lingüísticos, artísticos, e assim por diante.

JSB, como ele é chamado muitas vezes, defende uma série de meios de aprendizado muito diferentes, como a sala de aula no formato de um estúdio de arquitetura ou de *design*. Ele descreve isso desse modo: "Cada trabalho em andamento é revelado publicamente... cada estudante pode ver o que os outros estão fazendo; cada estudante testemunha as estratégias utilizadas pelos outros... e há a crítica pública, normalmente feita pelo mestre, e, talvez, por diversos profissionais de fora".

Os ambientes educacionais não precisam necessariamente ser físicos. JSB reconhece que a geração de hoje na idade para cursar escola de nível médio e faculdade pode ter uma afeição profunda pelo aprendizado e pela solução de problemas que nasce, especialmente, em conjunção com os videogames e os jogos de computador, não com a sala de aula. O sucesso nesses jogos, ele assevera, exige um "reconhecimento extremamente bom de padrões, criação de sentido em meios confusos e noção multitarefa... A tomada contínua de decisões em condições de incerteza é a habilidade essencial".

Meios diferentes de aprendizado como os que ocorrem com a In2Books, a ePals, o Curriki e o JSB são o tipo de experimentos aos quais devemos recorrer para ajudar na estruturação do futuro do ensino neste país.

PENSE LOCALMENTE E IMPLANTE DE FORMA GRADUAL

Em nosso sistema de governo, uma das questões mais difíceis da reforma educacional é como implementar melhorias pelo nosso país. As políticas nacionais de talentos devem ser organizadas no nível federal, mas os defensores dos direitos dos estados atualmente enfatizam a importância de deixar que eles expressem como as políticas devem ser implementadas para melhor trabalharem em seus benefícios.

De fato, os estados podem funcionar como laboratórios – experimentando idéias, testando-as e refinando métodos para fazê-los trabalhar o máximo possível para todo o país. E, dada a inerente competição entre os estados para atrair famílias que se mudam, seus sistemas educacionais são, ou deviam ser, de máximo interesse. Como tal, os estados podem, portanto, estar inclinados a visar mais alto e assumir riscos maiores no planejamento de novos métodos de ensino do que Washington. Há, certamente, desvantagens de se ter uma reforma educacional gerenciada no nível estadual, mas elas podem ser ponderadas pelos benefícios de diversas perspectivas, abordagens e achados – se, isto é, tivermos a habilidade de coordenar, financiar e perseguir experimentações em um nível nacional.

Com tão pouco para mostrar por nossos inúmeros anos de discussão sobre reforma educacional, muitos podem estar céticos sobre quanto progresso realmente pode ser feito, mesmo no nível estadual. Mas o fato é que vários estados têm uma orientação empreendedora impressionante. Buscando sempre novas oportunidades de negócios e mais receitas fiscais, eles aprenderam a seduzir companhias e indústrias quentes para suas comunidades. O mais sagaz entre eles também teve de vir a reconhecer os problemas de visar grandes projetos, como arenas esportivas custosas, dificilmente vistas como ímãs essenciais para talentos. Em lugar disso, eles estão focados em captar capital para a construção de instalações avançadas das quais os inovadores necessitam, incluindo faculdades de medicina e centros acadêmicos de pesquisa.

Considere, por exemplo, a Carolina do Norte. Sob muitos aspectos, ela personifica um estado com boas perspectivas de êxito. A Carolina do Norte é famosa por ser um grande lugar para se fazer negócios, graças à sua ênfase em educação e treinamento no trabalho. Mas, de forma bastante interessante, essa percepção data da década de 30, quando, durante a Grande Depressão, a Assembléia Geral da Carolina do Norte tornou-se a única legislatura estadual do país que continuou dando suporte econômico total para suas escolas públicas. No entanto, essa imagem ficou manchada em 2001, quando o governador Michael Easley assumiu a administração. Com os tempos difíceis pressionando os negócios tradicionais (agricultura, setor de móveis, produtos têxteis), as receitas estaduais despencaram.

Visualizando o futuro com clareza, Easley prometeu reformar as escolas para possibilitar ao estado uma força de trabalho treinada para que ele prosperasse em uma economia de alta tecnologia globalizada. Uma de suas primeiras iniciativas foi o "More at Four" (Mais aos Quatro), o primeiro programa pré-K no nível estadual da nação voltado a crianças de quatro anos de idade "sob risco". Outra iniciativa do governador, intitulada "Learn and Earn" (Aprenda e Ganhe), oferecia aos estudantes um título de "associado" se eles cursassem um quinto ano da escola de nível médio, fornecendo-lhes uma vantagem no mercado de trabalho. Um terceiro incentivo para a permanência na escola – iniciado com US$ 11 milhões da Fundação Gates – consistia no plano do governador de lançar 100 novas escolas de nível médio com currículos específicos dirigidos a certos tópicos divididos entre preparação para a faculdade e experiência fora do trabalho.

A Carolina do Norte também tem uma inovadora e próspera rede comunitária de faculdades servindo 800 mil alunos em 300 locais. À medida que a economia da região tem mudado, da mesma forma ocorre com o treinamento nessas faculdades, fornecendo um fluxo estável de formandos com aptidões que satisfazem as necessidades das companhias no estado bem como daqueles que possam se estabelecer lá.

De fato, se uma empresa quer um ou mais de seus funcionários treinados em uma disciplina não lecionada nas faculdades, o sistema criará um programa para executar o serviço – contanto que a empresa se comprometa a adicionar pelo menos 12 empregos em um ano. Com financiamento estadual, esses programas são oferecidos gratuitamente tanto para o estudante como para a empresa, embora o grau de suporte provido pelas empresas varie, entre outras coisas, com o nível de habilidades requerido e com o número de novos trabalhos envolvidos.

A ênfase de Easley na educação tem sido generosamente recompensadora: a Carolina do Norte está colocada em primeiro lugar na nação por seu número total e sua participação percentual de professores certificados no nível nacional. O estado ainda está colocado em 7º lugar na relação nacional da Education Weeks, que mede as iniciativas estaduais para melhoria da qualidade dos professores.

A jóia da coroa do estado é o Research Triangle Park, de Raleigh-Durham, um centro tecnológico de 2,833 ha contendo centenas de instalações e cercado por três eminentes parceiras em pesquisas: a Duke University, a North Carolina State University e a Universidade da Carolina do Norte. Todas as modalidades de inovações, mas mais notavelmente em biotecnologia, têm brotado dessa fonte de influência, tornando a Carolina do Norte o terceiro estado do país em biotecnologia (atrás da Califórnia e de Massachusetts) em um recente relatório da Ernst & Young. Embora o triângulo agora seja reconhecido como um centro de inovação nacional, ele só foi implantado após cerca de três décadas de esforço consciente dos elaboradores de diretrizes estaduais e regionais.

Entre as companhias de ponta que fazem parte desse complexo, temos a prestadora de serviços farmacêuticos Quintiles Transnational. Fundada em 1982 por Dennis Gillings, professor da UNC, agora seu *chairman* e diretor-executivo, a Quintiles tem crescido como uma multinacional com 16 mil funcionários e um histórico de ajudar a promover nove entre os dez principais produtos biotecnológicos do mundo para o mercado. Gillings reportou recentemente para a *Fortune* que "esta é a região em que todas as ações estão concentradas. A Carolina do Norte é o local em que encontramos pessoas com as competências comerciais, financeiras e legais adequadas – e alguns dos melhores cientistas do setor". Que melhor testemunho para a visão inovadora de Michael Easley quanto à educação?!

Conforme revelado pela história de sucesso da Carolina do Norte, a diversidade encontrada em nossos 50 estados pode ser um ponto forte, não uma deficiência. E nenhum plano para revigorar a capacidade da América de fomentar talentos pode ser completo sem explorar suas criatividades. Mas, à medida que os estados progridem rapidamente com experimentos, o governo federal deve implementar mecanismos efetivos para o compartilhamento de conhecimento e avaliação de resultados gerais.

O portfólio de idéias a seguir não constitui uma grande estratégia para o ensino. Preferencialmente, ele é uma tentativa de provocar experimentações com várias abordagens criativas que podem ser rapidamente prototipadas, testadas e transmitidas como parte de uma estratégia de inovações nacional mais definitiva. Proponho que empreendamos as seguintes ações:

- Recrutar os estudantes mais brilhantes das primeiras séries do ensino médio como aprendizes em período integral para liderar as inovações, como forma de uma prematura tutoria nacional feita pelas melhores mentes do país. Se aceitarmos que o domínio do processo de inovação deriva da proximidade com os mestres profissionais, conforme exemplificado pelas primeiras corporações e pelos atuais estúdios de *design*, então reproduzir essas dinâmicas bem-sucedidas torna-se uma abordagem interessante que podemos considerar. Isso significa formar grupos próximos para estimular a interação entre pessoas com níveis totalmente diferentes de *expertise* e imergi-los na solução prática de problemas. Visualizo a criação de uma massa pensante dos mais brilhantes e capacitados, discípulos jovens com ótima formação que ganhariam uma oportunidade de trabalhar com inovadores de ponta muito mais cedo na carreira do que hoje é possível.

  A esse respeito, podemos recrutar cientistas, engenheiros e empreendedores líderes para que visitassem nossas escolas – particularmente escolas públicas situadas em bairros desprivilegiados – para incentivar uma geração com boas perspectivas de êxito quanto à aprendizagem e realização nesses campos.

- Promover a importância da educação para o povo americano de modo a estimulá-lo a empreender ações. Em abril de 2007, Bill Gates se associou a outro benfeitor, Eli Broad, para criar uma iniciativa de US$ 60 milhões que trataria especificamente de avançar a educação ao topo da agenda política em 2008. Strong American Schools, o nome do projeto, demanda três coisas: padrões curriculares mais consistentes e fortes por toda a nação; extensão do dia e do ano letivos; e melhora da qualidade dos professores por intermédio de pagamento por mérito, e outras medidas.
- Mobilizar o talento da mídia de massa para fazer inovações tão atrativas como se tornar uma estrela musical. Por que não uma competição nos moldes do American Idol* para jovens empreendedores ou inventores? Por que não uma série de televisão ou um filme de caracteres baseados nos feitos de crianças inteligentes?

* N. T.: O American Idol é um programa televisivo muito popular recentemente nos EUA, e veiculado em outros países do mundo, que se caracteriza por uma série de exibições em que há competidores disputando, particularmente na música, classificação para se habilitarem a ganhar um prêmio em dinheiro significativo e a possibilidade de iniciar carreira na área.

- Criar e suportar avenidas alternativas para aprendizado complementares às escolas. Entre os programas criativos que já satisfazem essas metas há a organização sem fins lucrativos denominada FIRST (For Inspiration and Recognition of Science and Technology) [Para Inspiração e Reconhecimento da Ciência e Tecnologia]. A FIRST foi fundada em 1981 pelo inventor empreendedor Dean Kamen. A declaração de sua missão é "criar um mundo em que a ciência e a tecnologia sejam louvadas... em que os jovens sonhem se tornar figuras importantes desses campos".

  A organização provavelmente é mais bem conhecida pela Competição Robótica da FIRST – FIRST Robotics Competition (FRC) – , uma disputa esportiva mental destinada a estudantes do ensino médio (embora haja também outros programas FIRST para crianças a partir de 6 anos de idade). Equipes de jovens e seus mentores têm seis semanas para resolver o desafio FRC anual, utilizando um kit-padrão de peças e uma série comum de regras. A competição de 2007 contou com mais de mil equipes jogando "rack'n'roll", uma partida que requer que robôs acionados por controle remoto inserissem diferentes tipos de tubos em uma armação araneiforme situada no centro de uma arena para jogos. Vamos transformar nossa fixação nacional em competição e conquista de medalhas em um feito intelectual e de aprendizado para criar mais FIRSTs, independentemente se forem financiados por fundações, estados ou governos municipais.

- Habilitar uma rede de corretores e empreendedores de talento para identificar metas nacionais, organizar equipes de liderança por campo, lançar parcerias com negócios e universidades, e *lobby* para suporte em todos os níveis políticos – da West Wing à Casa Branca e às prefeituras municipais espalhadas pelo país.

- Propagandear entusiasticamente a geração prodigiosa de inovadores extremamente ativos de alta tecnologia como modelos a seguir. Exemplos: Jerry Yang, fundador do Yahoo; Sergey Brin e Larry Page, do Google; John Lassiter, do Pixar; Steve Jobs, da Apple; Bill Gates, da Microsoft; e Michael Dell, da Dell Computer.

Além dessas estrelas do rock, há ainda um contingente muito maior de colaboradores igualmente significativos que também podem servir de inspiração. Se os promovermos do modo como idolatramos artistas de cinema e modelos de moda, eles assumirão um encantamento próprio que irá inspirar nossos jovens, mas em uma direção diferente e, indiscutivelmente, mais importante.

• • •

Em minhas visitas a Philip Yeo, do Biopolis, em Cingapura, ele muitas vezes se referiu aos jovens de seu país como sendo "obstinados", termo através do qual quis dizer ansiosos e ambiciosos para atingir grandes feitos. Se essa fosse uma meta irrealizada, perguntei, o que ele faria? "Simples", ele replicou, "importaríamos pessoas obstinadas. De outra forma, iríamos estagnar".

Yeo levanta uma questão importante. Não apenas devemos encontrar meios de instruir melhor nossos talentos domésticos, mas também devemos começar a focar em atrair mais talentos estrangeiros para o nosso país. No passado, os Estados Unidos confiaram demasiadamente nos talentos importados de outras nações. O motivo pelo qual esse fluxo foi se exaurindo e o que podemos fazer para resolver esse problema são os tópicos de nosso próximo capítulo.

CINCO

SEDUZINDO TALENTOS

"Se você não tem os cavalos, não é possível correr."
– *Arnie Katz*, pioneiro do videogame

Qualquer pessoa que ainda se mostrasse deslumbrada com a primazia do talento científico norte-americano teria tido rapidamente um choque de volta à realidade há alguns anos. Estávamos em abril de 2006 em San Antonio, Texas, palco das finais mundiais do ACM International Collegiate Programming Contest (Concurso Acadêmico Internacional de Programação da ACM), e equipes de computação concorriam entre faculdades e universidades de diversas partes do mundo.

Foi-se a época, há uma década ou mais, em que os estudantes dos Estados Unidos dominavam essa competição. Todavia, nessa oportunidade, apenas uma equipe americana – do MIT – pontuou entre os 12 primeiros. Os vencedores, da Saratov State University, instituição russa, solucionaram seis quebra-cabeças enigmáticos durante o exaustivo jogo. Grupos da Europa Ocidental e da Ásia conseguiram o maior número de pontuações mais altas. Três programadores da Duke University resolveram somente um problema, saindo cambaleantes e um tanto pasmos e abatidos do torneio. Quando o instrutor Owen Astrachan tentou consolar seu time fazendo-os lembrar que se tratava de uma competição entre os "melhores dos melhores", Matt Edwards, um garoto de 20 anos, replicou: "Sim. Somos os piores entre os melhores dos melhores".

Conforme explicado no capítulo anterior, não é a hora de desistir de desenvolver talentos domésticos capazes de competir com os melhores do mundo em ciência e tecnologia. Mas, na pior das hipóteses, o resultado em San Antonio demonstra que a competição entre talentos internacionais está totalmente aberta. Qualquer nação, empresa ou centro de alta tecnologia que pretenda permanecer na competição terá de "laçar" recrutas de primeira linha de, eventualmente, qualquer parte do mundo. E como nenhum país, com a possível exceção da Coréia do Norte, escapa atualmente do "seqüestro" de talentos, significa que devemos praticar a arte da sedução.

A tecnologia, na verdade, é apenas uma parte da história das inovações na América, mas ela tem um papel decisivo. Conforme observado no passado por Vannevar Bush, assessor especial de Franklin Roosevelt, "uma nação que depende das outras para ter novo conhecimento científico básico terá um lento progresso industrial e uma fraca posição competitiva". Nos Estados Unidos, a menor atração dos estudantes para seguirem áreas de ciência e tecnologia é uma das principais preocupações. De acordo com o Ministério do Trabalho dos EUA, o número de empregos para "cientistas da computação/matemática" irá saltar 40%, a 3,5 milhões, nos dez anos até completar 2012. Mas, uma pesquisa de 2006 com 1,3 milhão de alunos em regime integral dos primeiros anos de faculdade, conduzida pelo Higher Education Research Institute, da Universidade da Califórnia, em Los Angeles, revelou que apenas 11% deles pretendiam se formar em ciência da computação, menos de um terço do número que entrara no campo há cinco anos.

Se a tendência perdurar, essa batida em retirada da competição poderia custar muito ao nosso país. "Se a nossa base de talentos enfraquece, nossa liderança em tecnologia, negócios e economia irá diminuir mais rapidamente do que qualquer um de nós pode imaginar", adverte Richard Florida, economista da George Mason University e autor do livro *The Flight of the Creative Class*.

Durante anos, cientistas e engenheiros estrangeiros, atraídos pela liberdade e pelas oportunidades oferecidas pelos Estados Unidos, ampliaram essa base. O fluxo de imigrantes durante e após a Segunda Guerra Mundial nos dá um exemplo notável da influência que a geopolítica tem no movimento de talentos. A migração impelida pelo anti-semitismo provocou a passagem da coroa da Alemanha para os Estados Unidos quanto "à maioria dos prêmios Nobel de ciências". Na década de 40, os cientistas europeus deram à América uma vantagem extra ao contribuírem significativamente com o Projeto Manhattan e em campos como a aviação, petroquímica e a ótica. E, nas décadas subseqüentes, houve uma grande expansão de talentos estrangeiros neste país. Um estudo de acadêmicos da faculdade de Engenharia na Duke University constatou que um quarto das empresas que iniciaram suas atividades nos Estados Unidos entre 1995 e 2005 tinha pelo menos um fundador nascido no estrangeiro. Contabilizados todos os dados, essas corporações geraram US$ 52 bilhões em vendas e empregaram 450 mil trabalhadores. De acordo com essa pesquisa, mais da metade das *start-ups* do Vale do Silício abrigava ao menos um imigrante como um dos principais fundadores. E para agregar a esse quadro, hoje em dia metade dos cientistas de computação da América, 45% de nossos matemáticos e um terço de nossos professores de física, é constituída de estrangeiros.

Ao mesmo tempo, nossas universidades têm recrutado constantemente estudantes de primeira linha do exterior, e eles têm assumido um papel vital na vida de nossos alunos de faculdade. Seus estudos têm aumentado nosso conhecimento coletivo, as aulas que dão aos estudantes universitários têm inspirado as novas gerações de nossos talentos domésticos, e suas participações em projetos de pesquisas nas universidades têm agregado de maneira considerável à ciência norte-americana.

Hoje, os estrangeiros representam 17% de nossos 1,4 milhão de estudantes de faculdade e – mais diretamente ao ponto – metade de todos os estudantes de engenharia e 40% nas ciências físicas. Sem eles, as pesquisas conduzidas em nossos laboratórios universitários seriam seriamente prejudicadas. As contribuições dos estudantes estrangeiros tampouco param nesse ponto. Muitos ficam nos Estados Unidos após se formarem, representando um segmento decisivo de nossa base científica e tecnológica de talentos. Atualmente nos Estados Unidos, de acordo com a National Science Foundation, 40% dos detentores do título de doutorado que trabalham em ciência e engenharia são estrangeiros, assim como a maior parte dos doutores em ciência da computação e engenharia elétrica, civil e mecânica.

No entanto, justamente quando uma assustadora escassez de talentos científicos domésticos determina que os Estados Unidos retenham as estrelas nascidas no exterior que temos e, mais ainda, atraiam ainda mais talentos para a nossa constelação, está acontecendo exatamente o oposto, conforme observado no Capítulo Dois. Países prometendo melhores oportunidades estão "furtando" alguns dos talentos que, no passado, seriam seduzidos para trabalhar por essas paragens.

Se o talento como uma moeda global soa vagamente familiar, talvez seja devido ao escritor de ficção científica William Gibson, que, dotado de premonições, descreveu um mundo futuro em que não há guerras na disputa de territórios ou recursos naturais, mas sim pelos serviços de *experts* em nanomateriais e ciências naturais. O mundo real ainda não atingiu esse ponto, ao menos por enquanto, e os Estados Unidos permanecem sendo um importante sedutor de talentos estrangeiros. Mas, essa acirrada competição está começando a nos custar estrelas da ciência, da tecnologia e de outros campos que não podemos nos dar ao luxo de perder. Há ainda uma pequena, porém notável, fuga reversa de pessoas talentosas.

A globalização e o movimento mais facilitado de pessoas, empresas e financiamentos de dinheiro em todo o mundo devem ser parcialmente responsabilizados. Mas, o desenvolvimento econômico superaquecido em nações como a China, Irlanda e Cingapura também é um fator importante – juntamente com as ousadas iniciativas públicas empreendidas por essas nações para acolherem seus talentos de longa duração. Eu já detalhei os repatriados em Taiwan, os novos habitantes do Vale do Silício – semelhantes a projetos imobiliários em Bangalore e as tartarugas marítimas na China.

Agora, o êxodo reverso de cérebros de talentos tecnológicos está sendo agravado pela habilidade cada vez menor da América de atrair e reter os estudantes mais brilhantes e capacitados do exterior. Por exemplo, os pedidos para cursar faculdade nos EUA de estudantes estrangeiros vivendo no exterior caíram 28% em 2004, e eles tiveram mais uma queda de 5% no ano seguinte – em grande parte devido ao maior número de opções, às dificuldades de se obter vistos de estudante e aos custos geralmente mais altos do ensino norte-americano frente aos competidores internacionais. Ao mesmo tempo, muitos alunos de faculdade nascidos no exterior que no passado teriam permanecido nos Estados Unidos estão, como seus conterrâneos profissionais mais antigos, retornando às suas pátrias. A melhor qualidade de vida e oportunidades mais significativas de carreira que no passado são, de modo geral, os fatores determinantes.

Kshipra Bhawalkar, uma integrante de 19 anos da equipe de programação da Duke mencionada anteriormente, é um exemplo típico.

Reconhecida como prodígio em matemática na 6ª série de sua escola em Pune, Índia, ela decidiu se tornar uma cientista, cumprindo dessa maneira a profecia de uma cartomante amiga da família. E onde será o futuro da garota? Ela não tem dúvidas. "Antigamente, os indianos permaneciam aqui após obter seus diplomas", revelou à *Business Week*. "Mas, agora, a Índia está em um momento divisor de águas. Está começando a ser uma nação líder." Ela retornará para lá após sua formatura.

Devido à queda dos pedidos de admissão nas faculdades americanas vindos do exterior, a competição por universidades estrangeiras que experimentaram rápido crescimento está mudando a tendência. No passado, a escolha era simples: qualquer estudante desejoso de um diploma de qualidade na área científica ou de engenharia tinha de fazer o curso na Alemanha, Inglaterra ou nos Estados Unidos. E os Estados Unidos atraíam o dobro de estudantes estrangeiros para suas faculdades do que os outros dois países juntos. Hoje, o panorama está mudando. Nossos concorrentes criaram alternativas educacionais marcantes com enorme rapidez.

A União Européia está investindo pesado na instrução universitária e nos cursos de pós-graduação. A China tem gastado bilhões de dólares em uma centena de novas universidades, com planos para tornálas instituições de excelência. A Índia não está muito atrás. Está se aproximando rapidamente o tempo em que estrangeiros desejosos por títulos em cursos de ciência e engenharia de excelência terão uma infinidade de faculdades para escolher. E se, por acaso, eles morarem em Xangai ou Bombaim, a probabilidade maior é de se matricularem perto de casa – não em uma distante Stanford ou Harvard. Quando o número de estudantes indianos que se candidatam para cursar universidades americanas cai 28% em apenas um ano, conforme ocorreu em 2006, pode-se assegurar que essa tendência já está sacramentada.

Para piorar ainda mais, quando as novas universidades que estão sendo construídas no exterior estiverem em pleno funcionamento, elas não apenas atrairão os estudantes estrangeiros que, de outra forma, poderiam optar por uma faculdade norte-americana, como também conseguirão capturar também alguns de nossos melhores professores acadêmicos.

Há uma outra razão, ainda mais inquietante, que explica a redução de estudantes – e também de cientistas estabelecidos – que aportam na

América: Nossas políticas restritivas de imigração pós-11 de setembro estão "rechaçando-os". Jamais houve uma época em que os Estados Unidos deveriam estar persuadindo tanto a entrada de estudantes e talentos estrangeiros tão essenciais como agora. Em lugar disso, estamos barrando as portas. Restrições mais rigorosas para concessão de vistos de estudantes e *green cards* para trabalhadores especializados depois dos atentados têm prejudicado as empresas e faculdades que desejam importar talentos de primeira linha. Bill Gates abordou diretamente esse ponto em março de 2006, quando advertiu o Congresso que essas medidas diminuem a competitividade global americana, "pois outros países se beneficiam dos talentos internacionais que os empregadores de nossa nação não podem contratar ou reter".

Temos um cenário em que reina uma evidente falta de percepção. É extremamente necessário atrair mais estudantes estrangeiros para que se estabeleçam aqui após se formarem. Mas, quando aspirantes a estudantes requerem visto para estudar nos Estados Unidos, eles são recusados a menos que possam provar que *não* pretendem permanecer após a obtenção do diploma. E, eles devem fazer isso no curso de uma entrevista, geralmente com a duração de alguns minutos, com um funcionário do consulado americano que provavelmente não tem qualquer idéia se os postulantes estão dizendo a verdade. As condições são claramente desfavoráveis para o estudante estrangeiro. Assim, enquanto outras nações estão recrutando agressivamente talentos estrangeiros para suas universidades, estamos afugentando-os.

A nossa política que trata da admissão de trabalhadores estrangeiros qualificados é da mesma forma errada. Impomos um limite estrito anual quanto ao número de vistos de trabalho disponíveis para essas pessoas talentosas e endurecemos os requisitos para o pedido. Na década de 90, 200 mil vistos de trabalhos H-1B de não-imigrantes eram disponíveis anualmente para pessoas com competências técnicas especiais que tivessem suporte de uma empresa patrocinadora. Após o 11 de setembro, os números foram reduzidos a menos de 70 mil ao ano. Não surpreendentemente, a baixa cota agora é exaurida em questões de dias, negando a números incontáveis de indivíduos até mesmo a chance de virem para os Estados Unidos. E isso ocorre num momento da história quando as companhias americanas estão enfrentando uma crescente escassez de trabalhadores do conhecimento, bem como de talentos de engenharia e de tecnologia de alta qualidade.

Mesmo que as cotas sejam aumentadas, o número de estudantes e profissionais qualificados que chegam aos Estados Unidos poderá ainda declinar. Por quê? Pelo fato de que muitos deles estão tão desestimulados pelas nossas políticas nacionais que nem mesmo se interessam em ingressar com o pedido. De acordo com a pesquisa da Pew Global Attitudes mencionada anteriormente, um número considerável de estrangeiros está perdendo a confiança e o interesse nos Estados Unidos.

Cientistas e estudantes estrangeiros não são as únicas mentes brilhantes "escapando" de nossas mãos. Conforme notado em outras partes deste livro, vários americanos extremamente capacitados estão conseguindo empregos no exterior. Ronald E. Frank, professor de marketing renomado, abandonou o meio acadêmico norte-americano seduzido pelo cargo de presidente da Singapore Management University, a primeira universidade privada da cidade-estado. Outros que mudaram para Cingapura incluem Edison Liu, o ex-diretor de divisão do National Cancer Institute, que me relatou que sua mudança se deve em parte porque ele percebeu um senso renovado de propósito nesse novo país por conectar a ciência com as necessidades da sociedade. Comparando-se a atmosfera no Biopolis com o auge do Projeto Manhattan ou com o Labs Lincoln do MIT, a instalação que gerou maiores avanços revolucionários no sistema de defesa aérea da América, Liu aprecia a oportunidade de trabalhar com alunos que estão imbuídos do mesmo senso de propósito.

E mais, nossa falta de talentos técnicos nacionais está prestes a ser extremamente aumentada pelo envelhecimento dos 76 milhões de *baby boomers** da nação, os primeiros dos quais atingirão a idade da aposentadoria em 2011. Então, com o passar da década, a economia sob crescimento, conjugada com o ritmo intensificado das aposentadorias dos *baby boomers*, aumentará a necessidade de mais 25% de trabalhadores na faixa etária de 35 a 45 anos. No entanto, o número de americanos desse grupo irá efetivamente encolher em 15%. Em contrapartida, nações como a China, a Rússia, Israel e a Itália estarão procurando gestores,

* N.T.: Os *baby boomers* significam os indivíduos da geração nascida após a Segunda Guerra Mundial, no período compreendido basicamente entre 1946 e 1964, especialmente nos Estados Unidos, que se caracterizaram, à época, por um crescimento econômico muito grande e experimentaram um aumento significativo nos números de sua população

cientistas e pensadores criativos para estimular suas economias. O choque de interesses será tão desigual quanto inevitável, com o resultado determinando quais nações permanecerão nas primeiras posições e quais ficarão somente nas lembranças.

À medida que elaboramos nossa estratégia para competir na corrida do recrutamento, os métodos de Cingapura novamente oferecem um modelo de estudo. Nenhuma nação é mais bem-sucedida do que esse diminuto competidor quanto à atração de talentos estrangeiros qualificados – incluindo o nosso próprio país.

Vários anos atrás, o governo de Cingapura exibiu um anúncio publicitário em diversas revistas especializadas de ciências naturais. Mostrando uma variedade de cientistas e tecnólogos extraídos de um grupo com formações diversificadas, a linha de chamada era breve e direta: "Se você é um cientista de excelência, você é um cingapuriano". A campanha teve um sucesso estrondoso. Mais de três quartos dos 2 mil cientistas que trabalham atualmente no centro de pesquisas Biopolis de Cingapura foram recrutados no exterior, e 16 empresas farmacêuticas multinacionais planejam enviar seus próprios cientistas sediados mundo afora para se juntarem ao esforço de pesquisa do país.

Philip Yeo, o presidente, dirige pessoalmente o trabalho de recrutamento para o Biopolis. Ele vibra com seu apelido, "seqüestrador em série", não poupando tempo nem custos para obter os talentos que deseja. Para os iniciantes, ele visa estudantes jovens e obstinados de áreas de alta tecnologia que vêm para Cingapura de todas as regiões do mundo, e oferece a eles bolsas de estudos nas melhores universidades norte-americanas e européias. Ele próprio entrevista os candidatos, exercitando um olho tão aguçado para descobrir talentos que, de seus 108 estudantes que estavam nos EUA em 2005, exatos 45% tiveram médias de pontos para passar acima de 3,95, enquanto os outros 41% pontuaram entre 3,8 e 3,95. Apenas 14% não conseguiram obter a desejada nota de corte, de 3,8, que os qualificaria para continuarem recebendo suporte governamental nos estudos para doutorado.

Atingir essa nota de corte é como ganhar na loteria. Além da cobertura de todas as despesas com a instrução, os alunos do doutorado, conforme observado anteriormente, também recebem provisões para subsistência livres de impostos. A soma de 1 milhão em dólares cingapurianos (US$ 750 mil nas taxas de câmbio atuais) que recebem durante os cinco anos de estudo ascende-os para fora das fileiras dos estudantes de faculdade normais que geralmente enfrentam grandes dificuldades econômicas. Já relativamente ricos(as), eles(elas) conseguem cobrir suas necessidades e ainda poupar dinheiro para iniciarem suas vidas – especialmente se, como ocorre com freqüência, casam com parceiras(os) de estudos. "Atuo também no ramo de agenciar casamentos", Yeo brinca.

Cingapura é igualmente generosa quando atrai talentos seniores em empregos de primeira linha mundo afora, com salários que podem atingir US$ 1 milhão ao ano, ou maiores. Até o momento, a conta de recrutamento já chegou a totalizar mais de US$ 1,7 bilhão para cerca de 1.500 cientistas ranqueados. Os cientistas mais cotados recebem particularmente um bônus financeiro em seus pacotes de remuneração em comparação com o que obteriam em seus países nativos. No entanto, o dinheiro é somente uma parte da atração. Um fator muito importante, diz Yeo, é a liberdade de fazer o trabalho que desejam fazer.

Se você é um cientista nos Estados Unidos, ele diz, "você não tem liberdade alguma. Você despende seu tempo elaborando propostas para obter concessão de bolsas em dinheiro. Você atua como um pedinte profissional". Além disso, ele aponta, o governo americano dificulta a viagem de cientistas não-cidadãos a outros países. Essa é uma outra desvantagem que os Estados Unidos têm para seduzir talentos na competição.

"No passado, a América era como uma Montanha Dourada", Yeo me revela. "Agora, ela é muito proibitiva. Todo estrangeiro é uma ameaça, e a atmosfera como um todo está mudando." O próprio visto diplomático dele, outrora válido para cinco anos, foi reduzido a dois anos, depois a um, e em seguida para três meses. Outros cientistas não conseguiram entrar no país, ou inclusive foram detidos brevemente, pois seus nomes eram semelhantes a alguns nomes constantes das listas de vigilância de supostos terroristas. Num contraste muito grande, Cingapura está operando segundo o antigo modelo norte-americano: traga-nos seus talentos, e nós os libertaremos.

Essa liberdade inclui a ausência total de censura política às pesquisas – um contraste evidente com as restrições impostas pelo governo norte-americano sobre a utilização de células-tronco embrionárias. Marie Csete, bióloga especialista em células da Emory University, afirmou que "as restrições sobre pesquisas são tão abomináveis que muitos cientistas simplesmente não fazem experimentos". John Gearhart, da Johns Hopkins University, um dos cientistas pioneiros no isolamento de células-tronco humanas, disse: "Não estou muito interessado em saber para onde a ciência irá, e sim até que ponto nos será permitido ir". Ele continuou: "Como você pode construir uma base de pesquisa se não sabe, com as mudanças de presidentes, qual será a nova política?" Não cabe aqui exagerar o efeito negativo que a política tem aplicado aos cientistas. Um dos principais requisitos em qualquer disciplina criativa é a liberdade de seguir uma liderança, independentemente para onde ela o leva.

Da mesma forma que cientistas como Gearhart desejam e necessitam a liberdade para trilhar diferentes trajetórias, indivíduos talentosos também buscam locais livres de restrições. Os Estados Unidos devem parte de seu êxito anterior em inovações ao fomento de localidades em que se congregaram os recursos adequados com os negócios apropriados e o ambiente cultural.

Os talentos estrangeiros – assim como os nacionais – terminam cada vez mais morando e trabalhando em comunidades percebidas como "realmente agradáveis". Com um grau surpreendente, o ambiente cultural, social e inclusive político de uma cidade tem precedência sobre seu meio industrial e acadêmico – particularmente entre o grupo de pessoas mais cobiçáveis – na faixa de 24 a 34 anos com curso universitário. Essa faixa etária está habituada com os computadores desde a infância e é a mais atualizada sobre os desenvolvimentos científicos e tecnológicos. Ela ainda caracteriza uma população que demanda muito, não apenas nos Estados Unidos como também no restante do mundo; há simplesmente um número muito reduzido de membros dessa faixa para preencher as vagas de empregos disponíveis. Quando os *baby boomers* começarem a se aposentar no início da próxima década, a economia americana estará perdendo dois trabalhadores para cada contratação. A Europa e o Japão irão sentir isso no bolso ainda mais cedo.

Lembra-se de todas as discussões sobre o futuro eletrônico, quando o mundo seria conectado por comunicações via vídeo e pela Internet? Imaginávamos que viveríamos essencialmente no ciberespaço. Mas, para as pessoas talentosas, a localidade importa mais do que nunca. Os jovens formandos tendem a selecionar uma comunidade para viver antes mesmo de encontrarem um emprego. Neste momento, o bilhete mais interessante nos *campi* de faculdades de administração de negócios norte-americanas provavelmente seja um emprego que leve a Xangai. E se não for essa cidade, os formandos ainda preferem o burburinho de uma grande metrópole ao charme da vida em uma pequena vila. Eles querem se fixar em regiões metropolitanas onde podem ter acesso fácil ao transporte público e desfrutar de atrações culturais e da vida noturna. E assim que uma cidade começa a receber esses jovens cientistas e engenheiros, cria-se o efeito de uma bola de neve. A interessante localidade para talentos em si torna-se uma atração perfeita, criando eventualmente o que jovens inteligentes consideram como uma situação ideal – uma massa crítica de mentes extremamente ativas sonhando com idéias inovadoras que eles possam trocar entre eles.

Pólos iguais atraem pólos iguais, e esse magnetismo tem acelerado enormemente nos últimos anos. Uma pesquisa feita há alguns anos constatou que 11% da população acima de 25 anos tinham formação universitária, e esses jovens acadêmicos estavam se espalhando uniformemente pelos Estados Unidos. Hoje, seus números têm crescido a mais de 100%, mas Richard Florida mostrou que o processo de disseminação é, de longe, muito mais desigual – na direção das costas e se afastando do centro do país.

As grandes corporações estão cientes dessas tendências quando procuram novos locais para montar suas unidades. "Mantenham seus incentivos fiscais e trevos rodoviários", um executivo do Vale do Silício disse a um grupo de governadores há não muito tempo. "Nós iremos onde estão as pessoas extremamente qualificadas."

Inspirados pela evidência de comunidades prósperas de empreendedores, artistas, cientistas e engenheiros em locais como San Francisco Bay Area, Boston ou San Diego, os vereadores agora entendem que uma "caça aos talentos" bem-sucedida exige um esforço significativo das comunidades no nível federal, regional e municipal. Sem causar surpresa, tem emergido uma nova casta de consultores para ajudar a personalizar cidades, adaptando-as aos gostos de inovadores perspicazes. Apresento a seguir algumas das características que eles estão promovendo:

• **Qualidade de vida.**

Visto que os melhores inovadores geralmente não têm problemas para encontrar universidades e empresas que desejam imensamente contratar seus serviços, eles podem se dar ao luxo de serem seletivos sobre itens como custo de vida, cena social e atmosfera cultural. Eles desejam saber se há clubes que ficam abertos até mais tarde e "*mosh pits*"*, sobre museus e a sinfonia local, sobre as características do lugar – agitada ou descontraída, amigável ou opressiva.

Uma cidade vitoriosa no quesito de caça de talentos é Atlanta, Geórgia. Entre 1990 e 2000, a região teve um aumento de 46% no número de pessoas entre 25 e 34 anos com curso universitário que foram morar lá. Conforme o comentário de um incentivador local "o júri da faixa etária mais cética entre os americanos examinou a personalidade de Atlanta e gostou".

A cidade é especialmente querida por jovens afro-americanos instruídos, como é o caso de Tiffany Patterson, de 27 anos de idade. Ela foi entrevistada pelo *New York Times* em um novo bar-restaurante do centro da cidade impregnado da tagarelice e risadas de jovens de renda alta – o tipo de cenário, ela revelou, que a convenceu a se mudar para Atlanta em vez de retornar para Dallas, sua cidade natal. "Onde nasci", ela assegurou, "as mulheres de minha idade estão procurando um marido". Após concluir a faculdade, ela trabalhou na área financeira durante um período de tempo, depois abriu seu próprio negócio como consultora de marketing. "Eu pensei, 'posso irromper do nada e construir minha própria carreira'", ela diz. "Esta é realmente a cidade dos destemidos."

Portland, Oregon, também tem presenciado um salto importante na porcentagem de jovens com curso universitário, e não é por acaso que o aumento ocorreu em uma época em que áreas outrora decadentes, como a do Pearl District, têm sido renovadas com galerias de arte e restaurantes finos. Associado com suas atrações naturais, como a prática de *snowboard* no vizinho Mount Hood, Portland oferece algumas facilidades urbanas, como uma rede de ciclovias utilizada por milhares de residentes para se deslocarem da casa ao trabalho, e vice-versa.

---

* N.T.: Os *mosh pits* são locais caracterizados para abrigar eventos de festas eletrônicas e/ou shows de *punk-rock* em que se desenvolve uma espécie de dança muito parecida a uma "briga" entre os participantes, mas que, em tese, não tem a intenção de machucar, e sim dar lugar à pura diversão e ao extravasamento de toda a platéia.

- **Oportunidades de especialização.**

Muitas cidades que atraíram com sucesso pessoas talentosas, seja nos Estados Unidos seja no exterior, têm desenvolvido uma afinidade para um setor particular avançado. Edimburgo, na Escócia, e a vizinha Dundee, por exemplo, tornaram-se mecas para a indústria de jogos de computador, ostentando pioneiros como a Real Time Worlds e a Rockstar Games – a criadora do Grand Theft Auto. A University of Abertay, em Dundee, oferece um curso dedicado a jogos de computador, o primeiro do mundo, e os bancos locais e o governo escocês investem capital de abertura em firmas especializadas em jogos e outras roupagens da mídia digital.

O vibrante cenário artístico é um diferenciador no caso de Montreal, mas muitos de seus jovens estudantes de engenharia são seduzidos pelo papel da cidade como centro para empresas especializadas em animação e imagens digitais em 3-D. A lista inclui a Digital Dimensions, Softimage e a Toon Boom Animation. Companhias criativas ainda recebem uma ajuda financeira substancial da municipalidade, e a província de Quebec concede abatimentos a fabricantes de jogos equivalentes a até 37,5% do custo da mão-de-obra utilizada.

Empresas de *designs* de todos os tipos têm uma força expressiva em Portland, proporcionando ainda outra fonte de sedução para centenas de residentes estrangeiros. Pergunte apenas a Sohrab Vossoughi, fundador da firma de *design* industrial Ziba, que contrata 20 jovens *designers* ao ano. "Os valores dessa geração estão alinhados com o DNA dessa cidade", referindo-se a Oregon, sua cidade adotada. Esse empresário, que emigrou com a família de Teerã quando tinha 14 anos, entrou num emprego em *design* na Hewlett-Packard de Portland, em 1980. Ele fundou a Ziba, que significa "bonito(a)" em farsi, faz quatro anos. Sua companhia tem feito muitos projetos de *design*, do Teclado Natural da Microsoft a latas de lixo para a Rubbermaid, e foi agraciada com diversos prêmios de prestígio nesse ramo de negócio.

- **Reputação pela tolerância.**

Cidades que triunfam na perseguição a talentos inovadores são tolerantes com a diversidade e acolhem bem todos os gêneros de recém-chegados, de imigrantes estrangeiros e artistas da cena alternativa a comediantes e a comunidade *gay*. Essa diversidade contribui para a formação de uma sociedade animada, interessante e na qual há uma convivência divertida, além de um intercâmbio de idéias que não apenas entretém, mas também estimula a criatividade. Richard Florida, que inicialmente apontou a aceitação dos *gays* como um fator na competição de talentos, não vê qualquer relação direta entre a comunidade *gay* e o crescimento do setor de alta tecnologia. Preferentemente, uma forte presença de *gays* é um "indicador de um lugar aberto a muitos diferentes tipos de pessoas", ele explica, e esse é o tipo de localidade preferida pelas pessoas talentosas.

E, mais uma vez, Atlanta, amplamente povoada por estrangeiros e *gays*, é o lugar apropriado. "A cidade é apenas uma dessas mesclas", diz T. J. Ashiru, um nigeriano de 30 anos que estava pensando em fazer a faculdade em Nova Iorque, mas optou por Atlanta depois que esta sediou os Jogos Olímpicos de 1996. Ele gosta tanto da cidade que permaneceu morando nela após se formar e encontrou um trabalho em finanças. Ressalta ainda que "as Olimpíadas foram basicamente o catalisador para toda a transformação sofrida por Atlanta".

O poder da diversidade e o ambiente apropriado para inovações estão ganhando aceitação dos líderes comunitários de todas as regiões do mundo. Eles estão agindo rapidamente para conquistar tanto estudantes estrangeiros de ponta como profissionais seniores técnicos. Considere, por exemplo, Kioto, no Japão. A cidade tem sido há tempos a capital cultural da nação asiática, famosa por seus templos budistas (em número de 1.600) e seus santuários, palácios e jardins. Distintamente de várias outras cidades japonesas, Kioto foi preservada dos bombardeios na Segunda Guerra Mundial, o que deixou intactos seus antigos esplendores arquitetônicos. Mas ela também é uma cidade moderna em desenvolvimento, com uma população de 1,5 milhão de pessoas e uma base comercial e industrial de tamanho considerável.

Cidade que abriga a Nintendo, Omron e a Kyocera, além de outras empresas de alta tecnologia, Kioto tem desenvolvido um plano ambicioso para a inserção de talentos estrangeiros. A estratégia exige o incentivo à "competitividade internacional" de suas universidades e a melhoria do "ambiente de vida no dia-a-dia" para que "os estrangeiros comecem a querer fixar residência". O relaxamento federal das regras de imigração irá facilitar a visita de estudiosos de fora do país. E para atrair estudantes estrangeiros, a cidade pretende criar um programa de "experiência em Kioto" e um "passaporte internacional de estudante", teorizando que se pessoas jovens testarem as atrações da cidade, elas irão desejar se matricular em uma universidade local.

Para atrair e reter jovens estrelas em ascensão para as ciências, engenharia e outras áreas impelidas por talentos, as empresas estão remunerando-os com salários cada vez mais altos. Certamente, você vê essa tendência em toda nossa economia, dos esportes aos filmes, da Wall Street às universidades. Sim, até os principais professores estão ganhando um salário extra, não apenas porque são capacitados, mas também porque atraem outros pares para as universidades – novamente, atuando como multiplicadores de talentos.

Um aspecto adverso de toda essa generosidade é que isso gera desigualdades sociais e financeiras. Entre 1908 e 2004, a parcela de renda alocada para o 1% que detém os melhores salários nos EUA duplicou. Conforme colocado pela *The Economist* "a guerra dos talentos está produzindo uma meritocracia global". Isso porque as companhias percebem que não podem simplesmente perder seus líderes e inovadores para competidores que remuneram melhor, particularmente em uma época em que há uma falta de jovens estrelas. O resultado é que importantes localidades estão constatando cada vez mais a formação de uma lacuna entre a elite extremamente talentosa na parte superior, e os trabalhadores de serviços mal-remunerados, na inferior. Trata-se de um esvaziamento não das competências industriais, como fora o caso do Japão na década de 80, e sim dos talentos. Aqueles que ocuparam previamente a camada mediana – inclusive participantes essenciais como os professores – não mais conseguem acompanhar os custos elevados de viver no centro da cidade, especialmente os referentes à moradia, de modo que eles mudam para regiões de menor dinamismo. E o ciclo está sendo repetido em todas as nações desenvolvidas do mundo.

No caso também das cidades, a perseguição por estrelas da inovação é um jogo em que ninguém sai ganhando. Cada cientista captado por uma cidade é uma pessoa a menos que as outras cidades não conquistarão.

E as cidades inovadoras desenvolvem um movimento expressivo à medida que o quadro de talentos criativos atrai mais e mais pessoas assemelhadas. Em contrapartida, cidades que começam perdendo seus jovens criativos dificilmente controlam o êxodo de cérebros.

• • •

Durante uma de minhas idas ao escritório de Philip Yeo no Biopolis de Cingapura, notei um pôster que chamava a atenção exibindo uma jovem atraente. Inspecionando-o com mais cuidado, reparei numa tatuagem no formato de uma espiral de DNA que envolvia seu braço direito. Numa impressão delicada, havia os seguintes dizeres: "Você tem entusiasmo pela ciência? Nós o conduziremos a um patamar mais alto". E, num tamanho de letra ainda menor, consegui decifrar as palavras: "International Science Fellowship, A STAR Foundation". Atrás de mim, Yeo perguntou gentilmente: "Você gostou da moça? Ela é modelo – pai chinês, mãe norueguesa. Aqui, transformamos a ciência em algo sexy!".

Claramente, outros países estão elevando o nível de sedução como uma forma de arte na corrida global pelas inovações. Para os Estados Unidos, a lição mais importante a ser aprendida é que indivíduos talentosos são atraídos para essas importantes localidades porque sabem que irão prosperar nessas paragens. Eles anseiam ambientes conducentes à criatividade e ao intercâmbio livre de idéias, e são seduzidos por comunidades projetadas para ter uma melhor qualidade de vida.

Para extrair o máximo de nossos talentos – tanto nacionais como estrangeiros – devemos aplicar essas idéias no nível mais básico em que seus trabalhos são realizados. Os talentos necessitam de um meio em que eles possam ter os melhores desempenhos. Portanto, temos também de ser inovadores no exame de locais com um olho para estimular interação criativa e suportar a capacidade de inovar de nossos recrutados. O capítulo a seguir descreve os tipos de ambientes de trabalho que mais bem servem a esse propósito, e os princípios de desenho subjacentes a eles. Minha previsão é a de que você se deparará desejando ter atuado em um desses espaços inovadores de trabalho.

SEIS

A IMPORTÂNCIA DO LOCAL

"E o espaço intermediário, além de todos os cometas e as estrelas, será nosso."

– Frank Zappa

Quando tinha 18 anos de idade e já florescia em mim a idéia de ser pianista profissional, as portas se abriram totalmente, mas o plano não deu certo. Tinha cavado a oportunidade de fazer um teste com Frank Zappa, o lendário inovador musical, e ele acabou me convidando para uma temporada fora em Los Angeles, em que passaríamos um verão gravando no estúdio com sua banda, a Mothers of Invention, bem como para termos uma boa dose de diversão saudável.

Após despertar no início da tarde (as sessões de gravação geralmente varavam a noite), eu tinha de ir dirigindo de carro até o Sunset Highland Studios para observar, ouvir e tocar, enquanto o indômito e magnífico Zappa decidia como o ambiente de gravação para sua banda seria criado para aquela noite. O estúdio ficava sempre diferente, dependendo de quem fosse acompanhá-lo, segundo o último capricho e a inspiração do famoso músico.

Em certas noites, Sugercane Harris empolgava a todos pelo alcance de sua voz em solos de *blues* com o violino. Estrelas atuais e futuras, como Alice Cooper e Captain Beefheart, ficavam nos bastidores enquanto os Mothers gravavam. Às vezes, montavam-se dois pianos de cauda enormes lado a lado, e eu tocava em um ou, inclusive, nos dois ao mesmo tempo. Outras vezes, regravavam faixas vocais por trás do defletor acústico semelhante a um *bunker*, ou aumentava-se o som de vários instrumentos de percussão para servir de base à legendária batida dos Mothers. Esse era o domínio eminente do Sr. Zappa, seu espaço para inovar, e ele "mergulhava fundo nisso".

Anos depois, mas apenas a alguns quilômetros de distância, descobri um outro local como esse, um estúdio de cinema em Hollywood. Seus imensos salões parecidos com armazéns eram denominados "palcos de som", embora o nome enganasse: eles eram os espaços mágicos em que se criavam cenários e as cenas eram filmadas. E esses espaços, também, eram diferentes de uma semana para a outra. Agora você vê o apartamento em Nova Iorque do Stuart Little*, amanhã pode ser o navio do Capitão Gancho ou a ponte para a nave espacial *Enterprise*. O senso de locação era totalmente variável, esperando que a inspiração do diretor, do produtor, dos criadores dos sets e dos atores trouxesse-o à tona.

Essas experiências mexem comigo enquanto perduram. Aqueles lugares eram completamente o oposto do que a maioria das organizações visa (e fracassa) para inspirar criatividade e inovações. E isso tanto é verdade no nível nacional como no corporativo. Se este país tem intenções de reinventar suas competências de inovações para uma nova era, teremos de repensar e redesenhar nossos ambientes de inovação. Os índios lakota têm um provérbio que diz que "a sabedoria reside nos locais". O mesmo ocorre com o tipo de inovação que deriva de pessoas talentosas trabalhando no ambiente adequado com as ferramentas apropriadas.

Tendemos a pensar na concepção do local e das organizações como agendas separadas, quando de fato elas têm uma conexão bastante estreita. Se uma organização deseja se transformar gradualmente em um novo formato radical – digamos, uma estrutura administrativa regular composta de grupos de trabalho que mudem constantemente –, então, é essencial que ela proporcione às pessoas um local que transmita essa forma de trabalho. E o ambiente modela não apenas a estrutura de nossas organizações, mas também o modo pelo qual Michael Schrage, *expert* em colaboração do MIT, denomina de um trabalho em grupo de nossas "mentes compartilhadas" – como descobrimos, experimentamos

* N.T.: O *Stuart Little* é um carismático e simpático ratinho falante adotado por uma família humana e protagonista principal de uma comédia de aventuras – filme O *Pequeno Stuart Little* aqui no Brasil –, datada de 1999. Diferentemente de vários outros nomes cinematográficos, este não foi traduzido para o português.

e aprendemos de maneira colaborativa. Por sua vez, as inovações nascem não apenas do fomento e atração de talentos, mas também do modo como facilitamos a capacidade de as pessoas talentosas trabalharem. Em resumo, o desenho do local é parte de uma agenda maior do redesenho do trabalho de inovação.

Este capítulo foca em espaços de trabalho, visto que cada vez mais os talentos desejam (e demandam) um meio em que eles possam se sobressair. O atual desenho dos espaços de trabalho geralmente reflete os valores fundamentais da era industrial, quando a meta era maximizar a eficiência, controlar a complexidade, suportar a hierarquia social existente e eliminar a incerteza. Esse enfoque demandava estruturas rígidas, estáveis e de difícil transformação, que você preferiria se estivesse em um negócio focado em economias de escala e longos períodos de produção. Não existia privacidade, pois os funcionários eram supervisionados constantemente, para assegurar que estavam dando conta dos números apropriados de produção de alavancas, de entrega de documentos ou de montagem de bugigangas. Obviamente, os trabalhadores tinham pouca, para não dizer nenhuma, influência sobre o modo como utilizavam o espaço ou organizavam o tempo.

Nossa atual abordagem para o desenho do espaço de trabalho é muito mais herdada do que escolhida, e sua agenda subjacente é, de modo geral, difícil de se ver, oculta como está na visão comum. Como é muito conhecida, nos apegamos a ela. Na maioria dos casos, os líderes não têm nenhuma idéia de como esses lugares de trabalho podem ser tão asfixiantes – apesar dos melhores esforços do ator Steve Carell e de seus colegas de elenco na série *The Office* de oferecerem certas pistas para o entendimento dessa questão. Uma empresa que conheço efetivamente chega a medir a área extra que os escritórios dos executivos podem ter quando estes obtêm uma particular promoção. Ela ainda seleciona os novos móveis: o laminado plástico abre caminho para o laminado plástico com núcleo de madeira.

Se uma organização de qualquer tipo deseja inspirar criatividade e colaboração ideais para fins de inovação, ela precisa de *hábitats* muito mais descontraídos. Os ambientes de inovações devem ser concebidos diferentemente daqueles em que se pretende maximizar a eficiência; não podemos forçar a adaptação das pessoas a ambientes que sirvam a todos (universais). Exatamente o oposto. Em uma economia impelida pela imaginação, devemos aprender a adaptar os ambientes às pessoas. Durante um século ou mais, nossos ambientes de trabalho têm sido escravos das demandas de processos industriais. Há tempos a forma rendeu-se à função.

Para conseguir isso, devemos aprender a pensar no local como uma variável, não como algo determinado. Devemos nos abrir a inúmeros novos conceitos de design de interiores, mobiliário e fluxos de trabalho que possibilitem geração de idéias, desenvolvimento, prototipagem, testes e implantação. O segredo é que devemos perceber novamente nossos espaços físicos como um meio em que as pessoas podem colaborar e aprender.

Pense na diferença entre uma sala sinfônica e um clube de jazz. Quando você chega para assistir a um concerto, já entra no recinto do evento com um programa das músicas que serão interpretadas. Você sabe quem serão os músicos, aproximadamente quanto tempo demorará cada peça e, praticamente, tudo que irá ocorrer. A surpresa ocasional na forma de um bis, ou de uma interpretação particularmente maravilhosa ou inesquecível, de modo algum diminui os prazeres da previsibilidade. As salas sinfônicas são sistemas fechados. O que você recebe é uma função linear do que você investe.

Os clubes de jazz, em contrapartida, são sistemas abertos. O que você leva para fora pode representar somente uma relação não-linear e vaga de seu investimento. Você não sabe o que os músicos de jazz irão tocar ou quanto tempo demorará o programa. Você conhece quem é o líder da banda, mas não sabe quem serão os outros músicos convidados que participarão do show. E a música em si é sempre uma surpresa, pois os próprios músicos não sabem o que emergirá até que eles improvisem entre si – mesclando um pouco do conhecido (a melodia) com o desconhecido (improvisação). Quem poderia prever que o pianista Keith Jarrett, tonto com a falta de sono após uma viagem de carro por toda a Europa, apareceria no palco de um show na Alemanha e faria duas improvisações solo ininterruptas que duraram, respectivamente, 26 e 40 minutos? Felizmente, esse concerto imortal em Köln, de 1975, foi gravado e é reconhecido mundialmente como um dos discos de jazz mais estupendos de todos os tempos.

A maior parte das empresas e governos tem sido criada como salas sinfônicas. Fisicamente, eles são templos para um método rígido e previsível de trabalho. Nesse modelo, as inovações ocorrem de maneira incremental – uma música experimental pode, ocasionalmente, ser justaposta a uma sinfonia de Beethoven mais conhecida. Creio que precisamos estudar o clube de jazz para que possamos conceber espaços de trabalho mais efetivos e, conseqüentemente, melhores métodos de trabalho em conjunto, no intuito de gerar inovações mais revolucionárias, transformadoras do jogo.

PODER DO LOCAL

Há sensatez na escolha de um local.

Desde tempos imemoriais, a humanidade tem sido atraída a localidades especiais em que, acredita-se, é possível explorar os meandros dos mistérios não revelados. Os seres humanos têm acreditado há muito tempo que certos locais – o Grande Cânion, o Monte Branco, a Torre do Diabo em Wyoming, o Rio Ganges – detêm um poder misterioso de iluminar a mente, inspirar criatividade e despertar a alma para seu verdadeiro propósito. Em muitos desses ambientes, as pessoas têm erigido templos ou outras estruturas próprias para rituais: pense em Delphi, Machu Picchu, Stonehenge e nas Pirâmides. O que faz essas localidades serem especiais – além de suas inerentes qualidades – é o fato de que, quando vamos conhecê-las, nos abrimos para absorver o que não sabemos. Livramo-nos de todas as preconcepções. Em vez de conversarmos, permitimos a "imaginação e a sabedoria do lugar", como se refere um velho ditado chinês a essa sensação, expressar por nós.

No mundo atual, essas localidades especiais podem ser também separadas dos escritórios centrais pela geografia para criar um nível desejado de isolamento do pensamento dominante. A Xerox, localizada no centro corporativo de Connecticut, optou por montar sua unidade de pesquisa avançada em Palo Alto, a fim de sublinhar a importância de horizontes de tempo mais longos (e, possivelmente, de cabelos mais longos*). A Rand Corporation escolheu a ensolarada Santa Mônica como o local para o desenvolvimento de seus grupos de discussão.

* N.T.: Quando o autor indica *longer hair*, pelo que se intui do texto, ele está dizendo que a Xerox procurou uma localidade para montar seu centro de pesquisas em que o estilo de vida fosse mais livre, solto e sem as restrições típicas de uma sociedade mais convencional, inflexível, rígida, daí a questão de ele sublinhar cabelos mais longos, que era, e continua sendo, uma das características-chave das pessoas que adotam aquela filosofia.

Correm ainda rumores de que a faculdade da U.S. Naval Postgraduate School, localizada em Monterey, Califórnia, aprecia a distância que mantém da cidade de Washington.

A noção do local físico como uma arquitetura para o conhecimento não é nova. Em 1595, o jesuíta italiano Matteo Ricci rumou para a China para difundir o catolicismo naquele país, que seguia fielmente os preceitos de Confúcio. O sacerdote percebeu que antes mesmo de poder começar a persuadir chineses cultos a abandonar a crença tradicional pela sua, teria de provar a superioridade geral da cultura ocidental. Dessa maneira, baseando-se em uma tradição que datava da época da Grécia antiga, Ricci disse a seus alunos para que dispusessem seus conhecimentos – idéias, invenções e saber – em um "palácio da memória" imaginário.

Os aposentos tornaram-se grupos de conhecimento: a cozinha detinha X, o corredor Y, e o salão de banquetes Z. Cada parcela do conhecimento era ordenada de acordo com o volume, característica e justaposição em relação às outras. Os chineses acharam esse método tão deslumbrante que Ricci teve a honra de se tornar o primeiro ocidental a ser convidado para a área central do complexo imperial da Cidade Proibida.

UM ESPAÇO, POSSIVELMENTE PARA SONHAR

Nenhuma dessas considerações pretende sugerir que necessariamente temos de aderir a noções místicas sobre o poder de uma localidade. Preferentemente, é para pontuar que se alguém deseja explorar o desconhecido, cumpre trabalhar em um ambiente em que a imaginação pode atingir grandes alturas. A maioria das pessoas anseia às vezes por um local não-estruturado em que possa sonhar. Fazemos reparos em nossas garagens, tocamos instrumentos em nossos estúdios de gravação caseiros e nos isolamos em nossos refúgios.

Vi recentemente esse desejo estampado na criatura humana mais prática e decididamente pragmática: um almirante da Marinha. A cabine dele, no Office of Naval Research (Departamento de Pesquisa Naval), em Arlington, Virgínia, estava repleta de documentos confidenciais. Ajudantes esperavam no corredor para atender às suas ordens. Em certo momento, o almirante, demonstrando cansaço, recostou na cadeira: "Você sabe o que seria essencial por aqui?" – ele me perguntou. "Precisamos de algo semelhante à Starbucks."

O oficial tinha razão. A Marinha necessitava o que pode ser chamado de um espaço de sonhos – espaço esse que não era uma casa (em que se pode comer, dormir e criar filhos), nem um escritório pessoal (em que se trabalha), tampouco uma sala de reuniões (na qual quem determina o ritmo são as agendas formais). Os cafés como os da Starbucks são simplesmente um ambiente desse tipo. Quando uma pessoa deseja sonhar, escrever poesia, fomentar uma revolução, ou se apaixonar, ela se dirige a um café. Lá, todos os tipos de elementos diversificados participam – os funcionários, os outros clientes, o ambiente interno, o mundo externo às janelas – para ajudar a inspirar suas idéias e sonhos. A interação entre o espaço pessoal e o público, combinado com uma sensação de que pode acontecer qualquer coisa, faz de um café um grande local para que possam ocorrer inovações. Não é de admirar que a Marinha tenha criado sua própria versão da Starbucks.

O genial arquiteto holandês Herman Hertzberger "enxergou" a importância de um espaço para sonhar há 40 anos, quando projetou a sede do grupo de seguros Centraal Beheer, em Apeldoorn. Em lugar de uma ampla área aberta ou de um labirinto de corredores com salas fechadas, ele extraiu a inspiração das cidades montanhosas italianas. Os escritórios do grupo incluíam "ruas" para circulação, e em cada esquina havia espaços informais para reuniões, café ou diálogos. (Hertzberger estava tão desalentado pela determinação da maioria das empresas de adotar uma abordagem "gerencial" para seus escritórios que, posteriormente em sua carreira, ele passou quase que exclusivamente a projetar escolas e centros culturais.)

As organizações necessitam de um local em que oportunidades e projetos específicos podem ser explorados de uma forma autônoma e liberal. Elas devem ter espaços desenhados para induzir questionamentos, descobertas, experimentos e desenvolvimento de protótipos. Devem ter espaços que expandam as fronteiras mentais, que equilibrem abertura com intenção. Os talentos ainda requerem uma mistura apropriada entre o espaço público e o privado – abertura de uma sala de *brainstorming* coexistindo com a proteção de uma sala de trabalho individual. Obviamente, os funcionários também necessitam de tempo para realizar esse tipo de trabalho criativo. Dispondo do tipo correto de cenário, é possível liberar mais tempo para estarem na "zona".

O que imagino é um tipo de estúdio para inovações que se pareça com o assim denominado *skunk works* que algumas companhias estabeleceram; locais em que funcionários criativos possam trabalhar em um meio com o gosto estimulante de uma empresa precursora. Nele, eles teriam a liberdade para gerar idéias inusitadas, isolados ao menos temporariamente das pressões imediatas de datas-limite, das métricas de questões-padrão e do panorama corporativo.

Esse era o *modus operandi* da Skunk Works original, uma unidade de desenvolvimento de produtos de primeira linha implementada pela Lockheed em 1943. Como a operação em Burbank, Califórnia, encontrava-se na linha do vento em relação a uma fábrica de plásticos que exalava um cheiro horrível, os funcionários a associaram a um alambique de destilados do interior remoto que fora batizado de "*skonk works*" na então história em quadrinhos de nome Li'l Abner. Com o tempo, a divisão Lockheed Skunk Works atingiu milagres, incluindo a criação em apenas 143 dias do primeiro protótipo do P-80 Shooting Star – primeiro caça a jato operacional da América.

As equipes *skunk works* se notabilizam pela forma como orquestram atividades em um ambiente físico adaptado para o propósito e a habilidade de isolar uma agenda embrionária de inovações da interferência da empresa. Trata-se de uma solução inteligente para uma organização que necessita ser – no termo cunhado por Charles O'Reilly, da Stanford, e Michael Tushman, da Harvard Business School – ambidestra. Isso envolve, por um lado, continuar focada nas realidades operacionais de eficiência, tais como prazos, métricas e responsabilização, ao mesmo tempo em que ainda reserva tempo suficiente para as atividades de prospecção que ativam o imaginário coletivo e nutrem novas e valiosas oportunidades.

Um de meus exemplos favoritos recentes de *skunk works* surgiu na Motorola em 2003. Na época, a companhia estava estagnada; sua liderança no setor de telefones celulares tinha sido desafiada e, em seguida, anulada pela Nokia. Mas seus engenheiros tinham idealizado um sonho de um telefone que poderia restaurar o sucesso da empresa. Ele supostamente seria muito mais fino que qualquer modelo existente e com um *design* agradável, parecido com uma jóia. Todavia, por causa da deterioração da sorte da corporação, o novo telefone tinha de estar pronto, no departamento de engenharia, praticamente da noite para o dia – um ano.

Um grupo de profissionais técnicos qualificados e de *designers* recebeu a incumbência de criar o novo produto. Eles se instalaram em um escritório sem atrativos ao norte de Chicago e a quilômetros da sede corporativa, em que criaram um mundo para eles próprios. Logo ficou evidente que os 20 engenheiros da equipe não conseguiriam cumprir a missão se meramente copiassem os telefones existentes em termos de design, dos materiais ou dos circuitos elétricos. Eles se rebelaram contra os procedimentos de negócios tradicionais da Motorola, incluindo a prática de consultar os provedores sem fio que venderiam o novo produto, e mantiveram seus experimentos em segredo para o restante da organização. Esses profissionais às vezes discutiam entre si sobre as soluções propostas, mas trabalharam 12 horas a fio por dia para aplainar suas diferenças.

A equipe perdeu o prazo limite de um ano por alguns meses, ou algo assim, mas criou um telefone extremamente elegante e surpreendentemente fino, com seu teclado de fundo iluminado e um acabamento em alumínio. Foi discutido sobre denominá-lo de *Síliqua Patula*, palavra latina para marisco-faca, mas depois houve concordância sobre o nome RAZR. O telefone se aproximava tanto do sonhado pela empresa como jamais alguém poderia ter imaginado, e foi um sucesso comercial. No fim do ano 2006, a Motorola tinha vendido mais de 100 milhões dos novos ícones RAZRs.

Todavia, o sucesso da empresa com o RAZR foi uma faca de dois gumes. Em vez de capitalizar em seu avanço com inovações mais excitantes, a Motorola decidiu fabricar melhorias incrementais sem brilho do RAZR – uma nova cor, um novo acabamento, um novo complemento de menor importância. Outras empresas copiaram rapidamente o estilo RAZR e geraram suas próprias inovações em um mercado livre supercompetitivo. A velocidade da competição nesse setor não é brincadeira. A Nokia estima que seus novos modelos não desfrutam mais do que um mês na janela de marketing antes de sofrerem imitações. No início de 2007, o outrora RAZR de preço superior era um produto barato, e o preço das ações da Motorola estava experimentando novamente um rápido declínio.

Com muita freqüência, as empresas consideram o processo de inovar um novo produto ousado como o RAZR em termos de um grande avanço, em vez de um modelo contínuo de se fazer negócios. Mas, se um pequeno grupo de trabalho consegue bolar o RAZR em um prazo ligeiramente superior a um ano, então por que esse time não poderia conseguir feitos similares de engenhosidade outras vezes? Deveríamos estar nos esforçando por mais do que uma mudança cosmética do espaço de trabalho ou por uma mudança temporária do local. Deveríamos querer nada menos que uma remodelagem fundamental de nossas áreas de trabalho e uma reestruturação de nosso estilo organizacional.

Um dos primeiros espaços idôneos para sonhar que descobri foi na Oticon, um fabricante dinamarquês de aparelhos auditivos. No início da década de 90, visitei a agradável área em *loft* de três pavimentos da empresa em uma antiga cervejaria da Tuborg, nos arredores de Copenhague. O CEO à época, Lars Kolin, me disse que a companhia estava focando na mudança de como seus 150 funcionários passavam seus dias. Sua filosofia era algo como: “Para ter êxito, devemos ser inovadores. Para sermos inovadores, devemos mudar a forma como trabalhamos.” A visão de Kolin era mais do que um ideal esquisito. Quando ele assumiu o posto de CEO em 1991, a Oticon era uma produtora local fracassada de aparelhos auditivos analógicos. A transformação organizacional se deu estreitamente ligada à melhoria de seu desempenho, e o executivo percebeu corretamente que deveria elaborar artesanalmente o desenho do ambiente físico da empresa para ajudá-lo nessa meta.

A empresa trabalhava em uma base de projetos. Eram formadas equipes; elas trabalhavam juntas, depois havia sua dissolução quando o projeto tinha sido finalizado. O inventor da idéia do projeto se tornava o líder da equipe e competia com os outros líderes pelas pessoas e recursos necessários para perseguir as metas do projeto. Um membro da direção da empresa constituída de dez executivos assessorava, mas não supervisionava, o líder. Uma centena de projetos poderia estar em andamento em um determinado período, e o próprio CEO descrevia a companhia como uma mera série de projetos suportados por um nível limitado de recursos corporativos.

No entanto, Kolind visualizava a empresa operando como uma organização horizontal que pudesse explorar a criatividade e a eficiência de todos seus funcionários no que ele denominou de uma estrutura tipo "espaguete". A sede da empresa e suas mobílias foram adaptadas para acomodar essa visão. As estações de trabalho e outros elementos dos escritórios foram montados sobre rodas de modo que os funcionários conseguiam mover seus espaços de trabalho pela área em resposta às necessidades colaborativas do momento. O próprio CEO tinha a fama de movimentar sua sala pelos cantos, localizando-a na frente do grupo de marketing em uma semana, deixando-a próxima aos desenvolvedores técnicos na outra.

Como suas salas estavam sempre em movimento, os funcionários baseavam-se na familiaridade das conversas pessoais, no e-mail de mudança de turno, ou no telefone celular pela mudança de local para receberem suas mensagens e contatar seus colegas. E como Kolind enfatizava a importância de contatos diretos, o papel era praticamente banido. Os funcionários iam todas as manhãs para uma "sala do papel", no segundo andar, em que conferiam os *snail mails** recebidos. O papel descartado era introduzido em um tubo transparente que passava pela cantina da empresa e terminava numa máquina desfibradora, um lembrete constante da mensagem antipapel do CEO. Todas as outras comunicações eram feitas pessoalmente, pelo telefone ou via digital.

Como resultado, Kolind me revelou, a Oticon começou a criar novos produtos com o dobro da velocidade de seus concorrentes. Ela foi a primeira empresa a lançar um aparelho auditivo digital e saiu de uma situação praticamente desoladora até passar a ser uma corporação extremamente rentável que ostentava um quarto do mercado mundial.

Um enfoque similar que estimulou a informalidade e a colaboração pode ser visto no recente Clark Center, que abriga o programa Bio-X da Universidade de Stanford. O Bio-X é uma iniciativa interdisciplinar, que congrega a engenharia, a ciência da computação e a física para tratar de questões biomédicas. O arquiteto britânico Norman Foster desenhou seu edifício com laboratórios grandes, abertos, contendo bancadas e mesas sobre rodas de modo que novos projetos e equipamentos

* N.T.: Os *snail mails* nada mais são do que as correspondências normais recebidas pelo sistema convencional do correio. *Snail* é indicativo do animal *lesma*, ou seja, a construção *snail mail* já denota que o correio convencional é um meio de comunicação muito mais lento que o correio eletrônico (e-mail).

de laboratório pudessem ser acomodados rapidamente. Passarelas e sacadas dispostas ao longo do prédio ajudam a interação entre os grupos – na realidade, pelo layout, exige-se que as pessoas comecem a conhecer integrantes de grupos de outros laboratórios. Uma ampla lanchonete e restaurante também asseguram a circulação humana e aumentam a chance de colaboração pelas fronteiras disciplinares.

Uma organização com um quadro da ordem de centenas de funcionários é um tipo de desafio para a gestão. Mas, podem-se aplicar essas lições em empresas muito maiores? A resposta é sim, conforme aprendi em meu trabalho com o programa de porta-aviões da Marinha dos Estados Unidos. Os porta-aviões comportam uma história e um legado fabulosos, ainda que possam ser parte do problema de refletir, como conflitos incumbidos, com a insurgência de novas idéias.

Logo no começo, conclui que a organização carecia de um espaço amplo e suficientemente inspirador para abrigar os tipos de conversações intensas que se dariam entre, por exemplo, construtores e projetistas navais, ou entre engenheiros nucleares e aviadores da Marinha. A solução foi a concepção do OASIS, que em nosso governo repleto de acrônimos significa Organizational Acceleration and Systems Innovation Space. O acrônimo é de fato uma descrição acurada de sua função – inspirar criatividade –, e ele realmente se tornou um oásis à criatividade para os envolvidos no referido programa.

O espaço era espartano pelos padrões do design de interiores do empreendimento: ele oferecia poucas comodidades às pessoas, como cadeiras ergométricas caras, televisões de tela plana ou telas de projeção motorizadas. No entanto, ele tinha provavelmente o maior quadro branco em serviço nas Forças Armadas, medindo 12,2m × 2,7m. Independentemente de quantas pessoas estivessem trabalhando no setor, não havia dificuldades para assegurar a todos que idéias estavam sendo incubadas, contanto que elas fossem exibidas nesse quadro. E similarmente aos espaços de trabalho da Oticon, o OASIS era equipado com móveis de rodinha que poderiam ser facilmente transportados para criar grupos apropriados de participantes em sessões de *brainstorming*. Ele tem servido como um lugar seguro por considerar uma variedade de desafios pertinentes ao *design* de um sistema físico e tecnológico tão complexo quanto um porta-aviões da próxima geração.

CRIANDO UM ESPAÇO DE SONHOS

Imagine seu próprio espaço de sonhos como uma espécie de mercado interno em que recursos como capital, ativos do conhecimento, tecnologia habilitadora, melhores práticas, acesso a ferramentas baseadas na Internet para busca e colaboração, idéias brutas e pessoas possam ser reunidos e recombinados sob novas formas. Esse é um local em que os procedimentos corporativos tradicionais entram em choque com as técnicas de inovação não-convencionais para criar algo novo a partir das partes desmembradas – talvez um *design* inovador para um produto conhecido ou um plano-mestre para a reorganização de uma empresa. Um local em que coexistem o trabalho público e o privado, se bem que às vezes sob modalidades novas e fluidas.

Ele inicia, bem naturalmente, com uma estrutura física: um andar de um edifício, um antigo depósito, uma nova proposta para um espaço comunitário existente, como uma sala de reuniões. De modo geral, é mais interessante utilizar uma área edificada do que tentar desenhar um estúdio de inovações erguido completamente a partir do chão.

Os espaços de sonhos devem ser personalizados para abrigar aplicações e comunidades particulares. Um assim denominado centro de fusão da próxima geração para atuar na inteligência de classe militar, por exemplo, terá um aspecto diferente do da iteração seguinte de uma seção para desenvolvimento de produtos e experiência com os clientes em uma agência de propaganda de peso. Os espaços de sonhos, como inovações em si, devem ser também criados para evoluírem com o tempo. Um tamanho definitivamente não se ajusta a todas as circunstâncias. Uma boa parte dependerá do número de pessoas que utilizarão o espaço, da natureza de seus relacionamentos à medida que eles executam os trabalhos, da cultura da organização em que trabalham, e do propósito específico para o qual o espaço é dedicado.

Na maioria dos escritórios de hoje, a mobília e a área do piso são desenhadas para nos "encaixotar" e manter nossos olhos, mãos e cérebros focados no trabalho à nossa frente, quer o trabalho esteja em nossas telas de computador, em nossos cubículos, quer sentado nas cadeiras em frente de nossas mesas. Em um espaço de sonhos, o mobiliário, as ferramentas e a divisão dos ambientes via elementos flexíveis ou fixos são decisivos para prover o que seria possível de ser chamado um ambiente de "colocar tudo sobre a mesa". Isso pode facilitar enormemente o tipo de colaboração integradora que consegue abordar problemas graves.

Em vez de se esconder atrás de um assistente executivo, as mesas, cadeiras, áreas de trabalho e outros elementos de escritórios poderiam ser dispostos sobre rodas, ao estilo Oticon. As mesas poderiam ser arranjadas em um círculo de modo que cada pessoa ficasse de frente em relação às outras. Poderia-se pedir aos participantes que se acomodassem em pufes ou até, temporariamente, no chão – algo para que desistissem do modo "normal" de pensamento e de interação. O resultado? As equipes sentem-se livres para abordar diretamente as agendas emergentes – algumas semiformadas ou confusas – e para desenvolvê-las com mais rapidez e flexibilidade, com menos necessidade de esperar por aprovação dos superiores. Elas podem imergir sozinhas, por sua própria conta no trabalho de descoberta, além de possibilitar que os projetos sejam desenvolvidos durante horas, dias ou semanas sem ter de obedecer às imposições de programação oriundas da sala de reuniões. Elas podem convidar as pessoas adequadas para as funções apropriadas, no momento oportuno. Ainda podem contribuir com pontos de vista relevantes, independentemente de seus graus de divergência, para considerar todos os aspectos de um problema. Podem também explorar a habilidade de um espaço de sonhos para suportar aprendizado rápido e colaboração ao compartilhar as experiências com os outros e fazendo-os serem rápidos. Nesse modelo, a forma segue a necessidade de imaginar em detrimento das imposições de uma produção eficiente.

Esses princípios de *design* têm sido sempre característicos de centrais de situação militar, centros de controle de tráfego aéreo e pregões de negociação da Wall Street. Mas, no mundo de ritmo tão rápido como o de hoje, era de se esperar o momento em que o prefeito Michael Bloomberg de Nova Iorque decretasse que seu grupo de líderes trabalhasse em um ambiente similarmente não-estruturado. Ele denominou-o de "cercado", e também a seu conjunto aberto e alvoroçado de mesas em que todas as pessoas conseguem ter visão das demais. O prefeito fica bem no meio da confusão, uma grande diferença do tipicamente vasto e silencioso gabinete principal da prefeitura.

Embora isso possa parecer um tanto implausível, descobrir simplesmente o tipo correto de mobiliário pode ser o bastante para as pessoas irromperem de suas funções rígidas e expectativas, e pode até gerar papéis invisíveis. Lembro-me do dia em que o secretário da Marinha e sua comitiva de 15 pessoas visitaram um de meus espaços de inovações prévios. Colocamos todos – do mais novo ao mais antigo – em bancos semelhantes a arquibancadas. Isso interferiu na hierarquia das posições, geralmente expressa com a pessoa mais antiga sentada à frente e no centro, e abriu a possibilidade de um diálogo diferente, mais informal e aberto.

Ao mesmo tempo, os móveis e todo o ambiente físico do espaço dos sonhos não devem ser tão "diferentes" de forma a fazer com que os participantes sintam-se constrangidos ou ameaçados. Eles têm de se sentir suficientemente à vontade para apresentar suas idéias. Nesse sentido, eu já tinha tido escritórios que se assemelhavam a salas de estar. E David Rockwell, pioneiro no *design* de "eventos" deslumbrantes (ele "aplicara papel" em uma parede na filial de Las Vegas do restaurante de sushis Nobu em alga marinha seca), é famoso por ir até os mercados de quinquilharias para abastecer os ambientes de seus clientes corporativos com toques acolhedores, como sofás de tamanho extra e armários clássicos.

Seguindo essas mesmas linhas, muitos de meus alunos de MBA em Harvard lembram-se que eu decorava a mesa central de minha sala com uma centena de brinquedos de corda japoneses. Era difícil não apanhá-los e brincar com eles, de modo que os estudantes que me visitavam e eu costumávamos compartilhar uma certa versão de uma experiência de retorno à infância. Às vezes, eu também coletava dados valiosos sobre o estilo pessoal e o estado de espírito de meus convidados. No curso de nossas brincadeiras, eles se libertavam um pouco da atitude cautelosa, de observação, típica de quando iam falar com professores, e éramos capazes de nos comunicarmos em um nível diferente, mais significativo.

À medida que se geravam idéias, eu achava imensamente proveitoso torná-las uma parte visual do ambiente do espaço de sonhos. Isso possibilita aos participantes verem conexões entre idéias que, de outra forma, seriam perdidas. Em minhas sessões, cuido para que os pensamentos inovadores sejam documentados em folhas enormes de papel e que estas fiquem empilhadas em todas as partes do recinto. O conhecimento em si torna-se parte do espaço físico – e, ao mesmo tempo, fica disponível para que outros o manipulem e comentem sobre ele. Isso passa a ser uma trajetória gráfica para entender que o aprendizado foi implementado. David Sibbet, o pai da facilitação gráfica, refere-se a essa abordagem como a capacidade de estimular o fenômeno literal do "eu entendo o que você quer dizer". Trata-se de um meio de compartilhamento com os novatos e de afirmar feitos com os participantes existentes. Todos vêem mais e, ao verem mais, são capazes de fazer mais.

Quando um grupo move-se para o consenso sobre uma idéia específica, é vital tornar explícitas as hipóteses e idéias implícitas – ou seja, o público e o compartilhado. Se lhe conto uma idéia, talvez você não perceba todas as presunções que estou fazendo – e, para complicar ainda mais a situação, você pode inserir várias idéias suas. Mas, se eu lhe faço um desenho, crio um modelo ou mostro-lhe uma simulação gerada em computador, estou explicitando nossas presunções de modo que possamos abordá-las. Ao encontrar uma linguagem concreta para expressar nossas idéias, estamos modelando nossas possibilidades, transformando entendimentos abstratos, intelectuais e privados em algo concreto; algo que é possível ver e tocar, compreender e nele trabalhar, em um nível coletivo diferente e mais profundo.

A Grove Consultants, uma companhia sediada em San Francisco e fundada por David Sibbet, elaborou um modelo de negócios baseado na criação de modelos físicos sob a forma de gráficos de parede, que, quando preenchidos, possibilitavam que as equipes visualizassem seus entendimentos coletivos sobre agendas como planos de ação, estratégia, visão, missão e estado futuro desejado. Esses elementos visuais poderiam ser considerados uma forma do que denomino de "prototipagem conceitual". Por exemplo, o cliente poderia visualizar o *design* de um novo edifício, a estrutura organizacional, o local de trabalho, ou um modelo de negócios, uma cadeia de suprimentos ou uma série de relacionamentos com os clientes.

Assim um espaço de sonhos poderia vir equipado com uma *expertise* de facilitação, bem como com a mídia e as ferramentas expressivas necessárias para tornar as idéias concretas e visuais, todas as quais abrigadas em um meio que permitisse que essas ferramentas fossem implementadas de maneira flexível. Profissionais de facilitação treinados podem ajudar as equipe a fazer uso integral de recursos de espaços de sonhos. De fato, todos os participantes podem se beneficiar do treinamento em facilitação para habilitar a utilização ideal dessas ferramentas refinadas, que são inúteis sem pessoas de preparo que saibam como utilizá-las.

Em cada conjuntura do esforço para soltarmos a imaginação, quer isso seja no estágio inicial da idéia (quando às vezes exibo sugestões dos participantes em adesivos de recados Post-it-Note realmente grandes espalhados pela sala), quer na prototipagem (quando posso criar um modelo de argila do design do produto a que o grupo tenha chegado), acredito firmemente que, quanto mais simples e mais objetivas forem as ferramentas, tanto melhor.

Sofri recentemente um acesso de cólera normal em contribuintes quando examinei um catálogo certificado pela General Services Administration (GSA) de compras governamentais de material de escritório. O que constatei foram quadros brancos de US$ 2 mil e almofadas para tachinhas de US$ 1 mil. Isso não é apenas um desperdício gritante de nosso dinheiro; é também um modo "maravilhoso" de manter as asas da imaginação presas. Despejar dinheiro no processo de idéias atinge diretamente o modo antigo de utilizar ferramentas caras para fazer pressão extra nas pessoas que surgissem com idéias extravagantes. Pessoalmente, gosto de usar um marcador espesso e maços de papel-rascunho.

Por outro lado, há oportunidades em que efetivamente confio na tecnologia. As ferramentas mais usuais encontradas em uma pré-escola, como um rolo de papel e canetas marcadoras grossas, podem ser um kit de partida, mas o uso consciente de tecnologia pode levar a uma forma qualitativamente ponderada e infinitamente expansível de colaboração. As pessoas talvez estejam disponíveis para se encontrar pessoalmente de tempos em tempos, mas o ciberespaço está sempre acessível e ativo, possibilitando colaborações inovadoras de maneira ininterrupta. Costumávamos pensar que enviar um e-mail a uma pessoa sentada na mesa ao lado fosse algo invulgar. Agora, achamos isso natural. De fato, o estado da arte digital no momento reside em salas de bate-papo e espaços sociais – e não apenas aqueles habitados por *hackers*, apaixonados por carros antigos e corações solitários em Cleveland.

Nos espaços de sonhos que tenho concebido, a tecnologia é aplicada apropriadamente em suporte de um nível desejado de criatividade compartilhada. A sala de reuniões ampla, lotada de computadores, pode incluir sistemas de *groupware* para *brainstorming* eletrônico, tecnologia de votação digital, para monitorar as opiniões das equipes sobre várias matérias, e quadros brancos eletrônicos, conectados a equipamentos de videoconferência de alta definição habilitados por acesso facilitado à

Internet via rede sem fio. Não é preciso agendar uma reunião por meio do departamento de vídeo. É possível teclar um número em sua lista de telefones, ver os colegas em tempo real e trocar idéias no meio das atividades. Com um orçamento diminuto, você pode utilizar o Skype para liderar uma videoconferência entre vários países.

E isso é apenas o começo. Agora podemos criar mundos virtuais, formar comunidades dedicadas às inovações que podem se vincular com o conhecimento e outros ativos sob novos e imprevisíveis modos. Tenho criado diversos centros de inovações customizados, por exemplo, no mundo virtual 3-D conhecido como Second Life.

Apenas imagine: dezenas de executivos corporativos precisam se reunir para revisar certas diretivas novas e essenciais, mas eles estão trabalhando em escritórios na Ásia, Europa e nos Estados Unidos. Em vez de viajar para a sede da empresa, em vez de fazer uma videoconferência, eles tornam-se assinantes do serviço Second Life. Todos eles tinham previamente desenhado seus próprios avatares, indivíduos animados que os representam nesse mundo virtual. Os avatares podem ser facilmente deslocados para encontrar pessoas, participar de eventos e comprar qualquer coisa, desde uma camiseta a uma casa, utilizando dinheiro virtual. Apenas com pouca prática no uso de uma linguagem simples de programação de computadores, você efetivamente consegue, como o site na Web promete, "esculpir uma borboleta, depois criar uma linha curta de código que possibilite que o sigam quando você caminha".

Parece ficção científica, correto? Bem, inúmeras empresas estão usando o Second Life como um novo meio para experimentações. A American Apparel, a fabricante de roupas sediada em Los Angeles com 140 lojas de varejo, tem uma loja virtual em que versões virtuais de suas camisetas e fusôs são vendidas por dólares virtuais. A Starwood estabeleceu um hotel conceito e convida avatares a darem uma volta em suas dependências, e para que lhe informem se apreciaram suas características. E a Toyota abriu uma revendedora de carros virtual no Second Life para estimular tanto o interesse como a criatividade com seu modelo Scion, destinado ao público jovem. Na audaciosa e futurista Scion City, os avatares pagam cerca de US$ 300 linden* por um Scion (US$ 1,08 dólar nas taxas atuais de

---

* N.T.: O termo *linden* é a unidade para o dólar no universo do Second Life, assim como na vida real temos o dólar australiano, canadense, estadunidense etc.

conversão) que, depois, é completamente personalizado – os projetistas do Scion por sua vez obtêm uma visão a partir de uma variedade de idéias não usuais e, às vezes, viáveis criadas pelos usuários.

A IBM e outras empresas também têm explorado o potencial de negócios dos mundos virtuais no Second Life. O que elas estão fazendo nesse mundo de diversões virtual? Estão testando modelos de interação entre seus fornecedores, clientes e funcionários. Distintamente de simulações matemáticas que poderiam ser executadas utilizando-se ferramentas convencionais, a IBM utiliza o Second Life para simular ecossistemas inteiros, cada um deles mudando à medida que correntes de dados fluem do mundo real para o virtual e vice-versa. Prestem atenção a Irving Wladawsky-Berger, vice-presidente da IBM para estratégia técnica e inovação (cujo avatar no Second Life é Irving Islander): "Estamos preparados para o próximo grande passo. Agora podemos introduzir essas competências interessantes... nos campos dos negócios, educação, tratamento de saúde e no governo... Será que estamos nos primórdios do *v-business**?"

Em todas as partes, novos softwares estão possibilitando simulações e jogos com vasto valor de produção (*O Senhor dos Anéis* atende a um software de grau militar) que podem facilitar enormemente inovações. Simulações complexas permitem-nos perscrutar no reino do que não sabemos que não sabemos. Por exemplo, Alok Chaturvedi, professor assistente de sistemas de informação gerenciais da Krannert Graduate School of Management, de Purdue, começou a trabalhar com especialistas de jogos de guerra no Pentágono para desenvolver simulações de negócios para a faculdade. Ele e seus colegas criaram o SEAS, de Synthetic Environments for Analysis and Simulation (Meios Sintéticos para fins de Análise e Simulação). Eles têm desmembrado esse programa em uma firma comercial, Simulex, que agora trabalha com empresas como o grupo farmacêutico Eli Lilly e a gigante Lockheed Martin do setor de defesa, bem como com inúmeros clientes do segmento militar. Conceda três semanas de pesquisa à Simulex, e ela consegue criar um mundo artificial para toda uma indústria. Um número de até 200 *players* pode

* N.T.: O *v-business* é a abreviação para "virtual business", ou negócios virtuais, uma nova ferramenta de trabalho que poderá proporcionar inúmeras e novas oportunidades de projetos, relacionamentos e trabalhos no futuro.

competir nos jogos, cada um deles representando uma empresa diferente. Uma simulação de agronegócio desenhada pela Simulex, por exemplo, inclui sementes de produtos, garantias de serviço de proteção de safras, financiamento e interação entre competidores e seus canais de distribuição.

Simulações complexas também fazem parte da agenda nacional de Cingapura. A equipe do governo responsável pela mídia digital tem se incumbido de uma versão digital completa da república-ilha, que objetiva ser uma bancada de testes para novos modelos de negócios dedicados, por exemplo, ao comércio e turismo. As empresas poderiam utilizar a Cingapura digital para explorar, digamos, novas abordagens para o gerenciamento do trânsito ou para examinar o impacto de uma zona de alta tecnologia. Ao dispor ricos dados sobre o que observamos em nosso ambiente do dia-a-dia, Cingapura está em uma excelente posição para testar o que tenho chamado de "realidade híbrida", na qual o cenário físico e os objetos digitais estão dispostos juntos sem a presença de emendas.

As novas simulações não são apenas destinadas ao mundo corporativo. O World Food Program (WFP) das Nações Unidas desenvolveu o Food Force, um jogo que pode ser baixado gratuitamente, para ensinar aos usuários as complexidades e desafios dos programas assistenciais de alimentos. Mike Harrison, o designer, descreve o Food Force como "algo aproximado entre um jogo como o Tomb Raider e uma palestra do WFP". Ele abre com um documentário que explica uma crise em um país imaginário devido à seca e à guerra civil. A tarefa dos jogadores é completar uma série de missões, indo desde lançar pacotes de alimentos de aviões até um jogo do tipo Sim City em que os participantes utilizam essa provisão de alimentos para reconstruir a economia da nação. As lições são levadas para a casa em um breve vídeo no final de cada missão explicando como o WFP teria gerenciado a situação. Quando o Food Force foi lançado no Yahoo Games, em 2005, ele se tornou o jogo mais acessado, com um milhão de *downloads* em dois meses.

Esses tipos de tecnologias permitem aos usuários, independentemente de suas localizações, colaborarem de tal forma que o conhecimento e os processos são compartilhados e não ditados. E eles contribuem para o que Michael Schrage, do MIT, tem denominado de "hiperinovação", a habilidade de as organizações que dominaram a simulação digital colher os frutos por saberem testar, modelar e repetir a uma velocidade inconcebível no mundo real.

Brenda Laurel, a famosa pesquisadora, *designer* e escritora da área de tecnologia, que trabalha no campo de interação entre o homem e o computador, tem observado – e considero com exatidão – que a tela de um computador é um teatro com um palco proscênio definido pelo seu gabinete. Agora, está chegando o dia em que os espaços de sonhos serão inteiramente arquitetados, mundos virtuais completamente imersivos, que atuarão como recipientes digitais encerrando e suportando nossos funcionários, nossos recursos, nossos processos e nossas idéias emergentes.

Contudo, com tudo isso, não quero deixar a impressão que a tecnologia é a única ou necessariamente a melhor rota para a inovação. Todavia, ela efetivamente fornece às organizações uma paleta de ferramentas muito mais ampla para a prototipagem conceitual, o ensaio mental e o que David Snowden, *expert* em gestão do conhecimento, chama de "fazer sentido" – a aplicação coletiva de intuição individual para identificar mudanças nos padrões existentes. E o poder e a escala dessas ferramentas estão evoluindo com a velocidade da Lei de Moore.

Embora ensaios e simulações físicas sempre sejam vitais, a disponibilidade de ferramentas de simulação digitais também abre campo para melhorar a experimentação e o aprendizado. Isso é especialmente verdadeiro em um mundo no qual os silos de aprendizagem, operações e pesquisas estão se fundindo. O modelo para o qual estamos evoluindo poderá ser o piloto F-16, alguém que esteja coletando simultaneamente informações relevantes a uma missão (aprendizado), integrando esse conhecimento a um plano de missão (operações), enquanto a informação é remetida a um centro de integração para análise (pesquisa) para provocar padrões e *insights* que nos orientarão em uma nova onda de tomada de decisões estratégicas e de investimentos.

Uma vez que o trabalho de inspirar idéias inovadoras tenha sido concluído, o espaço de sonhos, de maneira ideal, também pode funcionar como um centro de produção de mídia e de publicação. Não adianta ter novas idéias sem ferramentas poderosas para disseminá-las, e o departamento de comunicações na maioria das organizações fica limitado a práticas convencionais, desatualizadas. Insira seus geradores de idéias em seu espaço de sonhos juntamente com os participantes de toda a organização e dê condições para que os membros das equipes contem suas histórias imaginativas, que podem também ser capturadas no meio das atividades via vídeos digitais, mídia *streaming* da Internet, esboços seqüenciais ou gravações gráficas. Isso lhe conferirá o potencial de gerar bastante entusiasmo bem como o alinhamento por toda a organização e além dela.

Conforme descrito neste livro, os espaços de sonhos ainda podem ser os propulsores que vinculam redes de facilidades de inovações para possibilitar o compartilhamento de experiências de aprendizado, melhores práticas e a divulgação de novidades em um modo distribuído de colaboração indiferente aos efeitos da geografia. E, como nossa habilidade de armazenar conhecimento assume uma forma cada vez mais compacta, os espaços mais simples podem ser os equivalentes do século XXI à mescla da antiga Biblioteca de Alexandria com os estúdios de mídia do século XX.

De fato, as melhorias logarítmicas na tecnologia da armazenagem de informação sugerem que seremos capazes de carregar uma parte significativa de todo o estoque de informações do mundo em um dispositivo do tamanho de um berloque em algum ponto posterior neste século. Com um número tão grande de recursos disponíveis, cada nó de uma rede terá poder extremamente amplificado, e os recursos da rede como um todo serão imensamente maiores.

Criar um espaço de sonhos prático e inspirador deve ser pensado como um processo contínuo de melhorias. Isso envolve inevitavelmente tentativa e erro – há simplesmente muitos aspectos imponderáveis. Você precisa ser agnóstico e experimental, pressupondo que haverá elementos que serão ineficientes, confusos e até contraproducentes. Afinal de contas, a localidade apropriada para inovações deve representar liberdade para aqueles que se dirigem para lá – um definitivo clube de jazz para idéias, um local em que as pessoas possam respirar.

Os estilos mais colaborativos, flexíveis, de trabalho, que tenho discutido neste capítulo estão de fato coalescendo – graças essencialmente à internet – em uma nova forma radical de produção que está fundamentalmente desafiando a noção da gestão imposta de cima para baixo. Esse é o bravo novo mundo orientado de baixo para cima, da Internet social, das redes sociais, e das inovações sociais, que exploraremos no próximo capítulo.

SETE

A COLABORAÇÃO NOS EUA

"Havendo olhos suficientes, todos os erros são óbvios".

– *Eric Raymond,* pioneiro do código aberto

Você provavelmente jamais ouviu falar de Yuri Maslyukov. Ele se destacou como sendo o último líder da Gosplan, a gigantesca organização que se dedicava a elaborar os planos qüinqüenais da União Soviética. Equipes de especialistas dos escalões mais altos da burocracia da Gosplan pesquisavam meticulosamente todos os dados estatísticos e os relatórios da indústria e da agricultura antes de emitirem suas diretivas para as massas nos patamares inferiores. Com certeza, um grupo de mentes brilhantes com acesso a milhares e milhares de dados era uma receita infalível para o sucesso econômico. Todavia, a União Soviética, entre outros países seguidores de um planejamento central, veio a concluir que planos fechados, impostos de cima para baixo, eram uma receita para o desastre.

A história mostra que governos fechados, como a União Soviética de Stalin, a Espanha de Franco e a Alemanha de Hitler, raramente sobrevivem muito além das conspirações históricas tramadas por seus ditadores. Salões palacianos sufocados – seja na Enron, seja no Kremlin – geram corrupção e desvanecimento. Um colega me contou que os estudantes de música soviéticos geralmente transcreviam notas improvisadas de um solista à medida que escutavam os discos de jazz, e depois as estudavam como se elas fossem músicas compostas anteriormente por Bach ou Chopin. Mas a reprodução mecânica que faziam ia completamente contra a essência do jazz, que celebra a expressão livre e momentânea do talento musical. Não é de admirar que a União Soviética do planejamento centralizado não tenha conseguido competir com as economias de mercado descentralizadas; o jazz do capitalismo simplesmente não poderia ser reproduzido em um sistema fechado que se baseava exclusivamente nos planos qüinqüenais ditados pelo Politburo.

Este capítulo discute que nada é mais desfavorável à agenda nacional de inovações dos Estados Unidos do que a opacidade e a crença de que as organizações que mais prosperam são as que aplicam maior dose de controle e ocultam seus conhecimentos de *outsiders*. A verdade reside quase sempre exatamente na direção oposta. Graças essencialmente às extraordinárias mudanças implementadas pela Internet e às tecnologias de comunicação afins, temos descoberto que as inovações e os lucros relativamente substanciais podem fluir da agregação de abertura ao seu modelo de negócio.

Empresas abertas estão cada vez mais trocando idéias com seus competidores, clientes e demais *outsiders*, evidenciando uma receptividade mútua a novos modos de pensamento e de multiplicação de inovações e benefícios para todos os participantes com uma velocidade sem precedentes. Companhias que sabem estimular o aparecimento repentino de idéias, internamente ou derivadas de uma comunidade externa de *experts*, consultores ou consumidores emissores de opinião, expandirão suas bases imaginativas. A Nokia, Procter & Gamble, Salesforce.com e o Google são apenas algumas das empresas que praticam a abertura como um modelo de negócios. A tendência geral entre as outras organizações não fica muito para trás. De fato, em um estudo recente conduzido pela IBM, os CEOs pesquisados consideraram que seus funcionários são as fontes mais significativas de idéias inovadoras, seguidos pelos parceiros de negócios, clientes, consultores, concorrentes e associações comerciais. Os departamentos internos de Pesquisas e Desenvolvimento ocuparam um distante 8º lugar.

A abertura, como sabemos agora, ainda é um componente essencial do ambiente criativo que gera crescimento nacional e sociedades vibrantes – e esse é um clima no qual prosperam os talentos americanos. Temos muita experiência histórica e cultural com o que poderia ser chamado de "inovação de código aberto", o tipo de inovação que pode se originar em qualquer local em uma meritocracia do talento.

O significado literal de código aberto é este: software criado cooperativamente com código-fonte livre, aberto para o mundo e melhorado continuamente pelos usuários. O legendário *hacker* Richard Stallman define o "livre" no sentido de um discurso aberto, e não de uma cerveja grátis. Qualquer que seja a definição, essa é uma abordagem que compete com os provedores de sistemas operacionais proprietários, como a Microsoft. Ela é também a inspiração para a transparência endossada por este livro, um ambiente que possibilita diversos pares operarem livremente no mercado, para acessar informações e oportunidades colaborativas com e entre organizações, não obstruídas por uma direção de cima para baixo baseada unicamente na posição burocrática dos superiores.

Seria ingênuo proclamar que agora seria o fim das empresas e das sociedades geridas no sentido descendente, ou que todos os enfoques de baixo para cima são bons e os opostos, ruins. Todas as organizações têm de manter um equilíbrio entre os dois modelos, equilíbrio esse que tende a mudar à medida que eles evoluem. John Arquilla e David Ronfeldt, futuristas das Forças Armadas, utilizam o termo "abertura preservada" para se referirem ao ato de equilíbrio requerido para manter algumas coisas intocadas, enquanto outras podem ser compartilhadas. Na visão deles, o segredo é saber distingui-las.

Os graus de abertura ou fechamento dos modelos das organizações também dependem de certa forma de seus níveis de desenvolvimento. Na sua fundação, as organizações provavelmente são horizontais, com uma cadeia mínima de comando e clareza de intenções. No entanto, quando vão se tornando mais complexas, com linhas extras de negócios e números maiores de funcionários, elas necessitam direção e mais modos integradores para atender a uma série mais ampla de agendas. Conseqüentemente, gera-se uma cadeia de comando muito maior e mais envolvida. Em outras palavras, o modelo de cima para baixo é, sob o sentido organizacional, uma resposta à necessidade de se lidar com a complexidade. E, a partir dessa necessidade, têm emergido os sistemas de comando e controle complexos, formais, que há tanto tempo governam os cenários corporativo e governamental.

Mas a realidade atual é que o processo de inovação deve mesclar enfoques de gerenciamento de cima para baixo *com* os de baixo para cima. O que é essencial é o grau de eficiência com que essa nova mescla satisfaz tanto a necessidade de tornar a complexidade tratável como a necessidade de subordinar a capacidade plena da organização à geração de variedades criativas e para inserir os frutos de volta à tendência geral para criar valor. A esse respeito, a desintermediação tem se tornado um modelo de negócios. No caso, por exemplo, das rápidas mudanças na indústria da música, que tal ir diretamente do artista para o fã, desviando-se da conjuntura tradicional de empresas musicais, gravadoras e distribuidoras – todos com as mãos estendidas esperando ser "molhadas"? É possível a elaboração de novos modelos pela eliminação dos intermediários e pela redução da complexidade acumulada tradicional dos sistemas que podem retardar o processo de negócios com suas "divergências" e despesas indiretas.

Essa inovação requer um meio livre de dogmas caracterizado pela transparência e igualdade de oportunidades, qualidades que estão entrelaçadas em nossa ética americana. Essa, acredito, é uma das principais razões para estimularmos fortemente a criação da Nação Inovação, que irá prosperar no tipo de cultura aberta que favorece o sucesso das idéias e dos empreendedores básicos. De fato, hoje as inovações bem-sucedidas são profundamente democráticas, e isso é habilitado pelos tipos de tecnologias que estou a ponto de descrever – tecnologias essas que, em sua maioria, são originárias dos Estados Unidos, e que, se aproveitadas e completamente exploradas, podem agregar significativamente aos nossos recursos nacionais de inovação.

SURFANDO NA QUINTA ONDA

A era digital, praticamente já com meio século de duração, tem sido dividida pelo escritor de tecnologia Michael Copeland em cinco "ondas", começando com os anos 60, em que computadores enormes *mainframe* tornaram-se parte do arsenal corporativo. Os minicomputadores sucederam àqueles primeiros "monstros feiosos" na década de 70; os computadores pessoais foram a próxima novidade, na década de 80; e a Internet, com todo o seu potencial para a formação de redes, na década de 90. Mas, se o hardware foi que dominou essencialmente as primeiras quatro ondas da computação, a quinta onda atual é bastante diferente. Alimentada por três grandes mudanças – queda nos preços dos computadores, largura de banda cada vez maior e a migração para o software social que abre escancaradamente novas possibilidades colaborativas –, a quinta onda amplia enormemente o acesso de todas as pessoas a um conteúdo praticamente ilimitado, seja na forma de informações *online*, seja em opiniões comunitárias, serviços e entretenimento.

A quinta onda tem gerado com isso um mundo em que uma imensa porcentagem de pessoas em quaisquer locais públicos está empunhando laptops ou conversando em telefones celulares, de modo geral deixando os outros irritados com a emanação inédita de uma intimidade passageira. Mas todo esse falatório no ciberespaço reflete uma mudança profunda nas relações humanas. Gostando ou não disso, mais e mais pessoas estão inevitavelmente conectadas entre si por reações em cadeia de interações digitais que – graças ao poder do crescimento de redes – geram mais conexões entre pessoas, mais perspectivas trazidas para vincularem-se com a solução de problemas, e, ainda mais importante, mais oportunidades a serem consideradas.

A força motriz aqui é a abertura. Diferentemente da maioria dos inovadores anteriores, os líderes da quinta onda vêem um ganho muito maior no compartilhamento de suas idéias do que no seu acúmulo. E os usuários aproveitam rapidamente as oportunidades oferecidas. O compartilhamento pode atrair uma comunidade de desenvolvedores com os mesmos interesses cujos desejos de criação podem coexistir com o interesse próprio oferecido pela adição de níveis extras de valor. O resultado pode ser uma eflorescência imensa de aplicações subseqüentes e produtos afins criados pelos principais usuários e outras pessoas não qualificadas, como empresas a exemplo da Amazon, eBay e do Google podem atestar. Preferentemente a ser controlado centralmente, o processo de desenvolvimento de modo geral acaba se parecendo com o andamento da montagem de um celeiro nos moldes antigos, com os vizinhos tomando parte, ou talvez com uma fantasia na corrida pelo ouro em que os prospectores desistiram de competir e estão se ajudando mutuamente para ficarem ricos. Com tantas pessoas inteligentes aglomerando-se no ciberespaço e descobrindo como personalizá-lo de acordo com suas necessidades, os usuários da Web (mais de um bilhão na contagem) têm dado um salto exponencial desde a navegação ocasional até pesquisas intensas, desde a leitura solitária até o ativismo em grupo, desde a introspecção até a colaboração. Esse é o significado profundo a que muitos estão se referindo como a Web 2.0.

A Web 1.0, com suas ferramentas de busca e o *e-commerce*, era um fenômeno do "eu". A Web 2.0, em contrapartida, é um fenômeno do "nós". Se a Web 1.0 era sobre o que "eu" poderia fazer, então a Web 2.0, um termo popularizado pelo editor de tecnologia Tim O'Reilly, trata do que "nós" podemos fazer, ou do que você considera sobre o que tenho escrito em blogs ou postado. As pessoas estão editando seus próprios blogs e *podcasts* de notícias e lançando redes com pessoas de interesses comuns utilizando sites de compartilhamento de fotos, como o Flickr do Yahoo. Temos aqui um fato surpreendente: um em cada três sul-coreanos – 16 milhões de pessoas – tem uma *home page* personalizada em um site de criação de redes sociais denominado Cyworld.com. No MySpace.com, serviço similar americano, 67 milhões de visitantes ao mês, nos números de 2007, gastam horas incontáveis por dia compartilhando idéias, músicas e fotografias com amigos dotados de gostos semelhantes. E um número assombroso – 52% – de jovens norte-americanos, pesquisados pela Pew Foundation, tem criado conteúdo para a Internet, um fato que exibe uma prova evidente de como o fenômeno da Web 2.0 está se disseminando.

Ross Mayfield, CEO da Socialtext, uma empresa pioneira em colaboração *online*, considera a Web da quinta onda como não mais um local imaginário, e sim uma entrada literal para incontáveis serviços – dos classificados da Craigslist ao ativismo da Meetup. Em seu próprio blog, ele descreveu o novo cenário: "As pessoas utilizam o Google, o Flickr, escrevem em blogs, contribuem para a Wikipedia, a Socialtext.it, a Meetup, postam, assinam, inserem dados, anotam e, acima de tudo, compartilham. Em outras palavras, a Web está cada vez menos associada a locais e outros substantivos, mas sim a verbos". E na hora em que você ler isto, terá emergido uma safra inteiramente nova desses serviços.

A abertura é um resultado direto da tecnologia de rede e da transparência que tende a acompanhá-la. O resultado está mudando a responsabilidade e o controle – e não apenas na especialidade técnica do desenvolvimento de softwares, mas também na própria sociedade. Nos lugares em que outrora os *experts* eram as únicas vozes ouvidas, agora todos nós podemos emitir nossas opiniões. Conforme colocado recentemente por um sábio digital, estamos testemunhando uma dispersão do "direito de tomar uma direção", linguagem técnica para a liberdade de trilharmos nossa própria trajetória.

A transformação de um gerenciamento de cima para baixo em um mundo aberto, criado pelos usuários, é sugestiva do contraste marcante entre os sistemas puramente mecânicos e os biológicos. Os sistemas mecânicos – linhas de produção, por exemplo – exigem uma direção de cima para baixo. Eles necessitam de projetos e empreiteiros, bem como de diretores, auditores e coordenadores. Os sistemas biológicos – digamos, colméias – geralmente exibem o que Kevin Kelly, editor fundador da revista *Wired*, denominou, em expressão jamais esquecida, de "comportamento fora do controle". Trata-se de sistemas sem um núcleo, sem um diretor ou coordenador-geral, mas que apesar de tudo exibem um comportamento adaptativo e emergente complexo quando confrontados com algo novo ou ameaçador. Eles representam uma forma nova, acelerada, do que eu adotei chamar de "inovação social". E esse é o significado da internet, que, em resumo, está possibilitando que pessoas interajam e criem segundo modos inteiramente novos e colaborativos. A tecnologia digital, portanto, possibilita o que com o passar do tempo reconheceremos como um sistema nervoso digital para inovar.

A diversidade de perspectivas há tempos tem sido reconhecida como um elemento de estímulo para a criatividade. Os participantes podem variar em termos de alguns requisitos básicos, como o sexo, idade, dados sociodemográficos e a região, sem mencionar suas bases de formação, nível de conhecimento e experiência de vida. Em um contexto militar, diferentes postos e qualidades determinam um tipo de diversidade; em um ambiente político, uma combinação entre participantes nacionais ou regionais, além de partidos, geralmente produz o efeito desejado. Em um panorama corporativo, a diversidade é atingida ao se agrupar *stakeholders* que, com freqüência reduzida, têm uma chance de interagir no curso normal dos eventos – representantes dos setores público e privado, clientes e fornecedores, gurus e estudiosos de grupos de discussão.

A diversidade também influencia diretamente o poder e a riqueza das inovações abertas. Quanto maior a variedade, mais ampla a faixa de questões consideradas e o processo se torna mais fundamentalmente inovador. Ela ainda aumentará a probabilidade de que um processo lidará significativamente com os tipos de graves problemas que o mundo enfrenta atualmente. Incluir todos os *stakeholders* e todos os pontos de vista é um trabalho árduo, mas trata-se da espécie de democratização da inovação que mostra-nos o caminho para a solução de problemas graves.

Redes e tecnologias de rede fornecem os meios para integrar várias perspectivas e suportar a consideração das idéias que emergem da mescla. Isso é especialmente verdadeiro quando as redes tornam-se porosas, ou seja, quando elas admitem outros além de seus membros registrados – por exemplo, antigos alunos ou clientes, amigos, partes interessadas, ou críticos e concorrentes.

Todavia, a diversidade é apenas a primeira etapa. A tecnologia também possibilita transparência – em essência, um meio para você saber e ver o que sabe e vê. Isso é primordial para a inovação aberta. Essa transparência está ligada diretamente aos trabalhos de novas formas de software social, tais como as ferramentas de *bookmarking* (marcação). Hoje em dia, podemos colocar um *tag* digital em qualquer coisa que acharmos interessante quando navegamos pelas páginas infinitas do ciberespaço e armazená-lo para uso posterior. Suponha que você seja um especialista em fundos *hedge* tchecos, defesa de mísseis chineses ou música trance escandinava. Se você abre sua coleção de referências para outras pessoas por intermédio de um site de *bookmarking* social, como o del.icio.us, elas podem "somar" à sua base de conhecimento sobre esses tópicos conforme representado pelos seus *tags* digitais. E, em qualquer momento que você adicionar algo novo à sua lista de *tags*, seus "contribuintes" serão notificados em tempo real. Esforce-se para que essa característica seja inserida logo no modo como as ferramentas de busca, e o Websurfing em geral, operam.

Se a fase inicial da criatividade é definida como interesse, ou algo que chama nossa atenção, então, a transparência que define o *bookmarking* social é um modo de aumentar enormemente a habilidade de uma empresa de ela ser criativa; isso estoca e multiplica interesse em novos fenômenos. E o interesse também é um precursor fundamental para apontar anomalias. Ele é a primeira etapa na formação de um sistema de advertência, ou de mapeamento do horizonte, e está diretamente relacionado com o credo do código aberto citado no início deste capítulo, que afirma que, "havendo olhos suficientes, todos os erros são óbvios". Nessa frase, "olhos suficientes" está se referindo tanto à quantidade e qualidade como à diversidade de perspectivas que podem ajudar-nos a reconhecer e responder a anomalias que porventura apareçam.

O assunto fica ainda mais atraente quando essas expressões de interesse são agregadas para revelar tendências nos *tags* disponíveis para observação por todo um grupo, e quando a tendência de armazenagem de tags dentro do próprio grupo torna-se transparente. Não seria interessante saber, por exemplo, que o interesse no tópico X surgiu dos pesquisadores do laboratório de determinada companhia? Ou talvez de pessoas bem posicionadas no nível corporativo para financiarem uma nova iniciativa? Um monitoramento contínuo dos hábitos de armazenagem de *tags* de seus funcionários possibilita a uma organização saber o que eles sabem e de ficar ciente sobre o que eles estão interessados, à medida que começam a emergir modelos de interações carregados de significado. Esse conhecimento pode dar subsídios à tomada de decisões sob aspectos inteiramente novos.

Finalmente, a inovação é estimulada não apenas pelo que sabemos que não sabemos (algo que podemos pesquisar um dia), mas também pelo que não sabemos que não sabemos (algo que se origina do lado esquerdo conhecido do cérebro). O que é emergente é freqüentemente nosso item mais importante na agenda – e o mais ilusório. E essa geração de descobertas ao acaso, inesperadas, do conhecimento, torna-se possível graças a uma combinação entre a transparência, a diversidade e a capacidade de conectar com outras pessoas sob meios ainda mais poderosos. Essa combinação está inerentemente entrelaçada nas funções de busca da Internet. Nós normalmente pesquisamos *online* quando sabemos pouco ou nada sobre algo e gostaríamos de saber mais. As respostas que conseguimos formam nosso conhecimento, transportando-nos para muito mais próximo de uma idéia ou *insight*. Mas, percebemos valor adicional e oculto quando nossa ferramenta de busca nos surpreende: podemos nos deparar com dados que jamais sonhávamos existir, ou vincular-nos com um indivíduo ou um grupo de pessoas com uma perspectiva radicalmente diferente da nossa, ou nos tornarmos parte de uma opinião comunitária emergente.

Esses princípios da inovação aberta são significativos pela sua ampla expansão. Suas aplicações raramente são confinadas ao desenvolvimento de alta tecnologia e de softwares. A inovação aberta já se encontra em andamento em campos tão diversificados, como política, educação e assistência à saúde, entre outros. Eles serão essenciais na tarefa de transportar as competências de inovações nacionais da América em novas direções.

TRANSFORMANDO AS FORÇAS ARMADAS

A abertura como uma atitude, um meio de maximizar inovações, também está sendo utilizada com um efeito impressionante pelo corpo militar dos EUA e pelas comunidades de inteligência. As pessoas responsáveis para que continuemos seguros, por exemplo, que combatem as ameaças menos claras e não-convencionais postadas pelo terrorismo, exigem que aproveitemos o poder das Forças Armadas, da inteligência e das competências dos primeiros respondentes como um todo da nação.

Warren Ellis, apreciado autor de história de quadrinhos e romancista, capturou esse ponto no *Global Frequency*, sua série de novelas gráficas ambientadas no futuro próximo. O *Global Frequency* do título é uma organização em rede, gerida de baixo para cima, com 1.001 participantes, a maioria constituída de *freelancers* e trabalhadores em regime de meio período – exceto no caso de um líder e de um especialista em comunicações – que assumem problemas que ninguém mais quer ou é capaz de lidar. Com seu retrato de colaboração em equipe *just-in-time* e o que denomino de redes porosas, os livros são um precursor do tipo de mudanças que nossa comunidade de inteligência necessitará sofrer na próxima década.

Quando comecei a trabalhar com profissionais militares e da inteligência na década de 90, descobri que um número razoável deles mostrava ceticismo sobre a tendência de cima para baixo, hierárquica, que orientava seus pares de mais idade durante a Guerra Fria. Eles não mais confiavam no método antigo, que ditava que os líderes eram repositórios de todo o conhecimento e que os soldados da Infantaria seriam simplesmente despachados para executar ordens vindas de cima. Os papéis estavam sendo reajustados. Por exemplo, no Afeganistão após o 11 de setembro de 2001, as comunidades militares e de inteligência confiavam não apenas nas unidades convencionais, mas também nos soldados operacionais da cavalaria treinados com conhecimentos militares e culturais, que utilizavam para rastrear adversários e pedir precisamente a "ajuda" adequada em qualquer momento, quer na forma de dinheiro, informações, quer por ataques aéreos dos B-52.

Em 2002, participei de um congresso sobre segurança nacional em Washington intitulado "Towards an Ecology of Warning" (Implementação de uma Ecologia de Alerta). Sua premissa central era que salvaguardar hoje nossa nação demanda um sistema de alerta muito além do escopo de especialistas instalados em uma torre de marfim. Um mundo de software livre em que milhões de olhos, ouvidos e cérebros estão prestando atenção oferece novas e importantes competências para identificar potenciais ameaças e solucionar problemas reais.

Certamente a inteligência tem sido a base da arte de governar desde que houve a formação dos estados-nações. Os Estados Unidos constituíram o Departamento de Serviços Estratégicos (Office of Strategic Services – OSS) durante a Segunda Guerra Mundial para satisfazer a necessidade de uma competência de inteligência empresarial que abandonaria os silos organizacionais tradicionais e empoderaria empreendedores e inovadores. Liderado pelo legendário coronel Bill Donovan, o OSS se reportava diretamente ao presidente Franklin D. Roosevelt e, portanto, obedecia a um dos mais importantes princípios de uma unidade *skunk works*, ou seja, linhas curtas de comunicação com a posição de comando de uma organização.

Em 1947, o OSS foi dissolvido e os Estados Unidos criaram a Central Intelligence Agency (CIA) para capturar dados que seriam considerados úteis na era da Guerra Fria. Havia uma certa simetria e estabilidade nas tropas regulares armadas e nas armas nucleares que os dois competidores gigantes apontavam um para o outro ao longo de várias fronteiras nacionais – os líderes da Ivy League* da "Companhia" se engajaram em um jogo de xadrez com os "cardeais" do Kremlin. O trabalho de inteligência envolvia basicamente procurar ligeiras inconsistências em grandes quantidades de dados de modo geral estáveis. (Hoje, os aficionados por tecnologia denominariam isso de "procurar por inconsistências" ou anomalias que sugerem a necessidade de uma mudança na perspectiva.) Perceber tendências de grande escala não era uma alta prioridade na dança glacial das superpotências. O perigo era real, mas nossos adversários eram burocráticos, governados por regras, e suas mudanças eram relativamente lentas.

Esse modelo de inteligência era praticado em instituições semelhantes a catedrais com os pensadores, conceitualizadores e ideólogos de elite

---

* N.T.: O termo *Ivy League* refere-se ao grupo de oito universidades do Leste americano, essencialmente tradicionais e de grande prestígio acadêmico e social. São elas: Harvard, Princeton, Columbia, Yale, The University of Pennsylvania, Brown, Cornell e Dartmouth. O nome surgiu como referência à circunstância de os edifícios mais antigos das respectivas faculdades serem cobertos de heras (*ivy*, em inglês).

olhando atentamente seus subordinados desde o topo da organização, de forma muito parecida aos membros de uma hierarquia eclesiástica. As pessoas na esfera operacional eram os soldados da Infantaria – ou, para continuar a analogia, os laicos – cujas ordens eram baseadas em informações estreitamente compartimentadas e distribuídas segundo a necessidade de se conhecê-las.

Hoje em dia, no entanto, os principais adversários dos EUA não são estados-nações portadores de bandeiras, mas sim redes frouxamente acopladas que não se parecem com nada exceto um enxame de abelhas. Elas são ágeis, enxutas e inovadoras, além de revelarem uma falta aflitiva de palpabilidade. Mais importante, nossos adversários estão conectados em rede desde o início das atividades, e utilizam ferramentas da Internet publicamente disponíveis para ficarem em contato e coordenarem ações. Quando os cibercafés locais que você freqüenta tornam-se o centro de comando, o MySpace, seu espaço para se deixar correspondências, e o Google Earth, sua caixa de ferramentas de reconhecimento, então a inteligência torna-se uma *commodity* que qualquer um pode ter. Bem-vindo à obtenção e distribuição de informações (secretas) pela Kmart!

Nesse ínterim, nosso próprio aparato de segurança nacional está de modo geral prejudicado, até em sua capacidade de fazer algo tão trivial como utilizar a Internet pública ou prover conexões efetivas à internet entre várias agências de inteligência, cujos profissionais são freqüentemente isolados ao equivalente de ilhas digitais.

Isso está mudando. Para analisar perigos terroristas no estrangeiro, os profissionais de inteligência estão aprendendo a medir o pulso de comunidades inteiras no nível básico utilizando uma habilidade, mais crescente do que nunca, de mapear oceanos de tráfego de comunicações. É a diferença entre prestar atenção em um simples café e em um mercado. Conforme um dirigente me explicou: "Não é uma técnica de localizar coisas grandes, óbvias, como os mísseis em Cuba. Trata-se de localizar o fanático que tem um irmão que é químico, que tem um amigo com uma perua van, que tem um primo capaz de forjar um passaporte".

A influência da abordagem básica, articulada em rede, é visível também nas preparações para os campos de batalha. Nas décadas de 70 e 80, em resposta à nossa campanha árdua, desalentadora e divisora pelo Vietnã, foram desenvolvidas novas doutrinas de guerra para aumentar a agilidade e a flexibilidade de nossas tropas. Os modelos mais recentes das assim chamadas guerras centradas em rede irão se basear em redes de comunicação que possibilitam aos soldados da Infantaria situados em um setor compartilhar instantaneamente entre si suas descrições do terreno, e suas interações com o inimigo. Armados com esses dados em rede, em tempo real, eles podem, de modo geral, superar seus oponentes no denominado *loop* OODA (o acrônimo é a abreviação para "observar, orientar, decidir e agir"), que fora introduzido pelo coronel independente da Força Aérea John Boyd como um dispositivo tático para pilotos de caças em combates aéreos a curta distância. A auto-sincronização resultante possibilitou que fossem tomadas decisões e empreendidas ações de maneira mais independente, sem gastar preciosos segundos ou minutos para buscar aprovação ao longo da hierarquia. O conceito OODA também tem uma vasta aplicação estratégica. Poder-se-ia dizer, por exemplo, que a Boeing superou o *loop* OODA da Airbus ao esperar até que a última ficasse comprometida com aviões de dois andares antes de responder construindo aeronaves menores, mais eficientes, em viagens sem escala, em vez de confiar em centros de conexão aeronáuticos.

Uma confiança crescente nos aspectos básicos pode ser encontrada em qualquer parte nas Forças Armadas à medida que o Exército e a Marinha tentaram encontrar meios de criar atalhos pela burocracia. A cadeia de comando tradicional, de generais, passando por tenentes até soldados rasos, era necessária para assegurar que as unidades continuassem a funcionar nas batalhas e se comunicassem efetivamente quando baixas interrompiam potencialmente a hierarquia. Mas ela tendia a retardar a tomada de decisões e desencorajava assumir riscos. Hoje, há iniciativas em curso para nivelar a pirâmide.

Por exemplo, em suas revistas pós-ações, o Exército exigia que tanto os oficiais como os soldados discutissem o que dera certo e errado em uma determinada ação ou programa. As lições aprendidas eram transmitidas a outros setores da organização e codificadas para futura referência. Além disso, dois majores do Exército, Nate Allen e Tony Burgess, criaram o CompanyCommand.com em 2000 para ajudar os capitães, que normalmente comandam companhias de 100 a 200 soldados, a compartilhar conhecimento crítico ganho por intermédio de experiências profissionais na vida real. O site e um congênere para tenentes, PlatoonLeader.org, foram lançados sem qualquer suporte oficial.

Mas, em 2002, o Exército reconheceu o valor dessas iniciativas ascendentes e reuniu os sites segundo o nome de Battle Command Knowledge System (BCKS), e sob o domínio seguro do Army.mil.

O chat dos grupos de batalhas é um outro mecanismo para comunicação totalmente aberto entre pares. Começou como um meio para que jovens marinheiros envolvidos em grupos de batalhas no mar acessassem discussões em ambientes de chat seguros sobre qualquer coisa, desde o intercâmbio de filmes para uma noite de cinema até conferência dos níveis de suprimentos e a solução de outros problemas de qualidade de vida. Com o tempo, ele evoluiu para um recurso horizontal muito mais amplo para coordenação e comunicação entre grupos de batalhas. Eventualmente, ele meteu-se em dificuldades com a tradição; pessoas das fileiras bem inferiores estavam tomando decisões que tinham sido prerrogativas dos escalões mais altos.

Todavia, apesar dessas dúvidas, o chat dos grupos de batalhas tem sido inserido no pensamento dominante da Marinha e funciona hoje como uma ferramenta crítica para a coordenação de operações complexas – inclusive campanhas importantes que podem envolver diversas centenas de salas de bate-papo. Esses sistemas de publicar e assinar, e de optar pela participação para a criação de fluidez e flexibilidade em combates, estão desempenhando um papel ainda maior nos trabalhos atuais de planejamento militar.

O tipo de transparência e abertura que cada vez mais é necessário para manter-nos seguros também é bom para os negócios. As láureas vão para as companhias que têm aprendido as lições do conceito "de baixo para cima".

AS EMPRESAS NECESSITAM TAMBÉM DE UM ESPÍRITO DE COLABORAÇÃO

Nos idos de 1984, o executivo Jan Carlzon foi o pioneiro da aplicação dos princípios abertos nos negócios quando assumiu como CEO da Scandinavian Airlines System. A SAS estava afundada no vermelho, e Carlzon identificou o problema central como uma falta de foco no cliente. Os conceitos inovadores que ele introduziu em seus esforços para sanar a doente companhia aérea desde então se tornaram legendários.

Em primeiro lugar, o novo CEO determinou que a pirâmide tradicional dos negócios fosse virada de ponta-cabeça. Ele estabelecera como sua principal prioridade colocar os funcionários da linha de frente em contato com os clientes e ensiná-los a perceber e prontamente responder aos problemas. A SAS, observou memoravelmente, não passava de mais de 50 milhões de momentos da verdade todos os anos, uma referência aos pontos de contato entre os atendentes de serviço e os clientes. Ele até intitulou seu manifesto para a reviravolta da SAS de *Momentos da Verdade*.

Dotado com a firme convicção de que as pessoas nas linhas de frente sabem mais, Carlzon ordenou que elas fossem empoderadas para tomar decisões com um mínimo de interferência. Suas palavras e ações eram proféticas, pelo fato de ele tê-las lançado pelo menos uma década antes de a Internet ser até mesmo um ponto no panorama do comércio. A eventual chegada da Internet amplificou a importância das idéias de Carlzon, pois ele expandira a pirâmide organizacional e o resultante espaço sociável a um tamanho infinito, embora ainda conseguisse posteriormente achatá-la. Com novas conexões digitais, a distância entre os *players* no topo e na base se reduziu, e ainda houve um aumento do número de participantes nas conversações.

Anos após o avanço revolucionário de Carlzon, o CEO da Amazon, Jeff Bezos, deu um passo à frente, abalando os alicerces dos negócios quando ele e sua principal equipe debateram se deviam ou não convidar *outsiders* para repartir o ativo mais valioso de um varejista *online* – no valor de US$ 7 bilhões –, um banco de dados imenso contendo um esforço de uma década de revisões de clientes, preços, rankings de vendas, estoques etc. Esse era o tesouro em que a Amazon tinha investido mais de US$ 1 bilhão para criar e proteger dos competidores, os segredos de seu sucesso que os empreendedores e programadores de fora teriam dado tudo para remexer.

Os tradicionalistas ficaram horrorizados, mas Bezos argumentou que a abertura da Amazon era precisamente o modo de capitalizar sobre seu investimento. Ao permitir que *outsiders* perspicazes provassem as informações exatamente como fariam com uma bandeja gigantesca de antepastos, ele ponderou, a Amazon inspiraria muitos a criar novos sites que poderiam gerar parcerias potencialmente rentáveis para ela. Em vez de serem armazenados em um cache oculto, os dados da Amazon se tornaram um propulsor dinâmico que impelia a expansão da empresa. Bezos denominou esse enfoque de modelo de negócios em que ninguém saía perdendo.

Alguns de seus colegas ainda precisavam ser convencidos. Eles temiam os efeitos de passarem as chaves para um reino da licenciosidade. Onde tudo isso iria terminar? Mas o debate entediava Bezos, e ele logo dispensou os céticos. Com um prazer típico, de acordo com a *Fortune*, ele soltou suas mãos como um exibicionista levantando uma capa de chuva e fez um gracejo: "Nós iremos nos expor de forma agressiva!"

Seu instinto estava totalmente correto. Mais de 200 mil pilhadores digitais têm respondido desde então a um site de dados abertos denominado Amazon Web Services, iniciado em 2002. Cerca de um terço deles tem utilizado o software livre da empresa para criar centenas de novos sites lucrativos e interfaces de compras que conectam 800 mil vendedores independentes da Amazon e seus clientes. Muitos dos desenvolvedores digitais têm se tornado os parceiros de negócios mais ambiciosos de Bezos da noite para o dia. O que era uma experiência há quatro anos, agora é uma "parte essencial" da estratégia da Amazon, afirma Al Vermeulen, seu ex-diretor de tecnologia.

O avanço revolucionário da Amazon é contagioso. No ano após Bezo ter declarado que ela era uma casa aberta para todos, a eBay convidou desenvolvedores de software para que "atacassem" impiedosamente as transações de leilões semanais da ordem de US$ 33 milhões da empresa. Cerca de 15 mil desenvolvedores têm se registrado desde então para utilizar essas listagens e outras propriedades do software. Praticamente metade das listagens da eBay é agora descarregada para sites inovadores criados por eles, possibilitando que outras empresas da Web explorem bancos de dados de transações e listem os leilões da eBay. Isso também impulsiona grandemente o acesso ao mercado para os usuários da empresa.

Muitas desses novos desmembramentos são exemplos do que denominamos de "*mash-ups*"*. Frank Zappa, meu antigo mentor, criou uma

* N.T.: O termo *mash-up* (misturar, em inglês) foi deixado como na língua original, pois já é prática corrente dos aficionados, especialistas e usuários de tecnologia. Originado na música, como o próprio texto descreve, onde recebeu o nome de "mixagem", passou para outros segmentos, como "colagem", "combinação" etc. Em tecnologia, os *mash-ups* são basicamente aplicações, ferramentas ou próprios sites que combinam conteúdo de diversas fontes, mas que aparecem (sem emendas) para o usuário final.

técnica que ele apelidou de "xenocronia", executando um solo de guitarra com base numa música e superpondo-o em uma música diferente. Esse tipo de mixagem musical tem uma longa tradição, mas a mais nova versão recentemente tem transformado o modo como utilizamos a Internet.

Os *mash-ups* no domínio digital são combinações de dados de uma variedade de fontes reunidas em um novo meio. Assim, por exemplo, o site Chicagocrime.org extrai dados do Departamento de Polícia de Chicago e encobre-os em Google Maps de modo que você pode ver – horrorizado ou aliviado – em que pontos há maior ocorrência de crimes. Os *mash-ups* são habilitados por estruturas de software inteligente denominadas Interfaces de Programação para Aplicações (Application Programming Interfaces – APIs), que permitem que um outro programa colete dados de *storehouses*, como o Google Maps, os leilões da eBay, o banco de dados de produtos da Amazon.com ou o vasto tesouro do Flickr. Sites como o ProgrammableWeb.com rastreiam novos *mash-ups*, que a cada semana estão se proliferando em grandes quantidades.

Os *mash-ups* são parte do que o Google insere na Internet a cada instante. A equipe que desenvolvera o Google Maps publicou a API, que possibilita que outros conectem seus programas à aplicação Google, e, até o momento, cerca de 40 mil desenvolvedores têm adicionado algo no topo do Google Maps para criar *mash-ups* digitais que possibilitam novas modalidades de aplicações. Por exemplo, um *mash-up* do Google Maps com classificados de compra e venda de imóveis fornece aos usuários uma visão geral das localizações de casas postas à venda em um determinado bairro. Idem no caso das localizações de caixas bancárias automáticas, prontos-socorros e restaurantes. Há até um *mash-up* para ajudar os transexuais a encontrarem banheiros públicos comuns.

O que está emergindo como resultado é um tipo radicalmente novo de organização de negócios. Ele não é nada parecido com as 500 empresas da *Fortune*, instaladas em seus edifícios envidraçados panorâmicos de 75 andares em que sobressai no topo um castelo generoso para o CEO em algum ponto na camada de ozônio pairando sobre uma importante área metropolitana. O novo modelo é basicamente uma plataforma de software facilmente expansível que pode incluir um grupo infinitamente amplo de clientes e participantes. As pontuações de outras empresas podem acessar a plataforma e utilizá-la para a venda de produtos e serviços afins. No processo, os participantes expandem constantemente seus mercados enquanto propiciam que seus próprios clientes se tornem ainda mais acessíveis a outros participantes. Em resumo, a pirâmide pode se tornar praticamente achatada e sua parte inferior, infinitamente larga. Denomine isso de novo *souk**, uma espécie de bazar digital que atrai particularmente mercadores especialistas em computadores, além de compradores.

A maior eficácia dessa plataforma é habilitar participantes para que eles possam compartilhar seus dados vitais. Graças aos serviços Web, com seus novos padrões de software, tais como a XML (*extensible markup language*), os sites podem trocar dados e outras funções automaticamente. Utilizando-se as chaves do projeto de API, uma empresa *online* como a Amazon permite que seus dados sejam entrelaçados *online* com os de parceiros menores para criar algo novo, que pode ser acessado e manipulado para multiplicar o alcance de mercado de todos os participantes. A conjunção das forças amplia os negócios para todos os membros.

De acordo com a eBay, seus 15 mil desenvolvedores registrados já geraram mais de mil novos serviços, os mais populares dos quais possibilitam que vendedores automatizem o processo outrora trabalhoso de exibir seus produtos na eBay ou em outros sites. Aprofundando ainda mais, alguns desenvolvedores, como o Marketworks e a Vendio, oferecem aos vendedores do eBay seus próprios serviços de leilões, anexados ao site da eBay. Calcula-se que eles melhoram a produtividade dos vendedores em estimados 50%. Os mesmos *links* de dados possibilitam que os vendedores criem lojas virtuais no eBay e, assim, evitem o alto custo dos aluguéis de lojas físicas. Essas vitrines digitais, perfiladas com estoque visual e de *links* fáceis para transações, viabilizam a criação de uma cadeia nacional de pontas de estoque pelo vendedor sem que este precise ser proprietário de uma única loja física.

O mundo virtual criado pelo Second Life, discutido no capítulo anterior, é um outro exemplo eloqüente de inovação aberta. As pessoas e empresas participantes do Second Life estão criando empresas varejistas virtuais, conduzindo treinamento de línguas e colaborando em uma frente ampla. Os "residentes", atualmente com uma expansão na faixa

---

* N.T.: A palavra *souk*, à qual não cabe uma tradução, pois ela significa o bazar típico encontrado fisicamente nas nações árabes. Procurei mantê-lo como no original para não descaracterizar completamente o seu significado.

de um milhão ao mês, estão atarefados, experimentando todos os tipos de diversão; desde março de 2007, eles estavam gastando 15 milhões de horas por mês no ambiente do Second Life. Uma das formas de atividade favorita é gerar conteúdo que outras pessoas podem usar, quer como casas e roupas virtuais, roteiros para treinamento auto-hipnótico, texturas que lhes possibilitam selecionar o tipo correto de areia para sua praia virtual, quer como uma enorme quantidade de outros produtos e serviços. Caso esse trabalho tivesse sido feito por profissionais pagos, o Second Life teria de contratar milhares de pessoas em regime integral, em vez das 140 que ele tinha em sua folha de pagamento à época em que eu estava escrevendo este livro.

Em seu melhor momento, o Second Life é uma comunidade de baixo para cima emergente que utiliza espaços para reuniões virtuais e outras tecnologias sociais para criar novas formas de democracia participativa e de capitalismo virtual. No início de 2007, o volume diário do comércio no Second Life superava a casa dos US$ 2 milhões, e esse universo agora ostenta milionários da vida real, sugerindo que a "opção de participação" é na verdade um modelo de negócios.

A taxa de criação desses novos negócios abertos da quinta onda é rápida. Embora muitos jamais atinjam uma vida de três anos, os sobreviventes normalmente têm um dom para identificar erros, necessidades não atendidas ou lacunas no mercado que, por sua vez, sugerem nichos de oportunidades no bazar atual das ofertas digitais.

O espírito de inovação aberta tem reluzido com mais brilho nas empresas que percebem a potencial riqueza de idéias lucrativas que procuram abrir espaço nas mentes previamente não consultadas de seus inteligentes funcionários e clientes, sem mencionar nas dos *outsiders*. Para abordarmos um de seus muitos exemplos, os programadores de todas as partes do mundo trabalhando voluntariamente em centenas de milhares de projetos de código-fonte aberto, particularmente com o software Linux, têm vendido a maior parte das empresas americanas no valor de seus trabalhos – que são concedidas gratuitamente –, embora um grande número de companhias esteja prosperando por prestar suporte e serviços para software de código-fonte aberto. Por exemplo, em uma pesquisa recente, 52% das empresas americanas reportaram que elas tinham substituído o software dos servidores Windows da Microsoft pelo Linux. Provavelmente a empresa mais entusiástica entre as que promoveram a troca até o momento seja a IBM, que remodelou uma grande parte de seus negócios baseada no software de código-fonte aberto.

O potencial se estende muito além das empresas de tecnologia – a abertura é um precursor de novas atitudes culturais. Considere as implicações mais amplas. Conforme temos visto, as empresas que seguem um modelo aberto, conectado em rede, florescem – muitas além de seus sonhos mais inimagináveis – por causa da enorme força de uma idéia – óbvia e, no entanto, há tempos ignorada –, a saber, desde que haja poder nos números. Nós sempre temos reconhecido esse fato quando se trata de exércitos ou cadeias de varejo, mas tivemos de aprender que isso também é válido para as informações e as idéias. Essa é a real lição de um Flickr ou de um Second Life. A abertura e a transparência inspiram contribuições de muitas pessoas. A diversidade assegura que serão incluídas várias estruturas de referência. Quando um *e-business*, um batalhão do Exército ou uma corporação comprometem-se com a abertura, transparência e a diversidade, eles estão explorando o poder desses números. Na realidade, eles estão dizendo: "Tragam suas contribuições. Queremos todas as conexões e interações, todas as divergências e anomalias, todos os dados e as idéias que podemos extrair de nossos membros, tropas ou funcionários, pois sabemos que a partir dessa miscelânea emergirá a criatividade e a inovação vitais para o nosso progresso".

A COLABORAÇÃO NA WEB

Glenn Reynolds, criador de um blog político ativo há cinco anos denominado instapundit.com, que obtêm a visita de cerca de 200 mil visitantes diferentes ao dia, está convencido de que os indivíduos *online* em breve irão "controlar os meios de produção", concedendo a meros Webheads* a oportunidade de se unirem em autocracias "esvaziadas" de todos os tipos.

O júri está sempre ausente quando é o momento de se conhecer realmente o futuro, e é muito cedo para aceitarmos a predição de Reynold de que a Web iria, inevitavelmente, condenar tiranos em todos os lugares. Afinal de contas, os "malvados" utilizam a mesma tecnologia para

* N.T.: O *Webhead* indica, de maneira geral e de forma concisa, um usuário devotado ou freqüente do mundo da Web.

reprimir pessoas que os "bem-intencionados" estão usando para liberá-las. Mas, aparentemente, é inquestionável que os mananciais de informações transmitidas na web – suportadas por blogs, podcasts, páginas do MySpace e *feeds* RSS* – têm ultimamente ignorado as tramas históricas pautadas em Washington, Nova Iorque e em outros centros dos supostos grandes veículos de publicação.

Atualmente, há grandes mudanças ocorrendo no poder. Na indústria digital, o império da Microsoft está ameaçado por programadores que utilizam a linguagem de programação Linux de software livre. No setor do entretenimento, Hollywood está perdendo terreno para 100 milhões de pessoas que compartilham filmes e músicas *online* via programas *bootlegs** que demandam um custo irrisório para o seu uso. Jay Rosen, um dos observadores mais entusiastas das mudanças que estão acontecendo na mídia, gosta de utilizar uma frase simples, mormente reveladora: "As pessoas antigamente conhecidas como o público".

As empresas estão utilizando a nova ecologia de colaboração ativa, de baixo para cima, em muitos modos diferentes. As organizações mais ativas agora capitalizam nas idéias recebidas de clientes e parceiros *online*. Ao utilizar esses canais para medir a opinião dos clientes, as empresas podem reagir para mudar a demanda com muito mais rapidez do que se elas esperassem pela aprovação nas suas fileiras hierárquicas de gerentes. A etapa seguinte é para as empresas terceirizarem o desenho de melhores produtos e serviços, especialmente quando os terceirizados trabalham mais rápido e de maneira mais confiável que seus próprios pesquisadores internos. Isso é exatamente o que está acontecendo à medida que vários prestadores de serviços externos estão formando suas próprias divisões de Pesquisa e Desenvolvimento.

A InnoCentive, por exemplo, é uma rede baseada em Boston com 80 mil "solucionadores" independentes alocados em 173 países. Eles tratam

* N.T.: O termo *feeds* RSS tem o significado aproximado de uma assinatura de revista, ou melhor, de site. O indivíduo recebe e acessa conteúdo de vários blogs, canais de notícias, informativos *online* etc. além de ficar à sua disponibilidade links para acessar diversos materiais de seu interesse. O RSS significa, em inglês, *Rich Site Sumary* ou *Really Simple Syndication*, e seu lema é "trazer dados, informações, notícias de forma concentrada, em um único ponto, aos usuários da Web".

** N.T.: O termo programas *bootlegs* diz respeito a edições não-autorizadas de gravações inéditas, e eles sempre foram o modo de se "apanhar", ou gravar, ensaios em estúdios ou espetáculos ao vivo em que as condições de gravação geralmente se mostravam deploráveis.

de problemas de pesquisa *online* para 30 companhias de grande porte, incluindo a Boeing, DuPont e a Procter & Gamble. Um resultado: a P&G agora recebe 35% de seus novos produtos do grupo de especialistas da InnoCentive. De fato, a P&G, famosa há tempos por sua insistência em produtos "inventados internamente", tem anunciado que deseja terceirizar a maior parte de suas inovações para fora de suas paredes corporativas.

Não é de admirar que as inovações abertas no sistema de redes mais importantes derivem de usuários conhecedores dos produtos e serviços. De um lado, esses apaixonados de dispositivos de alto desempenho (computadores, veleiros, bicicletas de corrida etc.) tendem a fazer manutenções e "envenenar" seus estimados equipamentos, criando reais inovações que eles, orgulhosamente, revelam a terceiros. O único pagamento que esperam é o reconhecimento dos pares. A esse respeito, a companhia 3M reporta que as inovações advindas de usuários de seus produtos têm sido oito vezes mais valiosas para a empresa do que aquelas criadas internamente. A Staples, varejista no ramo de materiais de escritório, organiza uma competição anual, a "Invention Quest" (Pesquisa de Invenções), para a criação de novos produtos. Entre os itens que têm emergido, estão um fecho de combinação que utiliza letras em vez de números e uma torre para a organização de CDs e DVDs.

Sob certos aspectos, o avanço mais importante é o surgimento do software *wiki*, denominado por seu inventor, o programador Ward Cunningham de Oregon, em homenagem aos ônibus itinerantes Wiki-Wiki ("rápidos, rápidos") que operam no aeroporto de Honolulu. Os *wikis* são sites que habilitam qualquer pessoa a postar material e editá-lo em sua própria linguagem sem que conheça o jargão complexo de programação requerido para a postagem de material *online*. Para fazer uma contribuição, quer em conteúdo já existente, quer numa página vazia, o usuário simplesmente aciona o botão "edite essa página" e começa a digitar. Além do mais, vários usuários podem se revezar na contribuição para o desenvolvimento do mesmo texto.

As características notáveis do software *wiki* geraram a criação da enciclopédia livre *online* Wikipedia, que atrai 45 milhões de visitantes ao mês, muitos dos quais extremamente desejosos de contribuir com algum bloco de *expertise* ao qual agora participam 1,8 milhão de entradas em inglês – tolhendo os meros 120 mil verbetes da Enciclopédia Britânica. A Wikipedia ainda tem edições de várias extensões em mais 251 idiomas.

O crescimento explosivo da Wikipedia sugere o grau de facilidade com que uma equipe aberta pode mobilizar uma multidão de colaboradores e superar um produto proprietário tradicional. Por outro lado, uma abordagem no estilo da Wikipedia pode ser uma dádiva para jornais com problemas e outras mídias impressas que procuram ajuda *on-line*. Por exemplo, o jornal *online* sul-coreano *OhMyNews* conta com um jornalismo participativo nos moldes do software wiki, convidando 36 mil cidadãos para contribuírem com cerca de 200 histórias ao dia sobre quaisquer temas que sejam de seu interesse. No momento, o jornal é tão popular que chega a atrair um milhão de visitantes ao dia e tem superado a audiência de uma das três principais redes televisivas da nação.

Esse é apenas o começo. Considerado no passado uma novidade típica de *nerds*, o software *wiki* tem emergido ultimamente como um importante agente de mudanças com o potencial de melhorar o modo de as pessoas trabalharem, permitindo colaboração rápida a baixo custo. O modelo prototípico para os *wikis* no trabalho é um grande projeto corporativo com equipes extensas separadas por longas distâncias. Com o software *wiki*, todas elas podem focar visualmente na mesma página ao mesmo tempo, aplicando *brainstorming*, editando documentos, revisando programas, monitorando progresso, coordenando o marketing etc. O custo é muito reduzido quando comparado com as viagens para atender a reuniões, ligações telefônicas, videoconferências, envios de e-mail, além do tempo gasto em todos esses procedimentos.

Até as empresas mais lentas estão aderindo à proposta. Uma pesquisa conduzida em janeiro de 2007 com 2.800 executivos pela McKinsey & Company revelou que um terço do grupo tem investido ou está planejando investir em breve em *wikis*. Até que surja algo melhor, os programas *wiki* irão se juntar a outros softwares colaborativos na melhoria dramática das chances para abertura como a estrada para uma competência nacional de inovar renovada.

A sabedoria das massas tem sido há muito tempo uma força a ser reconhecida na arena dos investimentos, não obstante como um indicador reverso – ou seja, quando há um afluxo muito exagerado de pessoas em algo, é a hora de os investidores inteligentes saltarem fora. Mas, agora, o conhecimento da multidão está impelindo o crescimento de uma indústria totalmente nova denominada de mercados de prognósticos. Os mercados de prognósticos são essencialmente trocas baseadas na Web que negociam contratos com base na probabilidade antecipada de um evento futuro – quer, digamos, a senadora Hillary Clinton, ou o senador Barack Obama, fosse a próxima indicação para a disputa da cadeira presidencial entre os democratas, quer Larry Summer, cuja administração na Harvard gerou mais do que sua cota de controvérsia, fosse destituído do cargo de presidente da elitizada instituição da Ivy League. (Summers anunciou seu pedido de demissão em fevereiro de 2006, quando os mercados de prognósticos já apostavam que seus dias estavam contados.)

A Intrade.com e sua empresa co-irmã Tradesports.com são as mais conhecidas do punhado de operadoras que apostam em eventos e não em companhias. Os dois sites são administrados pela Trade Exchange Network, uma firma sediada em Dublin, Irlanda, e fundada por um grupo de banqueiros em 1999. Conforme explicado no próprio site da Intrade, os membros "especulam sobre eventos que afetam diretamente sua vida, como política, entretenimento, indicadores financeiros, clima, eventos atuais e questões legais" (ou, no caso da Tradesports, eventos de atletismo). Os contratos são negociados somente em eventos que terão um resultado claro: Kenneth Lay, ex-*chairman* da fracassada Enron Corporation, e Jeffrey Skilling, seu CEO, serão ou não julgados culpados pela maior parte das acusações apresentadas contra eles; o Hamas, grupo de comando palestino, reconhecerá ou não o direito de Israel de existir antes da data do término do contrato, e assim por diante.

Outro espaço para operações, a Hollywood Stock Exchange, iniciou suas atividades como um jogo para entusiastas de filmes, que rapidamente se tornou uma importante ferramenta de pesquisa. Ela habilita fãs a comprar e vender ações de filmes ou estrelas do cinema individuais. Seu atual proprietário é Cantor Fitzgerald, um especialista em mercados de capital de renda fixa e de bens patrimoniais, e ela é capaz de vender os dados resultantes de atividades de negociação que capacitam os estúdios e instituições devido ao seu poder preditivo.

Embora o volume dessas negociações seja pequeno comparado com o número de contratos comercializados todos os dias nas principais bolsas de valores, como as de Nova Iorque e de Londres, o setor está tendo um rápido crescimento. O crescimento no volume de negociações realizadas pela Intrade e a Tradesports está na casa de 165% ao ano.

Embora o que essas operadoras fazem se pareça muito com a jogatina, seus defensores rapidamente apontam como suas operações diferem das roletas em Las Vegas e Atlantic City. Em primeiro lugar, a Intrade arrecada somente uma pequena comissão, quatro centavos por contrato, em cada transação, ao passo que os cassinos de jogos estabelecem regras que sempre proporcionam "à casa" uma vantagem. Em segundo lugar, os investidores astutos podem proteger seus riscos ao efetuarem transações opostas, exatamente como o fazem no mercado acionário.

E, falando de operações de *hedging*, o valor dos mercados de prognósticos pode revelar-se muito útil para os negócios como um meio de medição e compensação de riscos, como é o caso daqueles que acompanham a introdução de um novo produto ou a probabilidade de um desastre natural que pudesse devastar um(a) segurador(a). A empresa farmacêutica Eli Lilly certamente vê esse valor. Ela convida grupos de funcionários a participar de seus mercados de prognósticos, comprando ou vendendo ações virtuais em previsões do setor farmacêutico. Ocasionalmente, ela até controla os resultados dos testes com medicamentos antes de os dados serem publicados. E quando a divisão de serviços da Hewlett-Packard acusou problemas na previsão de seu lucro operacional no primeiro mês de um trimestre, ela lançou um mercado constituído de 15 pessoas da área financeira que não tomaram parte das previsões "oficiais". A empresa, com isso, passou a ter uma precisão 50% maior em suas previsões do que as previsões anteriores realizadas pelos seus gestores.

O SUCESSO GERA UMA DOSE DE DESCONTENTAMENTO

Todo revestimento de prata tem sua mancha, e o fenômeno das inovações abertas não é diferente. Seu sucesso ameaça as organizações que há muito tempo têm se beneficiado de sistemas fechados – informações proprietárias protegidas por direitos autorais, patentes e marcas registradas. Não é de admirar que muitas dessas empresas tradicionais resistam ao novo modelo aberto.

A questão para os elaboradores de diretrizes (legisladores) é se essa resistência passa a ser não-permissível quando reprime o benefício público, especialmente a inovação, que uma competição saudável supostamente geraria. Essa é uma questão que pode ser mais bem respondida pelos órgãos reguladores federais, pelo Congresso e pela Suprema Corte. Até o momento, suas respostas aparentemente não estão acompanhando as realidades digitais, e, seja como for, têm favorecido as forças da anticompetição em relação aos benefícios da abertura.

Em 1998, os direitos autorais da Disney de seu extremamente rentável personagem Mickey Mouse estavam prestes a terminar e a entrar para o domínio público. Na hora apropriada, o Congresso estendeu a proteção contra direitos autorais para 70 anos após a morte do autor.

Em 2002, um batalhador professor de Direito de nome Lawrence Lessig desafiou a decisão sobre o Mickey Mouse no caso de *Eldred vs. Ashcroft* na Suprema Corte. Ele argumentava que a maioria dos trabalhos criativos não era peculiar, e sim derivada de, ou influenciada por, trabalhos anteriores – como, de fato, eram as peças teatrais de Shakespeare, sem mencionar os filmes de Disney como *Branca de Neve*, um *remake* dos contos de fada dos irmãos Grimm. A extensão dos direitos autorais, conforme colocado por Lessig, prejudicava o interesse público por reduzir o acesso a grandes quantidades de trabalhos de domínio público que poderiam, de outra forma, ser utilizados para ajudar na criação de novos trabalhos. Essa argumentação não conseguiu sensibilizar a opinião da maioria da Suprema Corte, que manteve pontualmente a regra que, após a morte do autor, o período de vigência extensível ao seu copyright é de 70 anos.

Mas Lessig, que leciona na Stanford Law School, tem desde então inventado um modo intrigante de contribuir com a reforma dos direitos autorais e de ajudar jovens músicos e escritores a fazer a lei trabalhar para seus benefícios. Segundo a Lei dos Direitos Autorais de 1976, um trabalho original fica automaticamente protegido de utilização não-autorizada assim que ele se torna tangível. Distribuir, copiar ou executá-lo é então ilegal para qualquer pessoa, exceto pelo(a) criador(a) ou alguém para quem ele(a) licenciou. Certamente, no caso de um artista ou autor desconhecido, a probabilidade de algum interesse comercial no trabalho provavelmente será próxima de zero. No entanto, Lessig tem desenvolvido uma nova abordagem no tocante à propriedade intelectual denominada Creative Commons, que possibilita ao criador conceder permissão de uso grátis antecipadamente a qualquer usuário *online* que aprecie um trabalho e que queira compartilhá-lo com terceiros.

O incentivo consiste de *links* ou licenças *online* inseridas no trabalho. Normalmente, o usuário não despenderá nada se efetuar *downloads*, com a aplicação de modestas taxas somente quando ele desejar permissão para vender ou executar o trabalho por dinheiro.

Cory Doctorow, autor de ficção científica, blogueiro e crítico cultural, utilizou o serviço Creative Commons para ajudar a transformar seu primeiro romance em um sucesso comercial. Depois que sua obra *Down and Out in the Magic Kingdom* foi publicada no modo tradicional pela Tor Books, em 2003, o escritor postou uma versão que poderia ser "baixada" em seu próprio site na esperança de estimular comentários e aumentar as vendas da versão física. Todavia, ele não tinha nenhuma intenção de perder seus direitos como o criador do trabalho. Assim, escolheu um instrumento de "Attribution-Noncommercial-NoDerivs" (Atribuição – Não-Comercial – Sem Direitos), que autorizava "os que efetuariam o *download*" a "copiar, distribuir e executar" seu trabalho, mas somente se eles o fizessem "no modo por ele especificado". E eles não poderiam utilizar o trabalho para fins comerciais, tampouco poderiam legalmente "alterá-lo, transformá-lo ou desenvolvê-lo".

Esse tipo de licença representa uma ferramenta inteligente de marketing para a promoção de trabalho original e para sua distribuição livre para todo o número imenso de usuários da Internet. A exposição gera popularidade, que, por sua vez, gera demanda comercial e uma provável remuneração a artistas que, de outra forma, jamais obteriam. Nesse caso, a versão *online* do livro teve centenas de milhares de *downloads*, e a edição inicial de 8.500 exemplares da versão física foi totalmente vendida. A publicidade que o autor obteve ao ceder seu livro pode também ter lhe rendido oportunidades para ministrar lucrativas palestras, sem mencionar adiantamentos mais polpudos para seus próximos livros.

Sediada no Vale do Silício, a Creative Commons tem, até essa data, habilitado artistas mundo afora a conceder direitos, de forma parcial ou total, a mais de 1,5 milhão de músicas, vídeos, textos e artes digitais. Você deve ter visto seu logotipo, um C duplo dentro de um círculo, uma caricatura do símbolo padrão © dos direitos autorais.

No entanto, neste exato momento, todo esse potencial parece inflamar em vez de interessar as empresas estabelecidas da mídia que controlam os principais livros, filmes e músicas. Elas querem que as leis dos direitos autorais sejam rigorosamente cumpridas a fim de minimizar a concorrência e maximizar os lucros. Para elas, a permuta descontrolada de arquivos na Internet é ilegal, subversiva e até mesmo imoral. Para os usuários do serviço Creative Commons, por outro lado, ela é um bilhete barato para um vôo de ida do Nada para Algo e, também, para a conquista do Monte Everest artístico de suas gerações.

Eles não são os únicos beneficiários. Acabou resultando que milhões de usuários de computadores, inspirados a compartilhar conteúdo pelo Creative Commons e iniciativas similares, são impelidos a despender somas significativas em novas ferramentas e serviços digitais necessários para permanecerem atualizados na economia do compartilhamento. Isso significa quantias vultosas de dinheiro para a Apple, Adobe, EarthLink e outras empresas que comercializam o software, o hardware e itens complementares requeridos pelo sistema de compartilhamento de arquivos. Por quantias vultosas de dinheiro, estou querendo dizer bilhões e bilhões de dólares no âmbito mundial.

Em outras palavras, a abertura está mais uma vez provando ser um agente de mudanças em nome do que o economista Joseph Schumpeter denominou admiravelmente de "destruição criativa". Pelo seu argumento, Lessig equipara o potencial fenômeno econômico estimulado pelo Creative Commons ao que se seguiu nas regras do Direito do século XIX, tornando legalmente permissível tirar a foto de uma pessoa sem o seu consentimento. A Eastman Kodak tinha acabado de lançar sua primeira máquina fotográfica, e se o tribunal tivesse dado uma decisão contrária, o setor da fotografia provavelmente teria sido muito menor e extremamente menos lucrativo.

Independentemente se o Congresso agora devesse acordar e reexaminar as leis de propriedade intelectual – não somente os direitos autorais, mas também as práticas inadequadas de patentes do país –, trata-se de uma questão que deve ser tema de debate nacional. Salvo as questões de justiça, as leis como estão colocadas são impedimentos para a abertura e a inovação. Elas estão atravancando os esforços dos Estados Unidos para reativar seu motor de inovações.

Descrevi a crescente e nova arena da abertura habilitada pela tecnologia até um certo ponto não apenas devido seu inerente interesse, mas também porque ela está na raiz de uma agenda efetiva de inovação nacional. Os recursos tecnológicos do tipo que descrevemos serão essenciais na "costura" conjunta do tecido de um grupo diversificado de *stakeholders* – federais, estaduais, municipais, privados, acadêmicos etc. – para o rejuvenescimento de nossa capacidade de gerar inovações transformadoras.

As novas tecnologias trazem vários benefícios potenciais, e elas podem modelar nossa busca por novos modelos de negócios que suportem nosso emergente papel global como integradores de sistemas de inovações. O processo de vincular idéias para fins de financiamento, capital humano e grupos de clientes pode ser enriquecido e acelerado de forma desmedida pelo novo grupo de ferramentas tecnológicas. A tecnologia também remodela essas arenas tradicionais, como políticas, notícias, percepção ambiental, noções dos clientes etc., sob modos fundamentais que geram novas oportunidades. Finalmente, ela ainda pode prover uma ponte para os produtos dos Estados Unidos para o mundo na qualidade de uma Nação Inovadora.

Apesar da atração conferida pelo campo virtual, ele, por definição, não pode se sustentar sozinho. Como integrar melhor as possibilidades colaborativas do espaço virtual à infra-estrutura de uma localidade física é um tópico raramente abordado em nossa procura por competências de inovações nacionais. Mas eu me aprofundarei ainda mais e assegurarei que, mesmo num mundo em que as antigas limitações impostas pela distância podem ser desafiadas, há muitos fatores importantes na criação de condições ideais de suporte para fins de inovação. A inovação nacional requer uma evolução significativa nas plataformas que a suportam nos níveis local e regional. O próximo capítulo examina como misturar vários ingredientes para se criar uma necessária plataforma de inovações.

OITO

BEM-VINDOS AO FUTURO

"O futuro já está aqui. Ele apenas não está distribuído uniformemente."

– *William Gibson*, escritor, *Neuromancer*

Voltando à década de 60, alguém com senso de humor inventou um nome para um novo tipo de organização que desse suporte às empresas precursoras (*start-ups*). Essas companhias inovadoras, novatas, estavam um pouco desamparadas, certo? Não sabiam muito o que estavam fazendo? Não dispunham de recursos necessários para crescer e sobreviver? Exatamente como recém-nascidos, correto? Assim, que nome deveríamos dar a um aparelhamento que tem em vista cuidar das novas participantes? Com o quê uma "incubadora" se parece?

O modelo mais básico de incubadora pode oferecer pouco a mais do que espaço conveniente de escritório. Mais tipicamente, ela provê serviços de suporte, infra-estrutura compartilhada de tecnologia, além de assessoria de *experts* e espaço. Embora tenham existido incubadoras do setor privado como a Garage.com e a Idealab, que atuam similarmente a fundos de investimento de maior atuação nos estágios iniciais, a maioria delas consiste em parcerias público-privadas, criadas para estimular a economia de uma região ou para reforçar a capacidade de uma universidade gerar empresas viáveis com base nos frutos de pesquisas acadêmicas.

O modelo clássico de negócios de uma incubadora baseia-se na simplicidade e na eficiência. Como Nolan Bushnell, fundador da Atari, me disse em certa oportunidade, o encanto de uma incubadora, sob a perspectiva de um empreendedor, é que você assina seu nome 50 vezes, alguém lhe dá as chaves da porta e você entra no mundo dos negócios. Ao combinar os ingredientes necessários em uma loja do tipo *"one-stop-shop"**, a incubadora reduz a "fricção" de *uma start-up* – descobre o advogado adequado, implanta o sistema correto de contabilidade etc. – de modo que os empreendedores podem focar no lançamento de seus negócios deixando de lado os problemas administrativos. Sob a perspectiva de uma incubadora, as economias de escala são atingidas pela disseminação de serviços ao longo de um portfólio de riscos.

A primeira incubadora teve uma origem improvável. Em 1959, a Massey Ferguson, fabricante de equipamentos pesados, fechara sua fábrica em Batavia, Nova Iorque. A perda de empregos e a presença ameaçadora de uma fábrica imensa, vazia, trouxeram abatimento a toda a região. Uma família de empreendedores da cidade, os Mancusos, adquiriu todo o terreno do complexo e começou a procurar empresas que criassem urgentemente os empregos necessários. O primeiro arrendatário foi uma incubadora de galinhas de Connecticut. Conforme expresso por Joe Mancuso, fundador do Batavia Industrial Center, "passamos de incubar galinhas a incubar negócios".

No entanto, as inovações desse centro demoraram um pouco para engrenar. A National Business Incubation Association estima que em 1980 havia apenas 12 incubadoras nos Estados Unidos. Hoje em dia, já existem aqui milhares de incubadoras, e ao menos um número equivalente na Europa e em outras regiões do planeta.

Nem todos gostam da idéia. Previsões, expectativas e apostas de conhecedores financeiros normalmente referem-se às incubadoras típicas, bem-intencionadas, como uma forma de "assistência social corporativa". Afinal, o argumento prossegue, você desejaria investir em uma empresa que necessitasse suporte vital para dar seus primeiros passos? E isso é válido quando você examina as *start-ups* de grande êxito nas últimas déca-

* N.T.: O termo *"one-stop-shop"* trata-se de uma loja, terminal ou unidade que provê, ou procura oferecer, uma gama abrangente de produtos e/ou serviços em uma única localidade, praticamente sem necessidade, daqueles que dela necessitam, de procurar em outras fontes.

das – Apple, Cisco, Google –; nenhuma desse grupo surgiu de incubadoras. As incubadoras parecem destinadas a empresas que podem atingir resultados de nível médio a bom, não para as de resultados excelentes.

Todavia, a incubadora efetivamente atrai aqueles entre nós que não estão dispostos a confiar inteiramente na "mão invisível" de Adam Smith para separar o joio do trigo. A disponibilidade de algum tipo de suporte aparentemente é apenas razoável – mas, na realidade, a incubadora tem seus limites. Ela foi um modelo para um tempo em que os ingredientes que impulsionavam uma *start-up* não eram facilmente combinados. As *start-ups* necessitavam aumentar a eficiência com a qual utilizavam os recursos escassos para acelerar seus tempos de chegada ao mercado. As universidades estavam buscando oportunidades de transferência de tecnologia, bem como razões para instruir seus alunos. Os governos locais estavam procurando estimular o desenvolvimento econômico. Imagine as incubadoras como uma versão inicial da "mão que ajuda" (assistência).

Mas o tipo de inovação requerido para desenvolver uma região ou um país depende de se atingir uma escala de ambição e atividade que supere a competência de um modelo de incubadora. É possível incubar uma *start-up* dedicada às ciências naturais, mas não o seu setor. A massa crítica de *start-ups*, infra-estrutura, financiamentos e *expertise* que deve ser reunida para gerar um portfólio de triunfadores em áreas emergentes, como materiais nanomoleculares ou tecnologia limpa, está além da escala de incubação. As incubadoras tampouco conseguem fornecer o nível de inovações disruptivas que podem tratar dos graves problemas da sociedade. O que é necessário é a versão 2.0 da assistência.

Muitos têm ponderado como os ingredientes para um desenvolvimento regional podem ser combinados mais eficazmente de modo a criar nas esferas social e econômica o que os cientistas que desenvolveram a primeira bomba atômica denominaram de uma reação "excepcionalmente exotérmica". Esse fenômeno originalmente referia-se a reações em que a energia retornada era muito maior que a energia combinada dos elementos originais. Agora estamos vendo uma procura de retornos econômicos fantásticos a partir de um determinado conjunto de iniciativas sociais.

Os Estados Unidos já abrigam diversos centros regionais de excelência em inovações que vão além do modelo de incubadora. O Estado de Nova Iorque tem sua iniciativa Finger Lakes Trading Cooperative, que reúne a eBay, Kodak, HP e a HSBC para apoiar o desenvolvimento de empreendedores locais que desejam globalizar seus produtos. O Ohio contratou um braço de consultoria da IBM para estimar como convidar novas indústrias em substituição aos empregos perdidos no setor primário. As páginas de nossos principais jornais (e deste livro) estão repletas de relatos de como cidades iguais a Atlanta vêem a chave para a futura prosperidade na atração de profissionais na faixa demográfica significativa de 25 a 34 anos por serem pessoas "arrojadas".

Os investimentos em ciclovias ou subsídios para clubes de entretenimento são programas sociais interessantes, mas a dinâmica mais importante reside em um nível mais profundo. Em seu influente livro, *The Competitive Advantage of Nations*, o economista Michael Porter apresentou o conceito de *clusters*, concentrações geográficas de empresas e instituições interconectadas em um determinado campo. Porter escreve: "As vantagens duradouras em uma economia global residem cada vez mais em atributos locais – conhecimento, relacionamentos, motivação – contra os quais rivais distantes não conseguem medir forças".

A ilustração clássica de *clusters* deriva das redes formais e informais de companhias, artesãos e especialistas que deram uma vantagem sustentável aos tecelões de seda nas redondezas do Lago Como, na Itália. Houve um aumento vertiginoso de eficiência quando todos os colaboradores na fabricação de um produto foram agrupados em locais físicos próximos. Outros têm usado esse tipo de estrutura para explicar o sucesso de áreas tão variadas, como o Vale do Silício, na Califórnia, a concentração de equipes de Fórmula Um, na Inglaterra, e a dos equipamentos de surfe na Great Ocean Road, na Austrália.

Meu interesse é estimular inovações em uma escala nacional, e Porter apresenta argumentos extremamente favoráveis no caso do papel dos *clusters*. As empresas pertencentes a um *cluster* podem ter menores custos, desfrutar de acesso facilitado a compradores de primeira linha, encontrar motivação pela competição entre pares, e ter uma conexão mais forte com o desenvolvimento de tecnologias e as tendências do mercado.

No entanto, na qualidade de um guia orientador para inflamar as inovações em um nível nacional, a teoria dos *clusters* tem diversas deficiências significativas. O exame do desenvolvimento econômico em termos de *clusters* concentra-se nos bens que uma região já possui, e não naqueles que ela poderia ser capaz de desenvolver. Trata-se do que ela é, não do que ela poderia ser. Dado que a maior parte das inovações são emergentes, em vez de predeterminadas, isso já coloca uma questão conceitual significativa.

Os *clusters* também focam nos *players* estabelecidos e incumbidos de uma determinada área – grandes empresas, grandes mercados e grandes sistemas que geram os tipos de dados que podem ser medidos. Considere, como exemplo, a região basca espanhola. Um seguidor das idéias de Porter teria que dedicar um trabalho muito dispendioso para poder renovar a região circundante a Bilbao. A recomendação, após meses de trabalho analítico cuidadoso, fora para os esforços se concentrarem na siderurgia e na indústria naval. Esses dois segmentos eram pontos fortes tradicionais de Bilbao, mas seu declínio também fazia parte do problema. Os bascos seguiram uma trajetória totalmente diferente. Nenhuma análise do *cluster* jamais sugeriria que a chave para o renascimento de Bilbao seria contratar o arquiteto Frank Gehry para que ele projetasse um novo Guggenheim Museum.

Se você já teve oportunidade de visitar Bilbao antes da abertura do Guggenheim, em 1997, teria encontrado uma cidade industrial decadente jogada à própria sorte. Agora, existem bares, hotéis e butiques modernas, comparáveis aos existentes em Madri ou Barcelona. Bilbao atrai mais de um milhão de turistas interessados em cultura por ano, 80% dos quais afirmam que vieram para conhecer o museu. Em 2001, o *Financial Times* estimava que o museu tinha gerado mais de US$ 500 milhões em atividade econômica em seus primeiros três anos pós-abertura, e um montante adicional de US$ 100 milhões em impostos. Planejadores urbanos mundo afora agora já falam sobre o "efeito Bilbao".

Outro problema da análise tradicional dos *clusters* é que ela foca geralmente nos pontos fortes isolados de uma região ou país. Mas, em uma economia globalizada, o ponto mais forte de uma região pode muito bem residir no grau de eficiência com que ela se funde em uma rede global de relacionamentos. Talvez não importe que lhe falte uma rede de suporte local se você se une efetivamente a uma rede equivalente global. A teoria do *cluster* originalmente concentrava-se nas indústrias manufatureiras – equipamentos e pessoas fabricando itens –, mas com a participação cada vez maior de uma economia globalizada e, particularmente, de economias avançadas, devotadas a serviços e novos tipos de setores baseados na experiência, a concentração local pode perder um pouco de sua importância à medida que a Internet encurta distâncias e funciona como um meio integrador para a alocação de recursos.

Pense sobre o crescimento da terceirização habilitada pela Internet como um processo básico de negócios, seja em termos de exames de raios-X, preparação de declarações de imposto de renda, *design* de sites ou de milhares de outras funções. A Índia tem, é certo, um enorme número de empresas nessa área que prestam serviços a clientes de todo o mundo, mas pode-se igualmente criar (e é criado) software em Monterrey, México, e Novosibirsk, Rússia. Reter funcionários capacitados em desenvolvimento de softwares – ou *call centers*, ou pesquisas em investimentos – em Bangalore é notoriamente difícil: os trabalhadores se encontram e socializam com os rivais todos os dias, e as transferências de trabalho são comuns e freqüentes. Portanto, talvez compense para uma empresa sediada em Bangalore concentrar seus esforços fora do *cluster*. Em Novosibirsk ou outras localidades abaixo de Bangalore na cadeia de valor, provavelmente haverá menos competição e mais incentivos para não se arredar pé dos negócios.

O valor de se estabelecer nas proximidades físicas tem mudado à medida que nos movemos para os primórdios do século XX. O aspecto local conta, mas o global, muito mais. Hollywood, por exemplo, ainda pode ser a fábrica dos sonhos, mas seu sucesso continuado depende de uma crescente rede de alianças internacionais, particularmente no que se refere à distribuição mundial e ao financiamento, sem falarmos na produção de efeitos especiais digitais. O capital de risco está também "pulando fora" de seu berço do Vale do Silício/Boston para ganhar ares globais. E uma quantidade enorme de pequenas empresas deve cada vez mais estender suas atividades pelo mundo na busca de clientes e fornecedores.

Uma outra razão para visualizarmos além da teoria clássica dos *clusters* é que muitas das *start-ups* atuais, especialmente no cenário de expansão global do *e-commerce* e da Internet social, têm uma pegada global e estrutura de custos diferentes dos de suas predecessoras bastante recentes. Eu as denomino de empreendimentos "leves"; sua escala tênue e sua agilidade ajustam-se perfeitamente à habilidade de explorar as vantagens da globalização.

Jim Hornthal, um capitalista de risco de San Francisco, por exemplo, está fomentando um novo empreendimento em sua incubadora – em que ele é o único idealizador – no San Francisco Presidio. Seu *designer* encontra-se no Japão, sua equipe inicial de codificação, em Bangalore, seus programadores de seguimento, na Rússia, e ele ainda tem um grupo de contratantes espalhados mundo afora. A maioria desses profissionais lhe é totalmente desconhecida; Jim jamais os encontrou pessoalmente. Ele ainda pretende utilizar a plataforma EC2 – sigla para Elastic Compute Cloud – da Amazon, que fornece infra-estrutura, suporte e recursos de distribuição, para se beneficiar dos ativos corporativos da mesma. Quando um camarada da área de empresas de capital de risco lhe perguntou quanto a *start-up* estava lhe custando, Jim respondeu: "Três". "Oh, US$ 3 milhões", foi a réplica. "Não", disse Jim, "US$ 300 mil".

Como outro exemplo dessa nova classe de empreendimentos "leves", considere um dado sobre Matt Gardner, presidente da Bay Bio, uma associação setorial para a explosão da comunidade de biotecnologia da Bay Area. Ele descreve-a como uma empresa de biotecnologia virtual que se embrenhou por toda a fase de execução de processar dois experimentos clínicos sem um único funcionário. Tudo, desde os estudos de química até os trabalhos pré-clínicos necessários para as experiências, foi realizado por intermédio de veículos terceirizados, alianças, e contratantes, disponíveis em diversas regiões do mundo.

O conceito clássico sobre *clusters* insistia na importância de representar em proximidade física todas as atividades que contribuíssem para criar valor em um produto. O que necessitamos hoje é de um novo conceito que nos leve a atingir uma massa crítica de talentos, e não uma massa crítica de coisas. Esse talento tem o poder de trabalhar em rede via Rolodex e a internet com o restante do mundo, para lançar empreendimentos "leves" de enorme impacto. O princípio de reações "excepcionalmente exotérmicas" fica, assim, cada vez mais disponível ao indivíduo convenientemente empoderado e pode ocorrer em qualquer parte, e segundo formas altamente imprevisíveis.

O conceito dos *clusters* ainda é, de modo geral, associado a grandes planos e a uma certeza absoluta incontestável sobre que áreas irão ter sucesso. Mas essa onisciência está fadada a falhar, visto que as inovações tendem a surgir das bordas e dos cantos, não diretamente do centro.

Geralmente é a pessoa independente engajada em alguma forma de atividade paralela, não a estrela renomada do elenco central, que termina fazendo toda a diferença. Portanto, aqueles que fossem elaborar uma estratégia para a próxima geração de inovações receberiam recomendações para criar as condições para o que é novo e valioso emergir, não para escrever o roteiro. Por esse fato, a riqueza e a tolerância da "sementeira" é que são fundamentais para as inovações. Frans Johansson descreveu o "efeito Medici", em que um grupo de perspectivas extremamente diversas pode ser agrupado – física ou virtualmente – para gerar explosões imprevisíveis de criatividade.

Nós migramos da incubadora para o *cluster*, e agora precisamos migrar para além deste último. Necessitamos urgentemente de novos conceitos para explorar como as inovações funcionam em um fenômeno social emergente, global e conectado em rede. Entrar no que estou induzido a chamar de Nexo. Essa palavra, que se refere à minha exposição inicial do nexialismo, abriga uma série notavelmente útil de conotações: conexão, canal, rede, chegando em uma conjuntura crítica. Todavia, para o propósito de uma utilização mais coloquial, irei me referir a essa versão 3.0 do modelo de assistência como o Centro de Inovação.

SAN DIEGO COMO UM CENTRO DE INOVAÇÃO

Para servir de exemplo instrutivo de como um Centro de Inovação pode ser criado, considere San Diego.

A pergunta: Como se explica que uma cidade que abriga um contingente considerável das Forças Navais dos EUA e que é famosa pelo surfe, por um desenvolvimento impetuoso de novas moradias e do turismo, evolui para ser uma fonte de influência em pesquisas de excelência, além de em ciências naturais e telecomunicações – em um período limitado de 15 anos?

A resposta: Foi uma combinação de iniciativas intencionais e acidentais, públicas e privadas, pequenos e grandes movimentos. Esse movimento emergiu de uma mistura de filantropia privada e investimento público, pesquisa acadêmica e capitalismo nos moldes antigos. Por fim, tratava-se de criar confiança e senso de comunidade.

Mary Walshok, vice-reitora da University of California at San Diego (UCSD), que tem atuado como força motriz por trás da ascensão da cidade na condição de Centro de Inovação, afirma:

> "À época em que me formei na faculdade e em que se desejava um bom trabalho, era possível encontrá-lo em St. Louis, Minneapolis, Filadélfia e, inclusive, em Indianapolis. Certamente ele não seria encontrado em Raleigh-Durham. O mesmo poder-se-ia dizer de Austin, Texas... Tampouco, com certeza, em San Diego.
>
> Qual a mágica que fez San Diego, uma cidade famosa pela concentração de quadros e corpo da Marinha, pelos floricultores e turismo, transformar-se em um centro de ciências naturais de excelência? (Como conseguimos criar) 50 mil novos postos de trabalho com alta remuneração nos campos de ciências naturais e telecomunicações para substituir 27 mil empregos na indústria da defesa que se perderam com o fim da Guerra Fria?
>
> As cidades de segunda linha com quem ninguém se preocupava ou prestava atenção ficaram livres das grandes companhias, grandes consultorias e grandes modelos baseados na velha economia, a visão do mundo de Michael Porter, que é basicamente resumida em empresas globais de grande porte e cadeias integradas de valor. Elas não tinham esses luxos, e assim o que ocorreu nessas pequenas áreas metropolitanas – não porque tinham maior percepção, mas talvez porque estavam desesperadas – é que executaram ações de maneira bem pouco convencional".

Um dos métodos não-convencionais pelos quais o governo de San Diego habilitou seu *boom* de inovações foi pela oferta de terrenos desobrigados de ônus. A General Atomics conseguiu terreno doado pela municipalidade, enquanto o Salk Institute pagou um dólar pela propriedade no planalto escarpado de Torrey Pines. A UCSD foi construída no local do Camp Matthews, um campo de treinamento da Marinha na Segunda Guerra Mundial.

Outro fator-chave foi que a cidade há 50 anos começou a construir um grupo de jovens instituições que recebiam talentos acadêmicos sem receio de abandonar o modo de vida da Costa Leste e desbravar algo novo. Deixando posições estáveis para trás, eles visavam criar novos departamentos interdisciplinares com foco nos campos emergentes. Por exemplo, o primeiro departamento de ciências cognitivas da nação – integrando psicologia, ciência da computação e neurofisiologia –, foi implantado na UCSD.

O tempero secreto era a avidez de criar novo conhecimento apimentado por uma falta de legado. O Scripps Research Institute e o Salk, da UCSD, foram fundados entre 1955 e 1960, organizações novatas determinadas a romper as antigas fronteiras acadêmicas. A região não abandonou esse espírito de fomentar trabalho interdisciplinar. Um exemplo típico: Em 2001, a UCSD criou o California Institute for Telecommunications and Information Technology (Calit2) para integrar, nas palavras de Mary Walshok, "a ciência do empreendedorismo com os negócios empresariais" no intuito de reduzir lacunas no processo de inovação, desde a invenção até a aplicação comercial. Desenhado especificamente para iniciativas que combinassem agendas tecnológicas e de negócios, o Calit2 é um exemplo de uma segunda onda de San Diego – centros interdisciplinares que pretendiam estimular o processo de criação de inovações pelo suporte de desenvolvimento de protótipos e colaboração com parceiros setoriais. E ao colocar os fundos e a mão-de-obra à disposição de um núcleo de talentos transplantados, a UCSD atuou como uma versão acadêmica de um capitalista de risco, impelido pelo desejo de realizar excelentes retornos, tanto intelectuais como financeiros.

Galvanizada pela necessidade de se justificar dentro de um sistema universitário estadual que já recebia instituições estabelecidas, como a UC Berkeley, a UCSD abraçou o conhecimento nas bordas das disciplinas. Por exemplo, sua faculdade de administração era capaz de se diferenciar pelo foco nos alunos com formação técnica; hoje 80% dos que cursam MBA são também diplomados em física, química e matemá tica. Até seu programa de música focava em música gerada por computador e *avant-garde**, não a música clássica. O tema era uma busca incansável pela próxima novidade, para nichos inovadores nos quais se tornar um líder de mercado.

Que outras lições essenciais foram extraídas da experiência de San Diego na construção de novos Centros de Inovação?

---

* N.T.: Nesse sentido, e na maioria dos sentidos que ele imprime à música, *avant-garde* simboliza essencialmente um movimento de vanguarda.

Primeiro, a estratégia na administração de instituições como a UCSD foi a de se tornar um imã para os talentos. A maior prioridade era investir em talentos e, depois, dar-lhes recursos para criarem. Essa é a melhor e mais barata estratégia para criar um centro de pesquisas acadêmicas de excelência como a UCSD. A base de talentos visada deve ser ampla a fim de criar uma microcultura de inovações, adotando não apenas habilidades em ciência e tecnologia, mas também em conhecimento cultural e línguas, design, artes e uma gama de serviços pós-industriais.

Uma segunda lição da experiência de San Diego é que empresas e empreendedores de ponta são catalisadores para uma explosão de inovações regionais. San Diego teve, por exemplo, o empreendedor Ivor Royston, que fundou a firma de diagnósticos Hybritech, e Irwin Jacobs, que fundou a Qualcomm – a pioneira em telecomunicações. Vemos a importância de pioneiros específicos também em outros Centros de Inovação norte-americanos. O Vale do Silício tinha sua Hewlett & Packard. Herbert Boyer e Robert Swanson, da Genentech, lideraram o caminho no *boom* das ciências naturais em San Francisco; Henri Termeer, da Genzyme, em Boston.

A experiência de San Diego também confirma que as soluções tecnocráticas de cima para baixo não funcionam no mundo extremamente veloz do conhecimento emergente. Para criar o ambiente correto, é preciso uma massa crítica de recursos, talentos, financiamentos e competências que suportem a descoberta e o dom de fazer descobertas felizes ao acaso. Mary Walshok observa que "há 25 anos você não sabia que a tecnologia sem fio estava se encaminhando para formar um cluster, pois os padrões eram todos diferentes e Irwin Jacobs se parecia com o Sancho Pança em *Don Quixote*". A presunção é que, dentro de certas diretrizes amplas, pessoas talentosas podem perceber coisas para si mesmas em um meio que estimule o novo e o heterodoxo.

Outra lição tirada de San Diego é a importância de se construir pontes que conectem a atividade local com o mundo. A Global Connect é uma rede mundial de iniciativas de inovações regionais iniciadas pela UCSD em 1985. Ela é uma espécie de mercado de alto nível que vincula detentores de oportunidades a proprietários de recursos. Os nomes de alguns dos parceiros do programa dizem tudo – BioPartners Cologne, Korea Advanced Institute of Science and Technology, South East England Development Agency e o U.S. – Russia Center for Entrepreneurship.

Essas conexões geram uma paleta expandida de redes sociais e comunitárias, além de conectar *players* regional e globalmente para encontrar recursos necessários numa base mundial. Os empreendedores agora podem partir para atividades globais graças a esses mecanismos, que os ligam a potenciais parceiros, mercados ou processos de manufatura em qualquer outra parte do mundo. Esses mecanismos de corretagem e facilitação também vinculam grupos de empresas de pequeno porte dedicadas à ciência de rápido crescimento a suas contrapartes mundo afora.

Em seu cerne, o caso de San Diego mostra como os talentos, os investimentos e a criatividade fluem para locais em que a cultura estimula o espírito pioneiro, a busca por espaços abertos, e a obstinação para se expressar em seus próprios termos, assim como para criar valor em uma localidade por meio das idéias e empreendimentos lá gerados.

A meu ver, San Diego é um indicador líder da versão 3.0 de assistência – o tipo de plataforma estratégica que denomino de Centro de Inovação.

Uso a palavra plataforma no sentido que o campo da computação a utiliza: para descrever um sistema constituído de hardware (a maquinaria física) bem como o sistema operacional (os processos gerais que definem as regras pelas quais as coisas são feitas), que, por sua vez, suporta um grupo de aplicações (programas específicos, como editor de textos ou de gráficos). Em um contexto de inovação nacional, pense em todas as manifestações de infra-estrutura física (edifícios, equipamentos, laboratórios), combinadas com um sistema operativo nacional (finanças, fluxos de informações, leis e regulação, proteção da propriedade intelectual, mecanismos de aliança), integrados com o mundo por meio de tecnologias de comunicação digital, tudo isso conduzindo a iniciativas específicas (por exemplo, um programa de materiais nanomoleculares ou um laboratório para experiências em educação). Além disso, a noção de plataforma tem uma relação muito estreita com o que podemos denominar de ambiente, abrangendo desde as vibrações intelectuais de um centro de pesquisas até a vida noturna e a atração social manifestada a jovens talentos de uma região.

Em resumo, a plataforma correta é um solo fértil, uma "sementeira" de incentivos (financeiros, políticos, tecnológicos, até emocionais e sensuais) assegurando safras abundantes de inovações. Para americanos determinados a reativar seu propulsor nacional de inovações, a "plataforma" encerra um espectro de condições que pode capacitar talentos a abordar problemas graves e oportunidades em uma escala nacional.

UMA BHAG PARA A AMÉRICA

Minha BHAG (big hairy audacious goal – ou audaciosa, espinhosa e grande meta), segundo a terminologia pungente do guru do gerenciamento Jim Collins, para o nosso país, corresponde a 20 Centros de Inovação, devotados a 20 graves problemas, com um aporte inicial de fundos da ordem de US$ 20 bilhões. Espere um pouco, você dirá, esse é um montante muito grande de dinheiro. Para a maioria de nós, como indivíduos, naturalmente essa quantia é uma soma imensa. Mas nos números do orçamento federal dos EUA, ela não passa de um erro de arredondamento. Vamos dizer que financiaríamos cada centro com uma parcela de US$ 100 milhões. Isso representaria 0,09% do orçamento federal – ou seja, 90 centavos em cada mil dólares de despesas federais. Em comparação, os gastos com a defesa representam US$ 189 daqueles mil dólares. Se examinarmos apenas os gastos discricionários – abstraindo nossa Previdência Social, o Medicare e outros programas obrigatórios –, nosso investimento inicial recairia em 40 centavos de cada mil dólares, se comparado com a defesa, o que totalizaria US$ 520 em cada mil dólares. Como comparativo extra, o custo da guerra no Iraque de acordo com os dados ora apresentados somava US$ 2 bilhões por semana.

Assim, claramente podemos dispor dessas iniciativas se rearranjarmos nossas prioridades. A questão é: realmente temos a disposição e a coragem para fazer isso, e para fazer isso bem?

Como a Nação Inovação deve ter um firme poder de garantia no futuro, cada um desses 20 Centros de Inovação focará em um problema grave específico. Um poderá ficar devotado à mídia digital, outro para a tecnologia limpa, um terceiro para a biotecnologia agrícola, um quarto para os materiais nanomoleculares. Só de estar nesses lugares deve fazer com que você se sinta como se estivesse vivendo uns cinco a dez anos além no futuro. Eles irão explorar não apenas a ciência e a tecnologia de longos horizontes, mas também como elas serão utilizadas, como serão as nossas vidas, e que inovações sociais, políticas e de processos mudarão o modo como vivemos e trabalhamos.

"Mais uma outra burocracia", poderão resmungar alguns críticos. De forma alguma. Esses centros serão montados como exemplos de empreendedorismo em larga escala. Eles serão lançados com rigor, como as melhores *start-ups* de espírito arrojado, e com a injeção de investimentos em estágios abarcando desde a base até o mezanino. O propósito de confinar o nível de investimento em US$ 1 bilhão por centro é o de sinalizar intenções sérias e criar massa crítica. Os centros deverão ser gerenciados pelos melhores líderes empresariais da nação, atraídos pelo desafio de fazer essa visão funcionar, e motivados pelos incentivos mais usuais do setor privado, tais como participação acionária dos fundadores e bônus atrelados ao desempenho. Na verdade, deverá haver supervisão disciplinada, mas também liberdade relativa para se evitar o emaranhado burocrático. Os centros deverão, contrariamente, ser motivados por um pensamento de capital de risco, assumindo cada iniciativa com a expectativa de que ela será um sucesso retumbante – mas ciente de que o portfólio pode bem incluir alguns fracassos. Haverá ampla oportunidade para um resultado triplo englobando o valor econômico, o social e o ambiental.

Talvez o mais importante é que cada centro estará ligado a uma região, e será um catalisador para o desenvolvimento econômico das mesmas. Apesar de nossa tendência de visualizarmos os Estados Unidos por meio de uma lente nacional, nosso país é, na realidade, uma textura de regiões que, com o tempo, tem desenvolvido portfólios específicos de atividades econômicas definidas pela sua rica história e seu legado. Essas são também as regiões, de San Jose aos lagos Finger de Nova Iorque, que têm experimentado a disrupção da globalização e uma aceleração das inovações tecnológicas. Portanto, parte do propósito de inaugurar esses Centros de Inovação é estender o dinamismo – óbvio em localidades como Boston, Austin e Vale do Silício, que são suportadas por uma indústria de capital de risco em pleno desenvolvimento – até um nível nacional. O *design* desses Centros de Inovação capitalizaria em atributos distintivos bem como nas competências não realizadas das regiões. O que seria possível imaginar construir no topo do conhecimento de cartões de crédito e de telemarketing na região de Omaha, da especialização em aeronaves leves de Wichita, da *expertise* de móveis para escritórios de West Michigan, ou do *know-how* em tratamento de saúde concentrado na região de Nashville? A intenção é regenerar e revigorar as comunidades e economias regionais e possibilitar retorno econômico e social sobre os investimentos.

Os centros ainda habilitariam novas abordagens integradas para a educação, vinculando o ensino K-12* a programas tutoriais, bolsas de estudo para a faculdade e pós-graduação, além de retreinamento da força de trabalho, sem mencionar o financiamento de trabalhos de pesquisa que poderiam ser integrados com uma estratégia de educação regional e prover recursos para posicionar parcerias globais proveitosas. As linhas de financiamento federais e municipais possibilitariam suporte na forma de bolsas a alunos em campos localmente estratégicos – tais como o da biotecnologia agrícola em Iowa, da energia em Montana e do setor aeroespacial na Califórnia.

Cada um desses Centros de Inovação seria financiado graças a uma mescla de fundos privados, municipais, estaduais e federais, mas patrocinados e desenhados essencialmente por *stakeholders* locais. Eles poderiam ser erigidos a partir do chão sob a orientação de arquitetos aclamados, como Frank Gehry, profissionais de design famosos, como Paula Antonelli e David Rockwell, ou jovens estrelas ascendentes selecionadas via competição. Os ambientes teriam o tempero de *"hot spots"* culturais mesclando as artes dramáticas e musicais, o entretenimento e a cultura com a ciência e a tecnologia, num modelo muito semelhante ao projeto do One North em Cingapura. Esse grupo de vozes criativas os transformaria não apenas em campos de treinamento em inovações da próxima geração, mas também em *skunk works* culturais e sociais dos Estados Unidos. Eles ainda atuariam como construtores de pontes entre indústrias criativas e a tendência dominante no mercado, segundo padrões iniciados por organizações tão valorosas como a Learning Lab, na Dinamarca, e a Arts & Business, no Reino Unido. Afinal, eles seriam mecanismos para a vinculação de estratégias federais, regionais e municipais.

---

* N.T.: O termo K-12 education, ou ensino K-12, é a designação para a soma, nos moldes brasileiros, do ensino fundamental e do ensino médio. A expressão é uma abreviação do *Kindergarten* (jardim de infância para crianças de 5 a 6 anos) até a 12ª série (que, de modo geral, comporta adolescentes de 17 ou 18 anos de idade), ou seja, o primeiro e o último ano de ensino gratuito nos EUA e em alguns países de língua inglesa.

Esses centros ajudariam a desenvolver competências regionalmente relevantes ao canalizar investimentos em capital humano e intelectual e construir novas formas de relacionamentos sociais que levassem à colaboração e à cultura de assumir riscos e inovações de maneira compartilhada. A experiência mostra que esse é o real "tempero secreto" por trás desses fenômenos de inovação, como o hábitat no Vale do Silício e a explosão das iniciativas de biotecnologia em San Diego.

Os centros também devem abrigar moradias de baixo custo e facilidades de trabalho desenhadas para acomodar criadores jovens, de pensamento avançado e ambicioso, originários das regiões mais diversas. Cada unidade deve ser um experimento em design customizado em termos de influências históricas locais e regionais e de personificação da tecnologia de ponta.

A criação dos 20 Centros de Inovação é efetivamente viável? Como um empreendimento tão ambicioso e caro pode ser realizado? A gestão patrocinada pelo governo em inovações está sendo conduzida nos moldes americanos? Não é mais efetivo acreditarmos que é melhor nos basearmos na competição do mercado livre? Ofereço como prova dois dos maiores feitos da nação: o Projeto Manhattan e o programa Apollo. Ambos eram administrados pelo governo e foram organizados para se beneficiarem da flexibilidade, da criatividade e da competição que normalmente associamos ao setor privado.

Em menos de quatro anos (1941 a 1945), o Projeto Manhattan cresceu até atingir um império de 150 mil funcionários – maior que o do setor automobilístico da época – para gerar suficiente material físsil destinado a um punhado de bombas. Partindo virtualmente do zero em 1957, quando a nave espacial russa Sputnik abalou os americanos, o programa espacial dos EUA teve uma expansão a ponto de consumir 5% das verbas federais em 1964. Menos de 12 anos após o surgimento do Sputnik, os Estados Unidos aterrissavam um homem na Lua.

Os dois projetos oferecem um conjunto de lições proveitosas sobre como os Centros de Inovação devem ser "geridos":

- Uma narrativa convincente – clara e bem-definida – inspira desempenho heróico. As pessoas que atuavam no Projeto Manhattan acreditavam que seus esforços abreviariam a guerra e salvariam vidas americanas. Seguindo o velho ditado de Kansas, você tem muito mais motivação se estiver correndo pela sua vida do que se estiver correndo para jantar. E com o programa Apollo, nosso orgulho nacional e os interesses perceptíveis de segurança nacional estavam em risco em nossa corrida para a Lua.

- Gerenciar um portfólio de iniciativas de inovações é mais efetivo do que focar inteiramente em um grande plano. Um plano de monta é o inimigo das descobertas felizes feitas ao acaso e da improvisação que são o núcleo do processo de inovação. Quando você não sabe o que dará certo, é vital continuar experimentando e tentar coisas diferentes. E isso requer flexibilidade em áreas como obtenção de verbas, definição de agendas de gerenciamento e estilo de liderança.

Confrontada com diversos métodos de criar reações em cadeia, a equipe do Projeto Manhattan decidiu tentar todos de uma vez e ver qual deles funcionava mais rápido. No final, todos eles foram necessários. Um exemplo típico desse enfoque foi o sistema de implosão que terminaria sendo o provocador da reação em cadeia do plutônio. Esse trabalho foi feito inteiramente por um pequeno grupo que recebera permissão do gerente de programação, Robert Oppenheimer, para que improvisasse por conta própria em um recanto remoto do projeto. Seus membros repentinamente tiveram uma idéia revolucionária que redirecionou todo o laboratório para uma nova trajetória. Se, porventura, tivessem insistido na busca obstinada de um plano preconcebido com os processos padrões e compartimentados tradicionais, essa etapa decisiva talvez jamais tivesse ocorrido.

O projeto Apollo seguiu uma trajetória mais linear, mas ele continuou a ser relativamente ágil. Quando a Apollo foi criada, os dirigentes da missão planejavam uma ascensão direta até a Lua – utilizando um foguete propulsor extremamente poderoso intitulado Nova, a nave espacial iria viajar diretamente até a Lua, aterrissar e então retornar como uma unidade. Alguns especialistas, que discordavam desse enfoque, apresentaram a idéia de um encontro orbital lunar com data e hora marcadas, em que o programa seria constituído de um conjunto de elementos: foguete propulsor, nave espacial principal e plataforma de desembarque lunar separada. Se a liderança do projeto tivesse eliminado essa idéia aparentemente absurda da lista em 1961, é improvável que Neil Armstrong tivesse, oito anos depois, pisado no Mar da Tranqüilidade.

- O acesso livre a recursos otimiza a produtividade. A plataforma do Projeto Manhattan representou um exemplo extremo desse privilégio. Apresento a seguir o que Richard Rhodes, autor de *The Making of the Atomic Bomb*, me revelou sobre a matéria: "Eles conseguiram uma forma de cortar caminho por toda aquela parte burocrática. Se precisassem de cobre para a fabricação de projéteis de modo a salvar vidas americanas em Iwo Jima, e para sua utilização em sistemas de separação eletromagnética em Oak Ridge, o metal era enviado para este último local". Jamais houve um exemplo mais vívido de um governo conseguir respostas tão rápidas em relação a um projeto não confirmado de grande escala. A Missão Apollo também tinha amplos recursos para avançar intrepidamente, devido ao montante de cerca de US$ 135 bilhões (nas cotações da moeda de 2006) em verbas do governo.

- O fluxo livre de idéias otimiza a produtividade intelectual. Acredito que a inovação emerge de interações livres entre uma comunidade de pares que compartilham dos mesmos interesses. O fato de o Projeto Manhattan ter sido capaz de manter essa qualidade de interação, apesar das restrições impostas pelos sigilos de guerra, foi um exemplo típico das ações de equilíbrio bem-sucedidas requeridas por uma plataforma de inovação nacional em termos do que previamente nos referimos como "abertura preservada".

"Até o ponto em que você mantém os atos secretos, não seria possível obter tantas realizações", Rhodes me disse. "Na medida em que você permite que as pessoas falem entre si, elas fazem progressos. Mas, desde que algum assunto representasse um enorme segredo de estado, tratava-se de um problema realmente interessante para a parte burocrática, o lado da segurança." No entanto, os cientistas estavam constantemente interagindo com os engenheiros – "todos eles estavam aprendendo enquanto continuavam tocando o projeto".

Assim, de certa forma, três liberdades caracterizavam esses grandes projetos: a liberdade de perseguir múltiplas trajetórias até o sucesso, a liberdade de acessar recursos e a liberdade de trocar informações. Quando iniciarmos o trabalho de conceber as plataformas da próxima geração – os Centros de Inovação – que suportarão nossa agenda de inovação nacional, precisaremos lembrar desses três tipos de liberdade.

CONHEÇA OS CAMPEÕES*

Há uma lição adicional que tanto o Projeto Manhattan como o programa Apollo nos ensinaram. Os Centros de Inovação exigirão uma casta especial de líderes.

Robert Oppenheimer, líder do Projeto Manhattan, era um homem de enormes dons e complexidades; um mestre em sânscrito, além de físico nuclear. Wernher von Braun, do programa Appolo, que fora o criador do foguete alemão no passado, tornou-se um ícone famoso da NASA nos Estados Unidos. Em ambos os casos, no entanto, dois outros homens desempenharam uma função primordial, particularmente na construção e manutenção das plataformas dos projetos, embora recebessem pouco crédito – o general Leslie Groves, no caso do Projeto Manhattan, e James Webb, no do Apollo.

Groves, do Projeto Manhattan, era um genuíno campeão peso pesado. Ele era formado em Engenharia e tinha uma experiência profissional impressionante. A construção que empreendera de uma rede nacional de bases militares, além do colossal edifício do Pentágono nos preparativos norte-americanos que levaram à Segunda Guerra Mundial, na realidade tolheram o desenvolvimento, em escala física, do subseqüente Projeto Manhattan. Agregado ao seu conhecimento profundo de várias disciplinas diferentes, ele tinha uma considerável *expertise* disponível no enorme projeto Rolodex do governo e em profissionais do setor privado a quem podia consultar. Além do mais, dispunha de uma excelente reserva de capital social e não hesitava em utilizá-la.

* N.T.: No subtítulo Meet the Champions, ou Conheça os Campeões, o autor está evidentemente fazendo uso de uma metáfora, ou seja, utilizando a imagem de um campeão nos esportes – especialmente de boxe –, para refletir certas características inerentes aos dirigentes e executivos de ponta dos negócios. No prosseguimento do texto, isso ficará mais claro, pois ele se refere a toda hora aos "campeões peso pesado".

Embora seu estilo pudesse ser considerado irritante, sua inteligência emocional era extremamente desenvolvida. Ele tinha um domínio excelente no trato com talentos, pois, por exemplo, escolhera e gerenciara o sensível Oppenheimer, contribuindo para que aflorassem suas latentes qualidades de liderança. Conforme relatado por Richard Rhodes, Oppenheimer jamais houvera dirigido algo anteriormente: "Ele era um físico teórico que tinha a fama de quebrar instrumentos apenas pela sua passagem pelos laboratórios". No entanto, Groves percebera nele uma necessidade muito profunda de agradar e um astuto senso psicológico em relação a outras pessoas. E, talvez, Groves percebera algo a mais sobre Oppenheimer. "Ele era um ator", Rhodes disse, "e, durante a guerra, se julgava o melhor diretor de laboratório do mundo". O fato de que Groves recrutara e suportara Oppenheimer se enquadra bem com a noção às vezes expressa de que a função de um líder inclui "fazer exceções úteis".

Groves também sabia que seu papel era o de definir e supervisionar uma série de possibilidades, não o de criar um plano-mestre e dirigi-lo até o seu término. Ele entendia a importância da improvisação e a necessidade de criar condições nas quais pudessem emergir novas idéias, como foi o caso com o sistema de precipitação da implosão anteriormente mencionado.

Assim, a função de Groves era pegar o pessoal das bancadas de laboratórios, os gênios, e as instalações espalhadas pelo país, e moldá-los em uma enorme indústria, para fazê-los trabalhar num esforço conjunto pela primeira vez. Ele precisava integrar a imprecisão das idéias, o rigor teórico dos físicos, e a força bruta dos processos manufatureiros e logísticos, a fim de arrancar resultados. Ele cuidou dos cientistas em Los Alamos que trabalhavam no projeto da bomba (campo de atividade de Oppenheimer), da equipe do Metallurgic Laboratory da Universidade de Chicago, que tentava descobrir como fabricar o material físsil, e dos robustos complexos industriais em Oak Ridge, Tennessee, e Hanford, Washington.

O dom de Groves era a habilidade de estabelecer as condições para descobertas felizes ao acaso e para que emergissem as coisas certas, criando o máximo grau de liberdade dentro de prazos apertados e da estrutura. "Não há meios de superestimar o valor de pessoas criativas altamente inteligentes e de extremo talento que trabalham em uma organização e que podem mover-se de um lado para outro para diferentes lugares", diz Rhodes. Se Archibald Wheeler e Enrico Fermi não tivessem ido a Hanford quando o seu reator começou a se contaminar, ele acrescenta, poderia ter havido um desastre. Como era esperado, eles solucionaram o problema dentro de 12 horas.

Groves dominou esses amplos desafios e conseguir juntar todas as peças, fazendo freqüentes viagens de trem de ida e volta para manter a motivação das pessoas-chave do programa, ao mesmo tempo em que suportava suas recusas de trabalharem segundo as regras burocráticas. O pessoal de Los Alamos entrava no trem, e ele falava com eles. Eles desembarcavam, o trem prosseguia rumo leste, e o pessoal de Chicago embarcava. Durante o caminho, ele conversava com outras pessoas, provisoriamente selecionadas, à medida que necessitava delas. Pode-se imaginar o que ele seria capaz de fazer com os recursos da Internet.

Enquanto Groves era um mestre dos detalhes, Jim Webb, o pai da NASA, tinha um diferente estilo de peso pesado: ele deixava os detalhes do programa espacial a cargo das pessoas que apontava e confiava. Sua grande habilidade era navegar pelos vários interesses em Washington para garantir que o orçamento da NASA continuasse crescendo e que sua missão ficasse protegida. Ele ainda fazia arranjos com o punhado ávido de empreiteiras desejosas de participar do quinhão de generosidade da agência espacial.

Um exemplo: nos primeiros dias da NASA, ele teve de selecionar uma localidade para servir de base ao novo centro espacial tripulado. A Virgínia do Norte parecia ser a escolha lógica, visto que ela já abrigava o centro espacial de Langley, em que ficavam locados os administradores, cientistas e engenheiros de destaque. Mas, conforme Webb disse ao diretor de Langley à época: "Que diabos Harry Byrd fez algum dia a seu favor ou para a NASA?" Byrd era o senador mais antigo da Virgínia. Webb mudou o centro para Houston, a terra natal do vice-presidente Lyndon B. Johnson. Ele ainda encontrava-se no distrito do presidente do House Appropriations Commitee, que acordara com uma negociação orçamentária decisiva com o presidente Kennedy em troca de abrigar o centro espacial. E, de alguma forma, Webb conseguira também manter Harry Byrd satisfeito. Apenas um peso pesado conseguiria ter efetuado essa manobra.

Quais são os outros exemplos de peso pesado? Lembro-me de líderes nacionais como os primeiros-ministros precursores Lee Kuan Yew e Sheikh Mohammed bin Rashid Al Maktoum, que estamparam sua indelével marca nas competências de inovações em Cingapura e Dubai, respectivamente. No mundo dos negócios, penso em Ivor Royston e Howard Birndorf, pais do setor de biotecnologia de San Diego. Em 1978, eles fundaram a Hybritech, que foi pioneira na utilização de anticorpos monoclonais para fins de diagnóstico médico. Isso, numa época em que as atividades em alta tecnologia eram praticamente inexistentes na cidade, mas eles tinham confiança em San Diego, e o mesmo ocorria com o parceiro deles de capital de risco, Brook Byers, da Kleiner, Perkins. Eventualmente, a empresa foi adquirida pela Eli Lilly, mas esse ex-integrante da sociedade prosseguiu em seu trabalho de fundar várias outras empresas de biotecnologia de sucesso em San Diego. Anos mais tarde, Byers descreveu os dois fundadores como "exemplos a seguir de executivos que assumiam responsavelmente riscos, dotados de boas práticas empresariais de transferência de tecnologia e de estruturas competentes em parcerias corporativas".

Kelly Johnson, o legendário fundador da Lockheed Skunk Works, é o campeão peso pesado típico. Ele sabia desde os 12 anos que queria ser um engenheiro aeronáutico, um sonho motivado pela leitura dos romances de Tom Swift. Recusado inicialmente para trabalhar na Lockheed por causa de sua falta de experiência, Johnson ascendeu à posição de *designer*-chefe nessa mesma empresa quando estava na casa dos 30 e trabalhou nela durante 42 anos. Máquinas voadoras lendárias, como o P-38, o F-80 (do conceito até o protótipo inicial em 143 dias) e o U-2 (oito meses), tomaram forma sob os seus cuidados. Talvez uma das histórias mais reveladoras sobre a sua voluntariedade deriva de seus primeiros dias junto à unidade Skunk Works. Quando teve problemas para encontrar o local correto para abrigar seu programa, decidiu que uma tenda de circo poderia ser de utilidade e acabou adquirindo um modelo dela.

Johnson operava o programa Skunk Works de acordo com um conjunto de princípios que poderiam muito bem ser estudados pelos campeões peso pesado que liderarão nossas futuras iniciativas de inovações nacionais. Apresento a seguir alguns dos princípios juntamente com minhas anotações:

- *"O gestor do programa Skunk Works deve ter um controle praticamente completo do programa sob todos os aspectos – embora ainda tenha de se reportar a um gerente sênior."* Johnson percebia que os campeões peso pesado devem possuir controle a fim de integrar a operação, economizar tempo e manter o progresso. Eles devem ter a influência que surge do suporte no topo, equilibrada com a responsabilização final.
- *"O número de pessoas com qualquer conexão com o projeto deve ser severamente restringido."* Utilize 10% a 25% do número total em um sistema supostamente normal, certificando-se de que elas são competentes no que fazem. Isso cria uma certa deficiência associada a uma *start-up* que transmita um sentimento do necessário espírito espartano. Desafios e restrições podem fomentar uma cultura de insurgência e servem como um estímulo para inovações.
- *"Os desenhos e o sistema de informações devem ser bastante simples, e os relatórios devem ser mantidos numa quantidade mínima."* Em outras palavras, a ineficácia administrativa e a burocracia devem ser combatidas sempre que possível.
- *"Tanto o cliente como o fornecedor devem ter salas de projetos robustas no local, mas elas precisam ser suficientemente pequenas para facilitar a integração entre os pontos de vista dos dois."* Uma integração mais estreita entre as demandas do cliente e as operações da empresa é essencial, especialmente pelo fato de que a maioria das inovações é proveniente dos clientes. As paredes entre os *stakeholders* reduzem a fluidez e a transparência necessárias para o nível apropriado de colaboração.
- *"Esforce-se para obter confiança."* Eu não poderia concordar mais. Sem confiança, não é possível assumir riscos, não há exploração, colaboração profunda – resumindo, não há inovação.

Os feitos de peso pesado como Leslie Groves, Jim Webb e Kelly Johnson elevam o nível a ser atingido pelos homens e mulheres que irão gerenciar as iniciativas de inovação nacionais. Utilizo a palavra peso pesado como uma reverência à expressão "gerentes de projetos peso pesado", cunhada por meu ex-colega Kim B. Clark, reitor até recentemente da Harvard Business School. Ele estava falando de "campeões de produtos" existentes na burocracia corporativa, mas a idéia é a mesma: alguém que constrói uma ponte entre os *stakeholders*, que talvez estejam desacostumados a colaborar, motiva o tipo adequado de ação no momento oportuno, isola talentos dos efeitos adversos de uma falha nobre e mantém o impulso de uma iniciativa complexa. O peso pesado dos negócios administra a interferência em uma idéia por intermédio dos céticos e da burocracia de sua corporação. Os campeões a que estamos nos referindo para nossa nova agenda nacional de inovações enfrentam uma série de obstáculos ainda maiores: silos burocráticos, falta de imaginação, interesses paroquiais, procedimentos operacionais padrões e diferenças de pensamento.

Conseqüentemente, o campeão peso pesado deve ser um tradutor e diplomata, capaz de incentivar colaboração ao longo de comunidades e culturas diversificadas, e até conflitantes. George Leonard, autor de *Mastery: The Keys to Success and Long-Term Fulfillment*, observou para mim, no passado, que o atributo mais importante de um professor é a habilidade de ele criar uma atmosfera na qual haja uma crença natural do aluno em seu eventual progresso até conseguir o domínio da matéria. Os campeões peso pesado estão cientes disso, pois eles inspiram indivíduos e equipes a acreditar que podem ser conseguidas grandes realizações e que os rigores e as incertezas da jornada valerão a pena.

Uma grande parcela do que estou descrevendo resume a habilidade de um excelente facilitador. Os facilitadores possibilitam que seus times ou organizações atinjam suas metas mais rapidamente, de maneira mais efetiva e com maior satisfação do que o usual. Eles modelam a agenda, alinhando a missão do grupo com seu processo e vice-versa.

Não há, no entanto, nenhum estilo único que caracterize o campeão peso pesado. Alguns podem entrar na batalha montados em um cavalo branco, outros mostram um *modus operandi* muito mais absorto. Raríssimos deles conseguem se enquadrar nas fichas organizadas da maioria dos *headhunters*, com cartas de referência das melhores escolas e uma ascensão gradual no currículo corporativo, mas o fato é que o conjunto de competências dos campeões peso pesado não pode ser capturado por registros. Na melhor das hipóteses, eles as obtiveram em treinamentos e nos aprendizados no próprio trabalho para desenvolverem as profundas *expertises* requeridas. O que os peso pesado compartilham são os atributos da curiosidade, assumir riscos e o conforto com a ambigüidade. Eles exibem um alto nível de flexibilidade pessoal, mantendo ordem quando é necessário, permitindo desordem quando ela tem um propósito construtivo.

Para colocar de forma sucinta, o campeão peso pesado deve possuir um tipo particular de inteligência emocional – a habilidade de ver, avaliar e gerir emoções, a própria e a dos outros, no interesse de criar o que é novo e valioso.

Jan Carlzon, ex-CEO da Scandinavian Airlines, observou no passado que todos *"os negócios são como show business"*, e os campeões peso pesado também necessitam de uma verve de homem-espetáculo em sua própria identidade. Eles devem não apenas ser capazes de ouvir o chamado, mas também de formular uma história convincente e transmiti-la aos outros. As idéias devem ser encenadas e divulgadas se as mudanças desejadas nos comportamentos e nas tendências tiverem uma chance de serem realizadas. Os peso pesado formulam o "ritmo" – eles definem um senso de urgência – e orquestram a campanha. Quando fazer hora extra, quando descansar – nesse sentido, eles são como o líder de uma banda, sempre tentando obter a melhor performance de um indivíduo, um time ou uma organização.

Quando uma empresa ou um país é dedicado a inovações revolucionárias, os gestores desse processo devem ser os campeões peso pesado da imaginação. Eles devem conceber as condições que mantêm um fluxo de novas idéias e desenhar e proteger o que é novo e não confirmado de ser esmagado pelas idéias convencionais, pela demanda de um desempenho de curto prazo ou pelas métricas usuais dos negócios. Sempre que possível, eles devem liderar de maneira flexível para permitir que os talentos expressem suas inclinações. Devem deixar as novas idéias virem à tona e conceder pausa suficiente para tomar fôlego, a fim de que possam se desenvolver. Quando solicitado para indicar a qualidade mais importante de um líder de banda, a legenda do jazz Miles Davis respondeu com sua concisão habitual: "Não falar muito". Em outras palavras, não exagerar na estruturação, não exagerar no controle.

Os grandes campeões peso pesado da inovação sabem "marcar presença", para usar um termo popularizado por Peter Senge e seus parceiros. Isso se refere à consciência das possibilidades e à habilidade de manifestá-las em uma forma concreta. Como campeões de inovações disruptivas, os peso pesado tornam as possibilidades tangíveis por intermédio de narrativas que criam e compartilham com a organização, os protótipos e experimentos que recebem, as contratações atípicas e simbolicamente importantes que fazem, e o processo de evangelização no qual constantemente se engajam.

Finalmente, os campeões peso pesado recebem esse nome por terem o poder de impelir uma idéia pelos meandros da burocracia, dos interesses estabelecidos, dos silos, dos feudos corporativos, dos pessimistas e dos procedimentos operacionais padrões. Eles possuem poder, e o exercitam.

Não tenho dúvidas de que os Estados Unidos têm os campeões peso pesado para nos conduzir pelas versões atuais do Projeto Manhattan e do programa Apollo. Resta ainda uma questão importante: conseguiríamos hoje obter sucesso?

EM BUSCA DA IMAGINAÇÃO BUROCRÁTICA

Na era pós-11 de setembro, apareceu um diagrama em vários jornais exibindo os relacionamentos entre as agências norte-americanas responsáveis pela segurança nacional. Tratava-se de um visual deprimente que lembrava mais ou menos as entranhas de um gigantesco rádio transistor possuído de uma fúria homicida. Não havia uma única mesa de mogno em Washington com cadeiras suficientes capaz de acomodar todos os *stakeholders*, quanto mais uma conversa produtiva sobre o que necessitava ser feito.

Esse não é um exemplo perfeito do motivo pelo qual o governo federal deveria ficar bem distante de qualquer esforço nacional para estimular inovações? A minha proposta não é para o governo tomar a iniciativa de criar 20 Centros de Inovação com uma abordagem exagerada na gestão de "cima para baixo", especialmente considerando tudo que tenho dito sobre como é importante se ter uma colaboração de baixo para cima e operações no estilo dos *skunk works* para gerar inovações?

Quando discorro sobre o papel do governo na capacitação de um renascimento das inovações americanas, me deparo geralmente com uma forte pressão de ceticismo. Durante décadas, muitos de nós escarnecemos do governo chamando-o de intruso, contraproducente, incompetente, corrupto até, visões essas resumidas com humorismo pelo falecido Will Rogers: "Há uma boa notícia vinda de Washington hoje. O Congresso está totalmente paralisado e não pode atuar".

Como o caso de nosso aparato de segurança nacional bizantino deixou claro, há uma boa razão para ficarmos céticos. No entanto, iniciativas corretas do governo podem reviver fantásticas novas oportunidades. Testemunhe os três exemplos a seguir de iniciativas federais e programas correntes bem-sucedidos que conseguiram abrir caminho por uma burocracia enrijecida para gerar resultados de inovações estelares.

O Plano Marshall, desde sua proposta ambígua pelo secretário de Estado George Marshall, em 1947, foi uma brilhante combinação do visionário e do pragmático. Marshall argumentava que os Estados Unidos tinham a responsabilidade de ajudar a reconstruir a Europa; que a situação dos sobreviventes da guerra era estarrecedora e não podia ser ignorada. Ele ainda argumentava que, ao oferecer ajuda à Europa, os Estados Unidos atingiriam vários objetivos estratégicos: iríamos aumentar o prestígio da nação e seu poder diplomático; dissuadiríamos os europeus de eleger governos com tendências comunistas, rechaçando qualquer tipo de ressurgimento do expansionismo germânico; e criaríamos mercados para os nossos produtos de exportação, estimulando, assim, nossa própria economia. Em resumo, iríamos fazer o certo e com competência.

Tudo fechado, o Plano de Recuperação Europeu, conforme ele foi oficialmente denominado, concedeu US$ 12,5 bilhões em garantias e empréstimos americanos para a Europa em seus três anos de operação. Os europeus utilizaram extensivamente os fundos para comprar produtos agrícolas americanos e bens de capital. Mas a ajuda não parou por aí. O diretor Paul Hoffman e seu embaixador na Europa, W. Averell Harriman, assessorados por um grupo de exatamente 630 americanos e 800 europeus, supervisionaram projetos que eram para mudar a Europa para sempre e fomentaram uma visão de longo prazo para a unidade européia. Foram reconstruídos estradas, ferrovias e canais, e modernizadas minas e refinarias. Executivos europeus foram enviados ao nosso país para estudar nossas técnicas de produção. Os integrantes do plano conduziram pesquisas econômicas sobre a infra-estrutura européia, forneceram ajuda logística com navios de campanha, deram assessoria em política fiscal e monetária e estabeleceram controles sobre as exportações para barrar bens estratégicos ao crescente bloco soviético.

As realizações do Plano Marshall foram significativas e duradouras. Em seus três anos de operação, a produção européia de produtos e serviços aumentara 32%; em 1951, a produção industrial nas 16 nações-alvo era 40% maior do que tinha sido antes da guerra, em 1938. E, nos 25 anos seguintes, a Europa teve o maior crescimento econômico de sua História. O plano demonstrou que gastos maciços do governo em ajuda externa poderiam ser, de fato, um bom investimento – e que a geração de paz e prosperidade no exterior promoveria ainda mais prosperidade doméstica.

Em seu idealismo e pragmatismo, em seu extenso alcance e sua atenção aos detalhes, e em seu modesto *staff* bem como suas fabulosas metas, o Plano Marshall é um modelo exemplar de iniciativa governamental federal.

Considere agora o caso da Sematech. Esse é o nome de um consórcio de tecnologia dedicado à produção de semicondutores, fundado em 1987, para responder ao declínio constante dos EUA em um setor estratégico, importantíssimo. As empresas japonesas, em particular, tinham se apossado da liderança de mercado, e os fabricantes americanos estavam encontrando dificuldades para manter as cadeias de suprimentos vitais uma vez que havia uma diminuição de seus pesos no mercado. Eles chegaram à conclusão de que seus problemas eram tão severos que nenhuma companhia atuando sozinha poderia salvar a indústria norte-americana. O governo federal se reuniu com 14 fabricantes de semicondutores para agrupar recursos e compartilhar riscos na solução dos problemas comuns de manufatura. O envolvimento governamental foi estimulado em grande parte pelo Departamento de Defesa, que decidira que o controle estrangeiro de recursos críticos em computação ameaçava a segurança econômica e militar da nação.

Com a associação dos recursos promovida pela Sematech, houve aumento dos investimentos em pesquisa e desenvolvimento no setor, e as empresas americanas foram capazes de retomar a fatia do mercado. O empreendimento foi tão bem-sucedido que, em 1994, o conselho administrativo da Sematech votou a favor de buscar um entendimento para o término dos financiamentos federais, reconhecendo que o setor tinha retornado a uma condição saudável e robusta.

Paradoxalmente, o DNA da Sematech remonta ao século XIX, com uma iniciativa federal que possibilitou um enfoque inteligente, integrado e similarmente estratégico para a agricultura. Os Estados Unidos se tornaram preeminentes não apenas em agricultura, mas também em ensino superior, por causa de sua rica dotação de terras e de um tratamento federal bem integrado, voltado ao uso inteligente desse recurso. No mandato de Abraham Lincoln, no auge da Guerra Civil, a Lei Morrill de 1862 concedia terras federais aos estados para que estes levantassem capital e fundassem faculdades que lecionariam agricultura, ciência e táticas militares. O resultado foi o nosso fabuloso sistema de universidades estaduais. Em 1887, a Lei Hatch utilizou o mesmo mecanismo para capacitar os estados a criarem estações agrícolas experimentais.

Agora, avancemos rápido até a era presente e o sucesso da Califórnia com os Institutes for Science and Innovation. Na virada do milênio, a Califórnia experimentava uma maré excelente. O mundo estava paralisado pelo *boom* das empresas "ponto com", que tinha como seu epicentro a San Francisco Bay Area. Alguns até descreveram a Bay Area como a equivalente moderna à Florença no tempo do Renascimento. Felizmente, os líderes políticos da Califórnia também estavam fazendo um exame sóbrio do futuro do estado.

Em seu orçamento do exercício de 2000 a 2001, o então governador Gray Davis propôs a criação de até quatro Institutos Californianos da Ciência e Inovação. A idéia era "assegurar que a Califórnia mantivesse e expandisse seu papel na liderança das inovações tecnológicas no século XXI" e "promover o nascimento de centros de classe mundial em inovações estratégicas que combinassem excelência em pesquisa avançada com colaboração e treinamento para nossa próxima geração de cientistas e líderes em tecnologia". As matérias escolhidas eram explicitamente interdisciplinares: biomedicina e bioengenharia, nanossistemas, telecomunicações e tecnologia da informação.

O custo não era alto para um estado que estava ranqueado entre as dez economias mais prósperas do mundo se considerado como uma entidade independente. A Califórnia garantia US$ 100 milhões durante quatro anos para cada um dos quatro institutos. Não havia qualquer ingerência superior sobre os projetos dos institutos: as propostas sofreriam uma triagem e seriam selecionadas por um grupo governamental e pelos institutos administrados pela Universidade da Califórnia. Cada instituto tinha de encontrar um setor privado que o financiasse com ao menos o dobro do nível de suporte estadual e ser abrigado por, no mínimo, dois *campi* da referida universidade.

Hoje temos o California Institute for Quantitative Biological Research (QB3), o California Nanosystems Institute, o California Institute for Telecommunications and Information Technology (Calit2) e o Center for Information Technology Research in the Interest of Society (CITRIS). Centenas de companhias têm suportado os institutos com verbas bem acima das expectativas mínimas do estado. E as pesquisas já estão cada vez mais cobrindo uma gama interessante de tópicos: apenas na CITRIS, por exemplo, há projetos incluindo o desenho de edifícios inteligentes poupadores de energia, o desenvolvimento de uma cura para a malária, tecnologias de última geração para a memória e a computação, novos ambientes de visualização em computadores para jogos de computação, que podem ser aplicados ao ensino a distância, e ambientes de trabalho colaborativos orientados pela tecnologia.

Pegue a QB3 como exemplo. Esse consórcio de três *campi* da Universidade da Califórnia com aproximadamente 150 afiliados de renome está tratando de uma nova onda maciça de inovações: a "aplicação das ciências quantitativas – matemática, física, química e engenharia – à pesquisa biomédica". Uma das atividades desse programa é o UC San Francisco Center for BioEntrepreneurship, projetado especificamente para "desenvolver a próxima geração de empreendedores e líderes no segmento de ciências naturais". Na terminologia de Navi Radjou, do Forrester Research, eles estão desenvolvendo não somente inventores, mas também corretores e transformadores.

Em contrapartida, o CITRIS visa ajudar à "demanda das aplicações" de importantes necessidades sociais satisfazerem o "esforço tecnológico" típico de pesquisadores que estão seguindo suas inclinações criativas. Entre as áreas em que seus patrocinadores pesquisam, estão a conservação de energia, a eficiência dos transportes, o diagnóstico avançado e tratamento de doenças pelo uso da tecnologia da informação, além do crescimento expansionista de negócios por intermédio de serviços de informações personalizadas mais ricos.

Cada uma dessas três iniciativas – o Plano Marshall, a Sematech e os Institutos Californianos – tinha um perfil estratégico, integrado e inteligente. Foram feitas escolhas em relação à capacidade de longo prazo, foram encontrados novos meios de integrar os interesses e as perspectivas de diferentes *stakeholders*, e abordagens para aumentar a qualidade do capital humano e intelectual levaram à geração contínua de novos saber "o que" e saber "como". Elas ainda demonstram que o governo tem um papel vital a desempenhar como catalisador para inovações em larga escala. O governo não deve procurar ditar, microgerenciar cada aspecto de uma agenda, mas preferencialmente servir como uma ponta de comando nas atividades de formação de convênios e facilitação. O governo também pode estimular inovações financiando invenções, visando políticas inteligentes para o ensino, inclusive com o retreinamento da força de trabalho, criando e obrigando as proteções corretas para a propriedade intelectual, focando atenção nos setores debilitados de nossa economia, tais como o de manufatura, habilitando conexões e alianças pelo suporte de redes, e fomentando elementos-chave de infraestrutura, tais como a largura de banda.

Modelos prévios de inovação nacional como o Plano Marshall foram arquitetados em uma era industrial durante a qual as melhores práticas envolviam centralização, economias de escala e produção em massa. Uma iniciativa de inovação contemporânea de escopo comparável deve se basear nos modelos de negócios avançados da atualidade – práticas de previsão estratégica, agregação de *expertise* e conhecimento especializados, definição de padrões técnicos e de negócios que promovam colaboração, e funcionar como um centro para as alianças. Instituir uma agência governamental que "vê tudo" e "conhece tudo" como a solução completa e definitiva é a última coisa no mundo que estou recomendando.

Há uma analogia de como o governo federal deve operar – não a ponto de ser forçado demais – proveniente de Hollywood, que certamente não é estranha aos modelos de negócios baseados em inovações. Por meio dessa perspectiva, o governo federal funciona como um estúdio de cinema, os governos estadual e municipal como uma produtora sob a proteção do estúdio, e os projetos de filmes específicos são atividades operacionais que acolhem os talentos particulares e *experts* técnicos. Pense na Viacom, detentora da Paramount Pictures, que provê um lar para a Dream Works, que co-produziu o filme *Indiana Jones* com a direção de Steven Spielberg.

No ecossistema hollywoodiano, o estúdio tem funções específicas: definir padrões de qualidade, selecionar talentos e fomentar projetos, mobilizar formas específicas de *expertise* interna de negócios (como negociar com os sindicatos pode ser lembrado sem esforço) e vender o produto graças a seus bem definidos canais de distribuição. Oh, sim, o estúdio também atua como um banco. No entanto, cabe à produtora gerenciar seu portfólio local de projetos e a cada equipe de criação maximizar o impacto de um filme em particular quando, como eles dizem em Hollywood, "apostam cada dólar na tela".

Arquitetar o papel do governo na agenda de inovações nacional e implantar estruturas organizacionais para assegurar a mescla ideal entre contribuições de cima para baixo e de baixo para cima certamente não será fácil. Especialmente difícil será facilitar a colaboração entre governos federal, estadual e municipal, que normalmente travam disputas territoriais sobre controle, prerrogativas e verbas. E as complexidades da liderança ficarão ainda mais complicadas pelos outros *stakeholders*, que insistirão em ter voz no processo: organizações sem fins lucrativos, especialistas, empreendedores, grupos profissionais, empresas, estudiosos, grupos de discussão e líderes na sociedade.

Além do mais, o governo de hoje é infinitamente mais complexo do que o da década de 40. O general Groves geriu todo o Projeto Manhattan com apenas quatro colaboradores, número menor do que agora assessora o CEO médio de uma empresa de pequeno porte. Certamente, seu trabalho foi facilitado, pois recebeu carta branca diretamente do presidente dos Estados Unidos. Dadas as esperanças depositadas em sua liderança, ele foi indiscutivelmente, para não dizer ligeiramente, mais "peso pesado" que o próprio presidente. De sua parte, James Webb, do programa Apollo, chegou a controlar pessoalmente numa determinada fase algo em torno de US$ 6 bilhões; nos dólares de 1966, deve ser lembrado, essa soma representava cerca de 5% de todas as despesas federais. Groves e Webb obtiveram sucesso porque tinham liberdade para utilizar vastos recursos e para oferecer seu próprio discernimento na mobilização dos talentos e das ferramentas necessárias para cumprir missões extremamente importantes aos Estados Unidos.

Hoje em dia, atingir escalas em processos é incalculavelmente mais difícil do que há 40 anos. No clima político atual, o consenso é a exceção, e não a regra, e até o desafio de contratar os *experts* mais brilhantes para uma missão vital é normalmente politizado. Nesse ínterim, uma cultura de carreirismo tem invadido o serviço público. Um número bastante expressivo de servidores públicos calibra suas carreiras em termos de tempos de serviço de três anos, dominando a "técnica da enganação", de aquiescer sempre com o superior, e, depois, migra para um trabalho de melhor remuneração no setor privado.

Igualmente deprimente é a atual escassez de criatividade, que ficou mais enfatizada quando o Comitê do 11 de setembro citou uma "falha de imaginação" como uma razão-chave para a nossa vulnerabilidade.

Apresentadas essas ciladas, eu realmente acredito que o governo possa cuidar das enormes complexidades inerentes à Nação Inovação? Temos a coragem? Minha resposta é positiva. Não resta alternativa a não ser tentar. Precisaremos obter a combinação adequada de idéias e pessoas trabalhando e construindo o desejo político e social para tornar isso uma realidade. Mas devemos enfrentar o futuro para poder avançar. O capítulo a seguir sugere como devemos proceder para obter isso. Bem-vindos à agenda nacional de inovações.

NOVE

A AGENDA NACIONAL DE INOVAÇÕES

"Há uma profunda diferença entre obter algo e realizar algo."

– *Eric Best,* futurista

No último capítulo, recomendei a criação de 20 Centros de Inovação como o elemento central de nossa agenda nacional. Por exemplo, centros regionais como a região metropolitana de San Diego ou os Institutos Californianos de Ciência e Inovação nos mostram como praticar inovação de forma inteligente, integrada e estratégica. Mas, para atingirmos uma transformação nas inovações nacionais, nossa óptica precisa ser melhorada.

Estou propondo neste capítulo uma agenda de três vias – uma Assessoria Nacional em Inovações, um Conselho Nacional de Inovações e uma Agência de Avaliação de Inovações – para equipar o governo federal com os recursos necessários no sentido de transformar a visão de uma agenda nacional de inovações em uma realidade. Além disso, estou sugerindo iniciativas adicionais que precisam ser empreendidas pelos setores público e privado para que capacitem a América a obter a condição de Nação Inovadora.

Reconheço que qualquer mudança institucional no nível federal – sem mencionar os níveis estadual e municipal – exige um enorme comprometimento político, mas a importância de revigorar nosso impulso para novas idéias demanda etapas audaciosas. Reconheço também que – no atual clima político – quaisquer etapas arrojadas provavelmente encontrarão resistências constituídas de uma combinação de cuidadosos debates, posturas ideológicas e questões de viabilidade que remetem em linhas gerais à objeção típica do "não é possível fazer isso!" Uma de minhas próprias métricas de sucesso é o nível dessas mesmas resistências contra novas idéias. Meu propósito aqui é estruturar a lógica do que é necessário, que, por sua vez, pode funcionar como um "ponto de captação" em torno do qual seriam desenvolvidas discussões apropriadas de "como" esses desafios podem ser superados.

ASSESSORIA NACIONAL EM INOVAÇÕES

Similarmente à National Security Advisor e à National Economic Advisor, a Assessoria Nacional em Inovações se reportaria ao presidente dos Estados Unidos. Essa entidade deve ter uma posição combativa, além de ficar localizada na West Wing* e possuir influência para organizar a cooperação com os *players* do gabinete. A última coisa que precisamos é de outra instituição burocrática que ficasse abrigada em um novo edifício no Washington Mall abarrotado de funcionários. Tanto quanto possível, a Assessoria Nacional em Inovações ficaria à parte das disputas territoriais das várias agências e, assim, seria capaz de avançar o tipo de agendas estratégicas, integradas e inteligentes que exigem um alinhamento mútuo.

Para ser seu líder, necessitamos de alguém nos moldes de um campeão peso-pesado, como Leslie Groves ou Kelly Johnson. Essa pessoa pode ser da área científica e tecnológica, mas sua formação deve focar em inovações. Ele(a) deve ser capaz de considerar as inovações em um contexto mais amplo – comercialização bem como invenção, aplicação bem como descoberta, avanços sociais bem como avanços científicos. Ele(a) deve ter o apoio total do presidente que, de seu lado, deve possuir um entendimento profundo dos desafios de inovação nos Estados Unidos. Na realidade, acredito que esse deve ser um critério para a escolha do novo presidente em 2008, e nas eleições futuras.

---

* N.T.: O termo *West Wing* se refere a uma das alas principais do complexo da Casa Branca *(White House)* do governo dos Estados Unidos da América. O autor está aparentemente sugerindo, no seu texto, a proximidade que essa entidade e/ou seu dirigente máximo deve ter com as decisões governamentais do próprio presidente.

O exemplo de Robert Rubin pode ser instrutivo a esse respeito. Em 1947, depois da Segunda Guerra Mundial, o presidente Harry Truman criou o Conselho de Segurança Nacional para prover autoridade e estabilidade institucional na elaboração de políticas em áreas que cruzavam as fronteiras entre as Forças Armadas e o Departamento de Estado. Quando Bill Clinton foi eleito presidente em 1992, ele criou uma organização semelhante, o Conselho Econômico Nacional (National Economic Council – NEC), e nomeou Rubin como seu primeiro diretor. O NEC tornou-se o ponto focal poderoso para a coordenação de políticas econômicas domésticas e internacionais. Caso irrompesse alguma disputa entre o Tesouro e o Estado, era Rubin que apaziguava as partes e assegurava que as decisões fossem consistentes com a agenda e as metas do presidente. Com acesso direto ao presidente, e com o conhecimento e as habilidades afiados durante os anos em que presidira o Goldman Sachs – o mais importante banco de investimentos dos EUA –, especulava-se que ele tinha uma influência extraordinária. Rubin poderia servir de modelo interessante para a chefia da Assessoria Nacional em Inovações.

Há sinais de que está sendo aceita a necessidade de um enfoque estratégico e integrador de alto nível em inovações em outros países. O Brasil, por exemplo, criou recentemente um ente com jurisdição ministerial denominado "Secretaria Especial para Ações de Longo Prazo" com o mandato para definir uma estratégia de longo prazo voltada ao governo e à sociedade brasileira. Roberto Mangabeira Unger, professor da Harvard Law School, foi nomeado para dirigir a Secretaria.

CONSELHO NACIONAL DE INOVAÇÕES

O Conselho Nacional de Inovações deve ser convocado e liderado pela Assessoria Nacional em Inovações. Seus membros seletos incluiriam CEOs, cientistas e tecnólogos, líderes culturais, *experts* da mídia, especialistas políticos, cientistas financeiros etc. Haveria representação dos setores privados e das organizações sem fins lucrativos, e ter-se-ia um mescla de idades, profissões, etnias e sexos. Os membros devem servir durante um período estendido de tempo e colocar o interesse nacional acima do partidarismo político. O Comitê de Assessoria Econômica, no seu melhor momento, poderia talvez servir como modelo.

Na fala de John Kotter, guru da gestão de mudanças, o órgão teria uma "coalizão orientadora", que definisse direção e supervisionasse o processo de transformações inovadoras para o nosso país. Suas responsabilidades incluiriam adjudicar prioridades de competição, fazer exceções úteis e orquestrar financiamentos a partir de múltiplas fontes. Organizações existentes, como o Office of Science and Technology Policy (Departamento de Diretrizes para Ciência e Tecnologia), operariam sob a tutela do conselho. Como comandante da visão para as inovações nacionais, o conselho escolheria e aplicaria um conjunto de métricas seletivas para avaliar o progresso da nação. Ele seria também o responsável por inserir a agenda nacional no governo, de modo que ele pudesse resistir às mudanças na liderança política ou no estilo intelectual. Para ser efetivo, o conselho deve ter um tamanho compacto, ter flexibilidade e dispor de recursos apropriados. Imagine forças especiais, não soldados em uma parada.

Uma das tarefas mais importantes do conselho seria a de iniciar e presidir um diálogo nacional contínuo envolvendo a área acadêmica, os estudantes, empreendedores, consultores profissionais, líderes comunitários e os cidadãos interessados de todas as regiões do país. Essa conversação – habilitada pela tecnologia quando apropriado, mas preferentemente presencial – iria, entre outras coisas, criar um fluxo constante de informações sobre matérias como mudanças demográficas, aplicações de tecnologia emergente, distribuição regional de recursos para inovações, desempenho educacional, melhores práticas no suporte de novos empreendimentos, e novos mecanismos de financiamento. Sempre que possível, esses fluxos de informação seriam disponibilizados para todos, pelo uso dos mais modernos recursos de computação gráfica, bem como de repositórios *online*, para elucidar tendências significativas e capturar idéias originais e inovadoras.

O conselho seria responsável por manter o padrão das melhores práticas e dos novos desenvolvimentos tecnológicos e sociais que pudessem afetar o sucesso de nossa agenda nacional de inovações. Ele ainda congregaria comunidades de interesse em áreas como retreinamento de força de trabalho, infra-estrutura tecnológica e investimento cultural. Resumidamente, o conselho executaria as funções descritas em artigo da *Harvard Business Review*, de autoria de Robert Kaplan, membro do corpo docente da HBS, e David Norton, CEO da Balanced Scorecard

Collaborative, como um "órgão de gestão estratégica" dedicado a criar e executar estratégias, comparar resultados, gerar responsabilização final, transmitir alinhamentos e habilitar melhorias continuadas. A agenda resultante do conselho também modelaria a agenda para os 20 Centros de Inovação que tenho proposto. Elas nasceriam do trabalho executado nas estratégias e prioridades como parte de um esforço para o desenvolvimento de um guia geral de inovações, desenhado não como um grande plano e sim como um diálogo contínuo entre uma gama ampla de *stakeholders*.

Mais importante, o conselho poderia financiar inovações e utilizar sua influência para coordenar as iniciativas de financiamento para inovações de outras agências para assegurar que o resultado total fosse estratégico, integrado e inteligente. Robert Atkinson tem sugerido que os Estados Unidos avaliem o modelo da Tekes, a agência nacional de financiamento finlandesa para tecnologia e inovação. A Tekes tem um orçamento de US$ 500 milhões e um quadro de 300 funcionários. Lembre-se de que a Finlândia é um país com apenas 5 milhões de habitantes, com uma economia 1/16 do tamanho da dos Estados Unidos, e a escala da iniciativa finlandesa torna-se realmente significativa. A declaração de missão da Tekes é eloqüente: "construir uma plataforma para escolhas futuras". A agência financia projetos oriundos de empresas, institutos de pesquisas ou universidades, e desempenha um papel ativo na facilitação da cooperação entre comunidades e entre *experts* da área e potenciais parceiros internacionais.

AGÊNCIA DE AVALIAÇÃO DE INOVAÇÕES

A terceira etapa vital que devemos empreender no nível federal é a criação de uma versão atualizada e amplamente estendida do Office of Technology Assessment (OTA), instituído em 1972. Ele tinha como propósito abastecer o Congresso com "análises objetivas e oficiais de complexas questões científicas e tecnológicas" e se tornou um modelo para injetar conhecimento científico e tecnológico no processo de governança amplamente copiado em várias partes do mundo. No entanto, em 1995, o Congresso fechou o OTA como parte de um programa de reduções de verbas. A economia substancial: US$ 22 milhões ao ano.

O que estou propondo tem um caráter mais amplo – e denomino-a de Agência de Avaliação de Inovações, como uma entidade congressional, não executiva. O trabalho de acompanhar as descobertas e invenções mais recentes, bem como as maiores tendências na ciência e na tecnologia, jamais foi mais vital. Devemos desenvolver um programa nacional mais concertado, coordenado, para identificarmos e entendermos mais profundamente tecnologias que correm paralelamente a largas e novas torrentes de oportunidades como "provedoras", e remover os gargalos para sua realização.

Essa agência não deve tratar apenas dos domínios da ciência e da tecnologia. Ela deve ser integradora – imersa igualmente no tipo de "*coolhunting*"* social que rende *insights* de como a tecnologia será utilizada, em relação a uma visão de como provavelmente serão as vidas de nossos cidadãos no futuro, e das inovações em processos, políticas e sociais, que mudarão o modo como vivemos e trabalhamos. Como exemplo, o computador tem relação com a tecnologia, mas um computador de 100 dólares do tipo que está sendo desenvolvido pela fundação sem fins lucrativos One Laptop Per Child (OLPC) é uma inovação econômica em face de seu custo, bem como uma inovação social em razão de como ela pode ser implantada para transformar o ensino e o comércio local em países em desenvolvimento.

A capacidade de fazermos essa jornada mental até o futuro envolve a facilidade de se lidar diante do desconhecido. Abordagens específicas como planos tecnológicos, colaboração intensiva, mercados de prognósticos, planejamento contínuo de cenários, e previsões, podem fornecer um senso mais preciso de agendas emergentes pelo mundo que, por sua vez, podem proporcionar ao menos um mapa grosseiro sugestivo de futuras possibilidades para a orientação de ações e investimentos.

Em seu cerne, a Agência de Avaliação de Inovações teria a incumbência de lidar com a gestão do conhecimento – para manter-nos atualizados com os desenvolvimentos nacionais e estrangeiros, estarmos cientes de oportunidades para gerar novo conhecimento e para prover conhecimen-

* N. T.: O *coolhunting* é um termo cunhado no início da década de 1990 referindo-se a uma nova classe de profissionais de marketing – os *coolhunters*. Uma de suas funções mais importantes é a de fazer observações e previsões sobre as mudanças de novas ou existentes tendências culturais. Futurismo parece ser uma das traduções mais adequadas para o *coolhunting*.

to àqueles que o necessitam, desde congressistas a proprietários de pequenos negócios.

O produto final incluiria um repositório global, em constante evolução e possibilitando facilidade na procura, com os importantes e novos conhecimentos científicos e sociais que também servem para integrar o conhecimento existente em bancos de dados à parte de nossas instituições públicas e privadas. O objetivo seria evitar a síndrome do "não sabemos o que sabemos". Mesmo no Vale do Silício, arquétipo da comunidade orientada por inovações, a gestão do conhecimento pode representar uma tarefa desencorajadora. Uma figura de proa recentemente se queixou comigo sobre o desafio de fazer as informações fluírem nessa célebre comunidade: "Se a comunidade do Vale do Silício soubesse apenas o que ela sabe, estaríamos em uma condição muito melhor". O mesmo argumento, em maior escala, poderia servir para os Estados Unidos.

Reconheço isso como um grande problema. Uma grande parcela de meus trabalhos com governos e corporações é simplesmente a de assegurar que a equipe A saiba o que a equipe B sabe: eu normalmente atuo no papel da abelha, cuja influência deriva de uma autorização simples de poder voar de flor em flor.

Galvanizada pelos recursos governamentais e pela habilidade de gerar dados, mas impelida pelo zelo do setor privado e pelas tecnologias, a Agência de Avaliação de Inovações nos garantiria o acesso ao correto conhecimento a fim de orientar o trabalho dos tomadores de decisão norte-americanos. Chame isso de mantenedor de um painel de controle nacional de inovações.

As etapas que empreendemos para desenvolver nossas habilidades a ponto de identificarmos as tecnologias emergentes mais importantes também devem incluir uma versão atualizada do programa National Critical Technologies (NCT), que nos serviu tão bem durante tantos anos. A Lei de Apropriações de Defesa de 1990 obrigava o estabelecimento de um Painel NCT para reportar, de dois em dois anos, uma avaliação das tecnologias críticas e das posições do país em relação a elas. A legislação reconhecia que algumas tecnologias eram tão fundamentais para a segurança nacional ou fomentavam tanto o crescimento econômico que as competências para se gerar essas tecnologias tinham de ser retidas ou desenvolvidas nos Estados Unidos. Hoje, todavia, o NCT está moribundo.

Um programa NCT renovado e melhorado serviria de orientador para as decisões de investimentos nacionais bem como um plano para as supostas tecnologias de uso duplo, que servem tanto para o propósito de aumento de cidadania como para funções cruciais de defesa.

• • •

Esses três ingredientes – liderança na forma de uma Assessoria Nacional em Inovações, uma coalizão orientadora na forma de um Conselho Nacional de Inovações e uma plataforma de gestão do conhecimento na forma de uma Agência de Avaliação de Inovações – seriam responsáveis por uma interação saudável e produtiva entre executivos e setores legislativos do governo, um equilíbrio entre os *insiders* de Washington e uma gama ampla de interesses comunitários nacionais, além da introdução de um modelo empresarial em um governo "engessado" pela burocracia.

Outras iniciativas também devem ser implantadas como parte de um quadro completo de renovação nacional das inovações. Por exemplo, acredito piamente que nosso governo precisa criar estruturas paralelas em sua atual burocracia – especificamente um *skunk work* no setor público ou uma rede de *skunk works* dedicada à prática de inovações.

Conforme tenho constatado em meu trabalho junto a clientes governamentais, em qualquer projeto de grande escala, o impulso embutido e a cultura de legado do sistema geralmente são poderosos demais para serem alterados durante um período razoável de tempo. O que é necessário é uma cultura de insurgência.

Nos trabalhos do programa de porta-aviões do Pentágono, por exemplo, ficou rapidamente evidente para mim que uma grande parte do trabalho tinha seu próprio impulso e uma cultura muito difíceis de serem mudados. Certamente, transformar a organização como um todo estava fora de questão, faltando-lhe uma base imensa de recursos para suportar um grupo de consultores em gestão do conhecimento. A resposta adequada era montar uma organização paralela que tivesse o poder para ver as coisas diferentemente, agir de outra maneira, fazer perguntas irreverentes e testar. O resultado foi um aumento no ânimo, um alinhamento em torno de objetivos e estratégias, e a eliminação de diferenças não declaradas na tendência dominante que tinham gerado obstáculos intransponíveis ao progresso.

Na realidade, organizações paralelas não constituem novidade para as Forças Armadas. As intituladas equipes vermelhas* são algumas vezes organizadas para desempenhar a parte do adversário, de modo que o sistema possa aprender a "guerrear contra si mesmo" nas palavras pungentes de um colega do Exército. Durante a Guerra Fria, havia um esquadrão de agressores de verdade que vestiam as roupas e utilizavam os símbolos de nossos potenciais inimigos. A idéia era evitar que se tomassem decisões em grupo e, em lugar disso, procurava-se desenvolver conhecimento e entendimento do adversário por meio de uma contracultura sancionada oficialmente que estimulasse novas idéias e capitalizasse no conhecimento emergente e "intermediário" gerado – conhecimento entre disciplinas, áreas de conhecimento, regiões, silos organizacionais, gerações, grupos étnicos e posições. Pode-se perguntar: com o que se pareceria uma equipe vermelha para as inovações no setor público?

Tudo isso pretende liderar-nos como uma nação para os benefícios de sermos capazes de reconciliarmos diversos *stakeholders* e pontos de vista. Para atingir isso, devemos passar a ter ciência do enorme valor de uma *commons* (comunidade) nacional. A palavra *commons* originalmente referia-se às terras públicas que poderiam ser utilizadas pelos plebeus para uma variedade de propósitos. Por exemplo, em Oxford, Inglaterra, os cidadãos da municipalidade podiam levar seus cavalos para pastar em Port Meadow – e o costume continua após centenas de anos. Mas o termo passou a significar qualquer recurso que uma comunidade reconheça como acessível a seus outros membros. Minha ênfase na abertura e transparência no desenvolvimento e na propagação de uma estratégia de inovações nacional reside na crença da importância de uma comunidade nacional dedicada a inovações que abarque todos os *stakeholders*.

A AGENDA DE INOVAÇÕES AMPLIFICADA

Para aumentar o potencial de nossa sociedade de inovar e obter o maior impacto que pudermos com a criação dos 20 Centros de Inovação e das iniciativas federais anteriormente mencionadas, é preciso trabalhar

---

* N. T.: O termo *red teams* equivale a equipes vermelhas. Na indústria de jogos de guerras, o *red team* é a força oposta que atua em um conflito militar simulado. De modo geral, a aplicação de equipes vermelhas no mundo corporativo refere-se a uma revisão independente executada por pares de práticas existentes, ou de futuras propostas.

em várias outras frentes importantíssimas, muitas das quais venho discutindo no curso deste livro. Minha lista contém um buquê de idéias, não indicativo de que ela é completa, mas preferivelmente reconhecendo facetas adicionais de nossa estratégia de inovações nacional.

Precisamos tirar o talão de cheques nacional e gastar o que for necessário para reparar o sistema educacional norte-americano. Isso significa pagar melhor aos professores, criar sistemas de remuneração por incentivos, melhores sistemas de medições e recompensas pelos desempenhos das escolas, definir padrões nacionais para o ensino de ciência e matemática, descobrir novos meios de melhorar a posição dos professores na sociedade e, inclusive, convencer aposentados e os demais com aptidões técnicas para se engajarem na força do ensino na condição de, por exemplo, mentores.

A fim de elevar o atual prestígio em fase decadente da profissão de professor, poderíamos modificar uma idéia japonesa. Desde 1950, aquela nação tem exaltado "os detentores de ativos culturais importantes, intangíveis" como as "preciosidades vivas nacionais". Um ceramista, pintor ou *designer* pode desfrutar o tipo de *status* social que irá possibilitar o repasse de seu conhecimento a outros e ter o melhor desempenho possível no trabalho livre de conflitos. Precisamos criar a qualidade de "tesouro vivo" para nossos melhores professores, fornecendo-lhes recursos extras, suporte financeiro e a faculdade para influenciar mudanças, bem como os benefícios intangíveis decorrentes da admiração pública.

Devemos também analisar outra página de nossa própria história, em aproximadamente 1958. Foi quando o Congresso sancionou o National Defense Education Act – ou Lei do Ensino para Defesa Nacional –, que proporcionava um estímulo inteligente à educação em ciências, matemática, línguas modernas, matérias opcionais, geografia, e ensino técnico, entre outros campos. A lei conferia às universidades o estímulo financeiro para conceder empréstimos de juros baixos a alunos que estudavam para obter diplomas nas áreas especificadas e para cobrir bolsas de estudos e/ou despesas com manutenção dos graduados universitários para fins de pesquisas. Ela ainda dava suporte federal para a melhoria dos ensinos fundamental e médio.

Necessitamos também examinar novos conceitos de investimentos no que denomino de arcos de carreira. E se a Secretaria de Educação, em colaboração com a National Science Foundation e com outras agências, buscasse identificar garotos(as) com talento florescente em áreas específicas da ciência e tecnologia, numa idade precoce de 14 anos, e lhes fornecesse tutoria especial, internato, e programas de aprendizagem? E se esse programa fosse também disponível a jovens *designers*, cientistas sociais e corretores de empreendimentos? Talvez esses jovens talentos pudessem receber o *status* de National Innovation Fellows e ter acesso a novas formas de recebimento de suporte e outros tipos de oportunidades de desenvolvimento de carreira.

Há alguns exemplos iniciais desse planejamento de arcos de carreira. A altamente conceituada faculdade de engenharia Purdue criou um departamento de ensino de engenharia, cuja parte das atribuições é desenvolver programas inovadores para preparar novas gerações de engenheiros – com as atividades iniciando já no jardim de infância (pré-escola). Você poderia imaginar a University of California San Diego (UCSD) fazendo algo similar com a bioengenharia ou a Universidade de Oregon para a engenharia ambiental. Mais uma vez, locais diferentes terão competências competitivas e oportunidades distintas. Mas esses programas de incentivos à criatividade podem formar um enorme *pool* de talentos que seria integrado às metas estratégicas nacionais, inclusive aos requisitos de capital humanos dos Centros de Inovação. Pode-se imaginar um foco em certas áreas: inteligência cultural, energia e ciências ambientais, mídia e Internet, nanotecnologia, proteômica. Você poderá terá sua lista; essa é minha.

Abordagens especializadas para o enriquecimento do ensino, incluindo aquelas que emanam do setor privado e das organizações sem fins lucrativos, não devem ser esquecidas. Por exemplo, o sonho de Wendell Butler de uma entidade sem fins lucrativos devotada à ciência espacial prosperou por mais de duas décadas até a criação do Young Astronaut Council, a maior organização aeroespacial do mundo, com programas de ensino multimídia que têm sido utilizados por mais de 2 milhões de estudantes e educadores mundo afora. Ao mesmo tempo, a National Foundation for Teaching Entrepreneurship, fundada pelo banqueiro de investimentos Steve Mariotti, em 1987, tem suportado 150 mil jovens de comunidades de baixa renda e treinado mais de 4.100 educadores para obtenção do certificado em empreendedorismo.

Necessitamos de mais programas novos e impetuosos como esses que estimulam os alunos sobre campos tão importantes para o nosso futuro. Um dos elementos-chave na maior parte desses programas é a tutoria.

Alunos da escola média participantes em um programa NFTE de empreendedorismo, por exemplo, poderiam ser tutoriados por um postulante ao MBA de uma faculdade de administração local ou por um aposentado que tivesse gerido uma pequena empresa.

A força de trabalho que necessitamos para fazer o trabalho de inovação no futuro demandará ainda competências como facilitadores do processo colaborativo. Visualizo o estabelecimento da facilitação como uma habilidade central para o governo com um quadro de profissionais de facilitação bem-treinados que habilitariam os tomadores de decisão governamentais a pensar melhor e de forma diferente. Eles ocupariam a vanguarda de uma campanha nacional para divulgar os benefícios dos métodos de facilitação e colaboração dedicados a organizações públicas e privadas de todo o país.

Nós não apenas devemos cultivar mais apuradamente nossos talentos domésticos, como também necessitamos estimular o fluxo de talentos para admissão em nosso país. Isso significa conceder um maior número de vistos H1B e facilitar que estudantes estrangeiros qualificados obtenham *green cards*. O governo e o setor privado também deveriam se associar em um programa para tornar os Estados Unidos um país mais amigável e atrativo aos talentos de fora, com a concessão de bolsas de estudos e de outros incentivos e oportunidades. O envolvimento do setor privado deve ser angariado em um esforço integrado para coordenar a expansão da atração de jovens talentos estrangeiros sobre o que os Estados Unidos têm a oferecer.

Devemos ainda aprender a fomentar nossa inteligência cultural, ponto tão necessário para cumprirmos nossas metas nacionais para inovações. Para cunhar uma frase: “trata-se da diversidade, seu ignorante!”. Como podemos querer converter outros para que adotem nossa modalidade de democracia se desconhecemos as outras culturas?

Paradoxalmente, temos os recursos para a inteligência cultural em abundância. Considere o Vale do Silício, que poderia ser considerado um exemplo a ser seguido para a diversidade. Quando o *San Jose Mercury News* analisou os números do recenseamento de 2005, foi constatado que o Condado de Santa Clara tinha a maior população de pessoas que falavam hindu do país, o segundo maior contingente de pessoas que falavam vietnamita, o terceiro maior contingente que falava farsi, e o quinto maior contingente que falava chinês. Que recurso mais extraordinário! Mas não há qualquera estratégia para capitalizar sobre nossa diversidade ou para cultivar a melhoria de nossa inteligência cultural em um nível federal. Chicago, com uma das maiores concentrações de pessoas que falam tailandês do mundo, deveria estar forjando fortes vínculos com aquele tigre da economia do Sudeste Asiático. Minha própria Bay Area poderia fazer muito mais para estreitar seus laços com a Índia e a China, duas das principais fontes de diversidade de nossa população.

Lembra-se do sucesso da Lei do Ensino para Defesa Nacional de 1958, aprovada após o evento do Sputnik? Ela, é certo, incentivou dispêndios em ciência e engenharia, mas também expandiu os estudos de línguas e as matérias opcionais. O governo federal pode novamente ajudar no aperfeiçoamento de nossa inteligência cultural pelo financiamento de bolsas de estudos e incentivos para essas áreas.

A tecnologia é um dos itens principais na agenda das inovações, e a comunicação e a colaboração intrínsecas à Web 2.0 representam uma área de nossa vantagem comparativa nacional que não deve ser omitida. Embora o setor privado continue a marchar para obter redes, software social, *design* de interface ao usuário e mercados de prognósticos ainda mais superiores, o governo deveria estar colaborando para suportar e modelar o processo de invenções nesses campos para estimular transparência e participação por meio de seu papel na definição de padrões, na injeção de dinheiro nas fases iniciais dos projetos e na atuação como fonte de demanda. Organizações acadêmicas e não-governamentais (ONGs) também têm um papel a desempenhar. Um grupo nacional de *experts* – encarregado pelo Conselho Nacional de Inovações de obter resultados práticos, contestáveis, que possam resultar da adoção de novas tecnologias –, pode ter uma função importante na estruturação dessa agenda.

Um exemplo simples de uma tecnologia potencialmente relevante é o Snippets, a ferramenta interna baseada em *e-mail* utilizada pelos funcionários talentosos do Google para publicar, na íntegra, atualizações semanais à comunidade Google sobre o que ela está fazendo. Os Snippets são multimídia, pesquisáveis e convenientes. Eles percorrem um longo caminho, com métodos relativamente simples, para criar um cérebro compartilhado em que cada pessoa da comunidade Google pode saber o que qualquer outra pessoa sabe e, então, atuar baseado nessa contribuição. Algo como os Snippets poderia beneficiar nossa comunidade nacional de *stakeholders* da inovação.

A Internet é essencial para a conexão e o compartilhamento de conhecimento subjacente às nossas competências de inovações nacionais. A disponibilidade de banda larga deve ser acelerada. Não há qualquer razão para os Estados Unidos ocuparem a 15ª posição quanto ao alcance de penetração quando comparados aos demais países do mundo em uma área tão estratégica. Nem há qualquer razão para a banda larga norte-americana ser geralmente mais lenta do que as outras bandas largas espalhadas pelo mundo. E tampouco há qualquer razão convincente para a Internet não permanecer neutra e livre de preferências e agendas corporativas.

Precisamos fazer um investimento maior e mais coordenado em disciplinas artísticas: belas-artes, *design* e artes dramáticas e musicais. Elas são fundamentais para culturas e ambientes que suportam inovações. Em Cingapura, por exemplo, qualquer pessoa que doar uma peça de arte para consumo público recebe um crédito fiscal de 200%. Os elaboradores de políticas cingapurianos vêem as artes como provedoras de uma importante linguagem comum e de um quadro de referência para todas as matérias criativas. Como Pierre Levy, famoso professor e pensador de classe mundial em inteligência coletiva e sociedades baseadas no conhecimento, apontou, o trabalho de arte é um "atrativo cultural que agrega e cria áreas de consenso entre comunidades diversas; podemos descrevê-lo como um ativador cultural, colocando em atividade sua decifração, especulação e elaboração".

Nosso governo deve também rever seu papel como fonte importante de demanda de inovações. O Pentágono deve receber um mandato mais amplo para visualizar seu colossal orçamento em pesquisa e desenvolvimento como uma parte integral do tecido global das inovações nacionais. Nosso governo dava a impressão de entender essa noção lá em 1958, quando foi fundada a DARPA na esteira do lançamento do Sputnik. A missão da agência foi expressa nessas palavras: "assegurar que os Estados Unidos mantivessem sua liderança na aplicação das tecnologias mais modernas e avançadas em recursos militares e evitar surpresas tecnológicas de seus adversários". Todavia, recentemente, a DARPA tem favorecido as pesquisas aplicadas em detrimento da pesquisa básica, que é tão essencial para a renovação de nossas ondas de inovação. Na ciência da computação, por exemplo, a DARPA tem desacelerado o ritmo em pesquisas básicas que ela fizera liderando departamentos de universidades. Aumentar as restrições a financiamentos não indica meramente cortar programas ruins. "Quando o financiamento fica escasso, tanto os pesquisadores quanto os fundadores tornam-se cada vez mais avessos a riscos", de acordo com William Wulf, presidente da Academia Nacional de Engenharia.

Mas a lista atual de projetos da DARPA ainda tem elementos sedutores: redes autônomas, relógios atômicos do tamanho de *chips*, tradução de línguas em tempo real, cirurgia protética biológica, ciência da informação quântica, titânio de baixo custo e energia alternativa. O Pentágono precisa reafirmar e suportar o compromisso da DARPA junto à pesquisa básica como parte da agenda nacional de inovações. Ao fazer isso, ele também poderia construir uma ponte essencial entre nossa comunidade de segurança nacional e um setor privado cuja velocidade do relógio de inovações está superando à do Pentágono. Ainda necessário: novos critérios de financiamento que estimulem riscos maiores, horizontes de tempo mais longos e projetos mais interdisciplinares.

Não é apenas o Departamento de Defesa, certamente, que pode desempenhar seu papel. O programa Small Business Innovation Research (SBIR), que recebe subvenções de 11 ministérios federais – inclusive do Pentágono, do Ministério de Energia e da NASA –, tem feito contribuições importantes para invenções nos Estados Unidos, provendo verbas que chegam até US$ 850 mil para os estágios iniciais de projetos de pesquisa e desenvolvimento. A Apple, Chiron, Compaq, Federal Express e a Intel são algumas das companhias que têm recebido esse suporte. Mas o programa SBIR não devia operar no vazio; ele necessita de um contexto estratégico que ressalte agendas salientes e foque no potencial para retornos sociais e financeiros. Dado seu sucesso até hoje e a necessidade de impulsionar as inovações americanas, acredito que o programa SBIR deve ser drasticamente expandido, e alinhado com novas orientações estratégicas estabelecidas pela Assessoria Nacional em Inovações e pelo Conselho Nacional de Inovações.

Na regeneração de nossa capacidade de inovação nacional, necessitamos não apenas de mais descobertas, mas também de propriedade intelectual mais implementável. Isso gera a necessidade de oferecer mais recursos para um sistema sobrecarregado de revisão de patentes. Matt Gardner, da associação do setor de biotecnologia Bay Bio, aponta que o U.S. Patent & Trademark Office tem uma defasagem de cinco anos no setor biotecnológico, ao passo que os prazos de revisão da FDA, que eram de um ano, passaram a ter aproximadamente o dobro de tempo. Esses atrasos podem traduzir-se diretamente em perda da posição competitiva para as empresas dos EUA.

São requeridos investimentos maiores para, virtualmente, todos os itens na agenda da inovação, privados e públicos. Para se dispor de capital de risco mais amplamente disseminado como catalisador de competências de inovações regionais, por exemplo, proponho que associemos programas de financiamentos compatíveis e de incentivos fiscais para estimular o desenvolvimento de fundos de capital de risco por todo o país. A forte concentração de capital de risco no Vale do Silício, Boston e Nova Iorque indica que há um número significativo de inovações e inovadores regionais fora dessas localidades de destaque que não recebem o mesmo nível de suporte e atenção. Devemos também impulsionar as várias redes locais já existentes de investidores *angel** por meio de redes de compartilhamento de informações e de diretrizes fiscais. Elas têm um papel importante a desempenhar no financiamento das fases iniciais dos projetos, que requerem menos capital, mais envolvimento prático e a suposição de se ter potencialmente mais risco do que aqueles que possam interessar às principais empresas de capital de risco.

Uma nova onda de ações filantrópicas tem começado a estimular inovações em uma ampla variedade de campos, e merece supervisão e suporte. Entre as que se destacam: a Omidyar Network, a Google Foundation, a Bill and Melinda Gates Foundation, a Skoll Foundation e a Broad Foundation. Típica do novo espírito é a Skoll, fundada com base na fortuna que Jeff Skoll fez com a eBay. A fundação se comporta como uma empresa de capital de risco, buscando empreendedores sociais que já fizeram a diferença localmente e necessitam de capital para migrarem ao próximo nível. "Nossa esperança é encontrar pontos de inflexão reais nos trabalhos em que podemos fazer parcerias com os mesmos para torná-los ainda mais bem-sucedidos", explicou Jeff Skoll.

---

* N. T.: Os investidores *angel* no mercado financeiro são conhecidos como aqueles que não investem em negócios que demandam muito volume de dinheiro, onde normalmente há uma atuação bem pronunciada de empresas de capital de risco. Os investidores *angel* costumam tomar suas próprias decisões, em vez de se apoiarem em um grupo de pessoas que representam vários investidores que reúnem as somas necessárias; além disso, têm maior possibilidade de acompanhar com mais apuro as fases iniciais dos empreendimentos que, de modo geral, são as mais difíceis.

Uma nova abordagem é denominada de compromisso antecipado de mercado (*advance market commitment* – AMC): promessas de fundações ou nações de prover um mercado para atrair empresas farmacêuticas a produzirem medicamentos que serão vendidos a preços acessíveis em nações pobres. A Bill and Melinda Gates Foundation, por exemplo, tem-se associado a diversos países – incluindo Itália, Rússia e o Reino Unido – no suporte de um AMC para desenvolvimento de uma vacina pneumocócica de preço e eficácia apropriados para as nações em desenvolvimento. Trata-se de uma agenda importante; as enfermidades pneumocócicas como pneumonia e meningite matam até um milhão de crianças por ano.

Muitas das fundações estão explorando novos incentivos, uma prática com uma longa tradição. Em 1714, por exemplo, o Parlamento Britânico apresentava um método inovador de estimular inovações: ele oferecia uma recompensa substancial a qualquer pessoa que conseguisse surgir com um meio de calcular longitudes. Conforme detalhado no *best-seller Longitude*, de Dava Sobel, o relojoeiro John Harrison resolveu o problema e, eventualmente, ganhou o prêmio.

Algo muito semelhante ao prêmio da longitude tem sido adotado pela X Prize Foundation – uma premiação em dinheiro. A família Ansari, que tinha fundado e depois vendido (por US$ 750 milhões) a Telecom Technologies, tornou-se patrocinadora titular de uma premiação de US$ 10 milhões a ser dada ao primeiro grupo não-governamental que lançasse uma nave espacial reutilizável tripulada no espaço. A SpaceShipOne teve direito ao prêmio em 4 de outubro de 2004, no 47º aniversário do Sputnik.

Mais recentemente, o empreendedor Richard Branson em conjunto com o ex-vice-presidente Al Gore anunciaram um prêmio de US$ 25 milhões para a pessoa que descobrisse o melhor meio de remover dióxido de carbono da atmosfera. Qualquer método que remover pelo menos um bilhão de toneladas de carbono por ano da atmosfera está qualificado para o prêmio.

E a lista de doadores civis de incentivos prossegue. Talvez organizações tradicionais, como a Nobel Foundation, poderiam se envolver, estabelecendo prêmios temáticos em oposição aos prêmios baseados em disciplinas. E nosso governo poderia considerar sua associação a esses movimentos oferecendo prêmios por novas descobertas em campos selecionados, ou suportando a criação desses prêmios por meio de políticas tributárias.

Sem deixar de ser importante para a agenda de inovação, os dólares somente podem ir até esse limite. As pessoas têm de ser inspiradas e organizadas para atingir nossa meta. Para esse fim, proponho um National Service Corps (Corpo Nacional de Serviços), que mobilizaria talentos para lecionar em escolas, fornecer tutoria a crianças, prover liderança no nível comunitário local, e dar a orientação necessária para potenciais empreendedores. Atuando como organização paralela, poderia ser instituído um Global Service Corps (Corpo Global de Serviços) para formar o DNA do Peace Corps (Corpo da Paz) e criar pontes de serviço para as nações em desenvolvimento enquanto exibiria um senso norte-americano renovado no tocante às inovações. Uma unidade para a procura de voluntários: os milhões de *baby boomers*, aposentados ou os impedidos de fazer parte da força de trabalho, que ainda detêm as habilidades, o conhecimento e a experiência para fazer do mundo um lugar melhor (para se viver). Todas essas pessoas que não querem ser uma geração que deixaria a América, e o mundo, pior do que quando a encontraram. E elas ainda têm tempo para fazer algo sobre isso.

Temos ainda um tempo bastante longo antes de podermos começar a perceber os efeitos da agenda de inovações que proponho nessas páginas. Mas algumas pequenas iniciativas já podem ser vislumbradas, um certo entendimento de que um novo tipo de dinâmica está no ar. Nesse espírito, gostaria de dividir com você uma experiência que tive na primavera de 2007 no Quadrus Conference Center, localizado na famosa Sand Hill Road, no Vale do Silício.

Faço parte de uma equipe que organizou um encontro para examinar a próxima onda de padrões de inovação emergentes no vale. Os participantes incluíam Wayne Johnson, que dirige a unidade da HP que trata das relações com as universidades; Stan Williams, diretor-fundador do grupo de pesquisa em ciência quântica da HP; Marissa Mayer e Shailesh Rao, do Google; Paul Saffo, da Stanford; Navi Radjou, da Forrester Research, cujo trabalho sobre redes de inovação mencionei anteriormente; Matt Gardner, que preside a Bay Bio; e Reg Kelly, que comanda a QB3, um dos Institutos Californianos. Havia meia dúzia de CEOs de empresas com nomes "interessantes" como Nano-Stellar, Perlegen Sciences, Renovis e Gigabeam, que cobrem campos como o de materiais nanomoleculares e genética no câncer, bem como uma série de organizações tradicionais de serviço, como a McKinsey e a Hill & Knowlton. Outros *stakeholders* incluíam a BASIC, o Bay Area Science and Innovation Consortium e a

California Space Authority, patrocinadores do evento, e colegas do meio universitário vindos da UCLA, UC Davis e da Stanford.

Para resumir, era um *potlatch**, ou "festival indígena de recebimento de presentes", no estilo da era da informação. Os participantes se comunicam facilmente em rede, trocam cartões de negócios e histórias e, em muitos casos, reativam antigos relacionamentos. E, também, trata-se de um grupo com conexões pelo mundo. Shailesh Rao irá para Nova Délhi em dois meses para dirigir o Google India. Stan Williams irá para a China em um mês para visitar institutos de nanotecnologia. Reg Kelly e David Cox acabam de voltar da China, onde tiveram reuniões com instituições acadêmicas no campo de genética molecular. E Paul Saffo e eu tínhamos acabado de retornar de palestras em Cingapura, participando de um congresso sobre avaliação de riscos e mapeamento dos horizontes.

Emergiram temas interessantes nos debates: pontes cooperativas entre empresas jovens e maduras; técnicas para melhoria do compartilhamento de conhecimento pela comunidade; propostas para uma interface mais interativa entre o Vale do Silício e o fluxo interminável de visitantes estrangeiros que pretendiam "caçar" talentos e novas idéias na receita inovadora do vale.

Longe de ser reativo ao governo, o grupo discute ativamente meios pelos quais o governo pode desempenhar um papel importante. Uma questão crucial surge rapidamente: não há um "czar" da ciência e tecnologia no governo estadual da Califórnia para emprestar uma perspectiva de alta tecnologia às deliberações governamentais e para defender uma política mais transparente voltada à ciência e à tecnologia. Os participantes entraram com dados em seus Rolodexes, delinearam uma estratégia para tratar com o governador, e continuaram seus trabalhos.

A origem desse encontro é digna de nota. A California Space Authority (Jurisdição Espacial da Califórnia) recebeu o dinheiro de uma subvenção da WIRED (Workforce Innovation in Regional Economic Development), parte de um programa de US$ 195 milhões financiado pelo Ministério do Trabalho para "focar no papel decisivo do desenvolvimento de talentos na atração de desenvolvimento econômico e em novas oportunida-

* N. T.: O *potlatch* trata-se de uma celebração ainda comum nos povos indígenas que ocupam essencialmente a Costa Noroeste do Pacífico, abrangendo uma parte dos Estados Unidos e do Canadá. Há nessas festas bastante bebida, comida, dança, música etc. e também muitos presentes, como um sinal de redistribuição e de reciprocidade de riqueza.

des de emprego de alta especialização e de alto crescimento para essas regiões". A BASIC (Bay Area Science and Innovation Consortium), uma organização não-governamental, fez o trabalho e nomeou um comitê organizador com integrantes da comunidade. A agenda e a lista dos participantes emergiram de uma série de discussões entre os organizadores, que também trabalharam na agenda e na lista de convidados.

Ninguém dirigiu o processo, mas durante todo o encontro reinava uma vibração típica de uma *start-up* do Vale do Silício – o mesmo tipo de trabalho em rede, entusiasmo, abertura para novas idéias, confiança e o desejo de se construir algo diferente.

Numa mistura entre o público e o privado, as organizações não-governamentais eram capazes de contribuir e enriquecer a colaboração geral. Elas alocavam financiamentos, informações e recomendações logísticas. As agendas dos dirigentes federais, estaduais e municipais, tais como pesquisar a futura força de trabalho ou definir o "corredor de inovações" na Califórnia, coexistiram confortavelmente com as agendas dos participantes do setor privado, tais como encontrar novas parcerias e fontes de financiamento e explorar questões de responsabilidade social.

Esse encontro oferece um vislumbre de como provavelmente será a abordagem futura frente às inovações de nosso país em bases concretas. Nossa agenda nacional não deve ser baseada em um grande projeto ao longo das linhas dos planos qüinqüenais impostos de cima para baixo, mas sim em uma "dança" fluida, livre, entre os setores público e privado, entre acadêmicos e organizações não-governamentais, e entre empreendedores e cidadãos individuais. Ela não pode ser uma estrutura burocrática, imposta de cima para baixo, de uma agência governamental, tampouco a "mão invisível" do setor privado. O que precisamos é de uma mescla entre as duas modalidades que encontre o ponto de equilíbrio entre a "mão invisível" e a mão controladora – em resumo, a "mão que ajuda", ou assistência.

Para cumprir essa meta, nós, como nação, ainda temos que fazer alguns exames de consciência. O próximo capítulo explora a visão e os valores necessários para a realização de nosso sonho de uma Nação Inovadora. Ele ainda aborda como nossas ambições nacionais renovadas se reconciliam com uma evolução rápida do planeta ao que denomino de Mundo Inovador.

DEZ

O QUE É BOM PARA O MUNDO É BOM PARA A AMÉRICA

"O mundo é meu país, todas as pessoas são meus irmãos, e o que me faz bem é minha religião."
– *Thomas Paine*, panfletista e revolucionário

Quando líderes corporativos e governamentais desejam contratar meus serviços, uma das primeiras perguntas que lhes faço é: "se a inovação é a resposta, qual é a pergunta?" Trata-se de uma indagação ilusoriamente fácil, mas que atinge o ponto central de uma questão fundamental que nós, nos Estados Unidos, devemos nos esforçar para responder neste momento crítico da história mundial: O que, de fato, nós, como nação, queremos das inovações? A que propósito coletivo elas servirão? Até que ponto elas podem nos levar.

No nível pessoal, a inovação poderia ser o meio de encontrarmos trabalho que traga satisfação e de ficarmos ricos. Nos negócios, ela poderia ser a chave para navegarmos com sucesso em um meio traiçoeiramente competitivo, e de dispararmos na frente. No nível nacional, ela poderia muito bem ser o veículo para realizarmos os sonhos de uma sociedade. Mas, para a inovação conseguir realizar uma transformação desse tipo, ela tem de ser gerada e nos ajudar a executar uma série de grandes idéias – idéias essas que encerram uma visão do que valorizamos e de como queremos que as coisas sejam.

O consultor suíço Bo Ekman estrutura a questão segundo um modo ligeiramente diferente. A figura alta, elegante e segura de si que ele tem se encaixa perfeitamente no modelo central de um conselheiro confiável, mas ele é um bom ouvinte com uma aptidão para identificar e articular o principal *insight* em qualquer discussão. Ele conta também com uma reputação jocosa nos círculos de negócios suecos. Em 1999, Ekman publicou um editorial no *Expressen*, um dos principais jornais do país, com o título: "De que adianta a Suécia?" Ele me revelou: "Há um conceito geral de que nós, suecos, somos um povo agradável, bondoso; executamos trabalhos de alta qualidade. Mas, efetivamente, qual é a utilidade dos suecos?"

De certa forma, isso é semelhante à questão corporativa: "Por que estamos nesse ramo de negócios?" Se, por exemplo, você fosse perguntar à direção da Disney qual seria seu propósito, a liderança sênior jamais responderia: "Estamos no segmento de parques temáticos". Nem a primeira coisa que expressariam seria: "Pretendemos obter um retorno X no valor patrimonial". Não, o propósito de toda a equipe é determinado em poucas palavras: "Criamos satisfação ao oferecer o melhor possível a pessoas de todas as idades, em todos os cantos do planeta". Satisfação – essa é a razão subjacente para a Disney estar envolvida no negócio.

O mero esforço para se manter a robustez ou um padrão de vida é, em nosso mundo globalizado, cada vez mais complexo, uma receita para a estagnação. Exige-se um senso mais ambicioso e convincente de missão e propósito para propelir as inovações na escala que, eu argumento, é crítica.

Quando nos referimos às nações, grandes ondas de inovações geralmente correspondem ao que podemos considerar como um período heróico. Surge uma enxurrada de energia inovadora como resposta a um desafio muito importante, geralmente externo, que requer clareza e ousadia de propósito. Um número enorme de pessoas repentinamente compartilha uma meta abrangente que promete uma ampla recompensa devido aos apuros para se atingir isso. E, à medida que lutam para realizar essa visão, elas se transformam, além de transformarem seus próprios países.

Sob diversos aspectos, um senso estimulado de propósito ativava as eras mais gloriosas das antigas China, Grécia e Roma, bem como no nascimento do Império Britânico. Nos Estados Unidos, uma visão arrojada impeliu nossa entrada na Segunda Grande Guerra e, subseqüentemente, apresentou o plano para a reconstrução da Europa. O mesmo ocorrera com nossa ativa e, às vezes, audaciosa perseguição da Guerra Fria, como, por exemplo, o programa espacial Apollo, que influenciava todas as agendas.

Diz-se que a percepção nacional própria dos Estados Unidos é baseada no drama revolucionário de 1776, na noção de um país como uma terra de liberdade que possibilitava a busca de felicidade, através da qual Thomas Jefferson pressupunha que os filósofos tinham chamado de uma "vida gloriosa". No entanto, segundo minha opinião, o que nos modelou ainda mais foi a expansão de nossas fronteiras e os sonhos nutridos de um futuro manifestado, a crença de que os Estados Unidos já estavam determinados para se tornar uma das maiores potências do mundo. Esse é provavelmente o propósito prioritário nacional que tem formatado a narrativa norte-americana até o momento.

Na compra da Louisiana efetivada por Jefferson, a maior negociação de propriedades de todos os tempos, os Estados Unidos pagaram US$ 15 milhões, ou menos de três centavos por acre, por uma faixa de terra primitiva de mais de dois milhões de quilômetros quadrados de extensão que varria desde o Canadá até o México, na direção oeste do rio Mississipi para os lados do Oceano Pacífico. Breve, a jovem república anexou a Califórnia, a Flórida, o Texas e o Oregon, onde, em 1946, um compromisso territorial com o Canadá Britânico antecipava o que poderia ter sido nossa terceira guerra contra os britânicos em 50 anos.

A crise do Oregon inspirou um jornalista, John L. O'Sullivan, a avaliar o novo temperamento dos americanos como um povo "escolhido". "Nada deve interferir", ele escrevera em um editorial de 1845, "com o cumprimento de nosso manifesto destino de estender o continente concedido pela Providência para o livre desenvolvimento de nossos milhões que se multiplicam a cada ano". Era essa mesma sensação de trajetória predeterminada para a grandeza que impeliu nosso arranque para o espaço cósmico e, eu concordaria, para nossa exploração das conquistas internas do ciberespaço e do genoma humano.

No entanto, na atualidade, a percepção que os Estados Unidos têm de missão parece meio obscura. Na esteira dos acontecimentos pós-11 de setembro, nós nos unimos – pelo menos em espírito – mas, desde então, nossas energias têm sido dissipadas por uma visão estratégica errônea. Agora parece que estamos desorientados para evocar e expressar um conceito de liderança que se enquadre em uma história mundial cada vez mais complexa. O que necessitamos agora é de um senso renovado e desenvolvido de propósito nacional. Nossa crença histórica sobre um futuro manifestado deve ser reconsiderada sob a luz de um contexto ainda mais globalizado e de um desenvolvimento incessantemente rápido. Em resumo, precisamos de um novo entendimento de onde e como nos enquadramos nesse novo panorama. O objetivo convencional de soma zero de "eu venço, você perde: os Estados Unidos na 1ª posição" não mais se encaixa automaticamente no papel que devemos desempenhar no estágio mundial.

Se quisermos aceitar a meta de tornarmos nosso país uma Nação Inovação, isso certamente nos colocaria muito distante de qualquer desejo bem-intencionado e regressivo de exercer poder hegemônico sobre o mundo. Esse movimento iria, ao contrário, expressar uma apreciação de nosso papel crescente como nação, cujo propulsor ainda poderoso de inovações poderia ajudar a formar o que intitulo de Mundo Inovação. Ou seja, um mundo em que uma sociedade extremamente interconectada e integrada está dotada de inúmeros centros de inovação, de indivíduos habilitados e de infra-estruturas abertas dedicadas ao aperfeiçoamento da humanidade.

Obviamente, muitos ainda continuariam a ver o mundo por meio de uma lente limitada da vantagem comparativa e de se operar segundo essa visão restrita. Robert Atkinson, autor de *The Past and Future of America's Economy*, cataloga práticas de todas as partes do mundo que equivalem a um mercantilismo orientado por inovações – por exemplo, concessão de isenção de tarifas para introduzir manufatura de alta tecnologia em determinado país ou outros recursos aquinhoados para a instalação de laboratórios no mesmo. E, hoje em dia, os profissionais do roubo, a forma mais explícita de mercantilismo, conseguem escapar das penalidades impostas pelas práticas de pirataria, tais como softwares, ao mesmo tempo em que desfrutam de retornos econômicos obtidos nas vendas de DVDs, sacolas e sapatos.

Devemos atuar segundo uma série diferente de regras. Costumava-se dizer que o que era bom para os Estados Unidos era bom para o mundo. Agora, devemos reverter essa lógica e afirmar que o que é bom para o mundo também é bom para os Estados Unidos. Nossa futura prosperidade e nossa posição no mundo emergirão de uma exibição de sabedoria e de uma perspectiva orientada de longo prazo que nos moverá para assumirmos a liderança na abordagem dos graves problemas globais. Em resumo, a globalização vista sob a lente da inovação pode estruturar uma nova atitude para nós.

Devemos pressionar a nós mesmos para nos tornarmos a primeira Nação Inovação totalmente realizada, em parte para que possamos assumir o papel de facilitador global, função para a qual somos o único país conveniente. Nenhuma outra nação pode explorar tantas fontes diferentes de *expertise*. Nenhuma outra nação pode ter a liberdade mental, os recursos financeiros e criativos, além da capacidade de organizar esses recursos, para atingir a massa crítica necessária para a conquista de grandes feitos.

Mas nossa primazia não deve durar para sempre. O fato preocupante é que, queiramos ou não liderar essa responsabilidade, o restante da sociedade global continuará sua rápida evolução para conseguir ser um Mundo Inovador. Nossa oportunidade de assumir o comando e de ter influência será reduzida e, na pior das hipóteses, perdida totalmente caso os Estados Unidos passem a se desobrigar ou a adotar uma nova forma de isolamento. Certamente chegará o dia em que muitos países serão, ao menos, tão impressionantes em sua capacidade de inovar quanto nós.

Considere o texto a seguir, extraído de um recente relatório sobre políticas:

> Uma cultura de inovação gera esforços inovadores, enquanto estes, por sua vez, estimulam a cultura de inovação... Devemos encorajar o espírito inovador de ousar para sermos os primeiros e ousarmos para assumir riscos. Devemos tolerar erros, atingir pouca profundidade e prover uma etapa para diversas idéias e atividades inovadoras para revelar suas atrações individuais, de modo que as fagulhas da criação possam convergir, se disseminar e irradiar uma luz radiante.

Essa é a mensagem inspiradora que extraímos do Vale do Silício? Do vale do rio Tâmisa? De Cingapura? Não, essas palavras iluminadas e informativas provêm da República Popular da China.

Considere ainda um exemplo de um país trabalhando arduamente para construir uma rede nacional de laboratórios de biotecnologia para avançar com a produção agrícola, fabricação de medicamentos e a tecnologia limpa. Seus esforços para quebrar o código genético do vírus H4N1 da gripe aviária têm sido descritos como "decisivos" por nada menos do que uma entidade como a Ernst & Young em sua revisão anual sobre biotecnologia global denominada *Beyond Borders*. Há alguns anos poderíamos nos lembrar da China ou de alguma parte da Europa Ocidental, mas, talvez surpreendentemente, é o Vietnã que está galgando alguns degraus na marca das inovações para participar desse setor globalmente estratégico.

E, ainda, há a Etiópia. Uma das nações mais pobres do mundo e classificada em 104º lugar pelo estudo da INSEAD que qualifica todos os inovadores, a Etiópia está introduzindo uma rede de fibra óptica de 4 mil km^2 que trará seus 74 milhões de habitantes a uma distância de poucos quilômetros de um ponto presencial de banda larga até 2007. Ela ainda alocará US$ 100 milhões de seus limitados recursos para a compra de computadores destinando-os a escolas e órgãos governamentais. Pode-se imaginar que um Steve Jobs ou Bill Gates etíope esteja acessando a Web pela primeira vez neste exato instante.

Esses são apenas alguns sinais que apontam para um cenário global em transformação. O banco de investimentos Goldman Sachs observa que a produtividade econômica do BRICS (Brasil, Rússia, Índia e China) poderá ultrapassar a do grupo que compreende os Estados Unidos, Japão, Reino Unido, Alemanha, França e Itália em 2039. Ele ainda chama a atenção para o fato de que a China está a caminho de se tornar a maior economia do mundo, superando a dos Estados Unidos em 2041. O país terá mais usuários da Internet do que os Estados Unidos no final desta década. E já não é mais uma grande surpresa ouvir um líder em tecnologia como Jack Ma, fundador e CEO da Alibaba, a versão doméstica do eBay na China, afirmando que "hoje, o Vale do Silício encontra-se na China".

De modo geral, a globalização deve ser adotada somente se ocorrer o que o colunista Thomas Friedman, do *New York Times*, denomina de "The Golden Arches Teory of Conflict Prevention" (Teoria dos Arcos Dourados de Prevenção de Conflitos). Segundo a fala de Friedman, jamais houve dois países que abrigam o McDonald's entrarem numa guerra mútua. Em outras palavras, quanto mais fortes forem nossos laços econômicos, menos litigiosas serão nossas relações com outras nações. Eu adicionaria um argumento correlato que denomino de "Efeito do Vale do Silício", que sustenta que países unidos em uma causa comum, vínculos incontáveis de associabilidade e recursos distribuídos de inovações, também têm menor probabilidade de combaterem entre si.

Similarmente às escolas militares dos EUA que treinam oficiais de outros países, o mesmo ocorre com ex-profissionais do Vale do Silício, na volta a seus países, não para lançar estratégias devastadoras contra nós, mas para descobrir modos auto-interessantes de colaboração em uma evolução interminável de modelos globais de negócios. John Ruggie, diretor do Center for Business and Government da Kennedy School of Government, da Harvard, tem observado que "a vida em um mundo de globalização sustentável é uma negociação permanente". Assertiva para a qual poder-se-ia acrescentar que é também uma oportunidade permanente para uma arbitragem criativa.

A arbitragem geralmente se refere a obter vantagem de diferentes preços para um item financeiro; você compra uma obrigação (título) em Londres, digamos, e vende-a por um pouco mais em Nova Iorque. Mas, por arbitragem criativa quero dizer tirar vantagem de diferenças culturais, mercadológicas e tecnológicas. Uma formidável vantagem advém daqueles que podem associar culturas e sistemas sociais em face de seu legado, da experiência como repatriado, ou na condição de modelos do que AnnaLee Saxenian, da UC Berkeley, denomina de "circulação de cérebros". Estamos falando de pessoas cujas trajetórias de carreira e opções de projetos abarcam múltiplas regiões; um exemplo seria o da nova classe de viajantes freqüentes que fazem o percurso entre o Vale do Silício e Pequim. Os arbitradores podem então utilizar esses fatores como diferenciais no desenvolvimento de mercados e tecnologias, estruturas de custos e meios reguladores, como um modelo de negócios, importando produtos, processos e *know-how* de onde eles são abundantes para locais em que são escassos e, assim, auferindo ganhos.

Independentemente se as pessoas são ou não fãs da globalização, o próximo ato no drama global se desenvolverá com a força da inevitabilidade. Voltando ao início da década de 60, o renomado economista Robert L. Heilbroner escreveu um livro intitulado *The Great Ascent – The Struggle for Economic Development in Our Time*, no qual declarou que, por meio do processo de desenvolvimento econômico, as "instituições sociais, políticas e econômicas do futuro estavam sendo modeladas pela grande maioria da humanidade. Do resultado desse enorme ato dependerá a natureza da civilização mundial por muitas gerações vindouras". Agora, no despertar do século XXI, o conceito de uma grande ascensão está sendo renovado em termos do impulso pelas inovações em uma escala global. Como jamais acontecera, a sociedade global está ávida de idéias não-ortodoxas, de novas fontes de valor e de competências estratégicas para inovar.

Conforme tenho indicado, centros de inovação emergentes estão desafiando a posição dos Estados Unidos como a principal nação inovadora do mundo; nosso papel também está mudando de um exportador absoluto a um importador de inovações. Que os resultados em inovações do restante do mundo estão se tornando cada vez mais importantes é confirmado por muitas fontes, e especialmente pela comunidade de inteligência norte-americana. Quando estávamos numa competição direta com a União Soviética, nossos serviços de inteligência tinham como tarefa principal evitar que segredos de estado fossem furtados por desconhecidos. Agora, cada vez mais, o trabalho de inteligência envolve a coleta de conhecimento e informações sobre inovações tecnológicas ocorridas fora de nossas fronteiras. O "famoso canário numa mina de carvão"* será a emergência de tecnologias que não entendemos. Fala-se que estamos rastreando algumas neste exato momento.

O fluxo de produtos, serviços e processos inovadores que emanam de fora dos Estados Unidos atua como uma mudança climática que reorienta torrentes de comércio e cria novas correntes, provocando assim mudanças significativas no fluxo de inovações. Agora você pode ver fluxo de idéias inventivas no percurso entre, por exemplo, a China e a África, ou entre Cingapura e o Golfo Pérsico. Poderíamos considerar essas mudanças na circulação como evidência da democratização de inovações em todo o planeta.

O que também estamos vendo é a emergência de uma cultura internacional de intercâmbio comercial e tecnológico que beneficia crescentemente uma combinação entre imaginação e pragmatismo, há tempos aceita como uma marca cultural dos Estados Unidos. Em seus valores, atitudes, desejo de correr riscos e disposição de cruzar fronteiras, essa cultura dá uma prova de que as idéias americanas – pelo menos no que se aplica a inovações – são agora as idéias globais.

---

* N. T.: A expressão idiomática "O famoso canário numa mina de carvão" passa o significado principal de um *sinal de alerta* se observarmos várias de suas utilizações na língua inglesa.

Além disso, e conforme observado anteriormente, as corporações multinacionais também são elementos aceleradores de inovações em uma escala global. Elas operam com uma independência cada vez maior em relação a seus países de origem, estimuladas por um interesse duradouro de reduzir custos e de poderem se apoiar no *pool* de talentos o mais amplo possível. Elas estão enviando a manufatura, o projeto, e especialmente a pesquisa e o desenvolvimento, para o exterior num ritmo galopante. Em uma pesquisa com 186 empresas conduzida pela firma de consultoria Booz Allen Hamilton em 2006, 75% das novas unidades de Pesquisa e Desenvolvimento planejadas por corporações globais foram alocados para a China e a Índia, e a participação geral dessas unidades fora do mercado doméstico de suas empresas aumentou de 45%, em 1975, para 66%, em 2004. Esse ritmo extremamente perigoso da globalização provocou a reação de Craig Barrett, *chairman* da Intel, que me observou que sua empresa provavelmente não pode mais ser qualificada de americana.

O fenômeno de *offshoring* nas inovações (levar os ativos para outro país, em vez da terceirização, que envolve a mera contratação de uma empresa estrangeira) é um dos principais elementos impulsionadores da globalização, especialmente à medida que a motivação muda de reduzir custos para alavancar as imaginações de trabalhadores estrangeiros cada vez mais capacitados. E os vetores do fluxo de *offshoring* são reveladores de si próprios: a Índia agora está aplicando *offshoring* em países da América Latina e em outras nações, algumas das quais, como o Canadá, ostentam alto padrão de vida. Por exemplo, em 2006, o Aditya Birla Group, da Índia, adquiriu a empresa canadense de gerenciamento em terceirização Minacs Worldwide com o propósito de cortar custos de telecomunicações e reduzir barreiras culturais e de idiomas como parte de seu esforço de atingir o mercado norte-americano. A disseminação viral de competências e culturas de inovações também se estende aos indivíduos: considere o funcionário da Intel (ou da Cisco, Apple, IBM) chinesa ou indiana que pode um dia sair para tentar melhores oportunidades em outras empresas, levando com ele o conhecimento tecnológico e, mais importante, o entendimento do processo empresarial.

Para os Estados Unidos, a mensagem abrangente em todos esses desenvolvimentos globalizantes é que o histórico modelo americano cêntrico de distribuição de inovações – uma configuração tão usual à nossa prosperidade na última metade do século XXI – está cedendo lugar a um modelo multicentro, com maior poder de distribuição. A monumental mudança dá urgência à nossa própria evolução na trajetória da Nação Inovação de modo que possamos oferecer nossos serviços – em uma estrutura estratégica expandida – na qualidade de integradores, financiadores, corretores e educadores de sistemas de inovações. De outra forma, arriscamos ser deixados para trás por um Mundo Inovador de rápido desenvolvimento.

No entanto, você pode perguntar, por que os Estados Unidos têm de sincronizar seu ritmo de inovações se tantas iniciativas estão sendo conduzidas em outras partes do mundo? Por que não ser o que os economistas denominam de "*free rider*"*, identificando inovações que emergem no estrangeiro e capitalizando comercialmente em cima delas? Sob esse aspecto, ser um *free rider* pode ser uma boa idéia, mas a história dos negócios mostra que benefícios desproporcionais provêm dos criadores de conceitos realmente novos, e que tanto recursos como imitadores são atraídos pelos avanços revolucionários dos criadores. Daí o enorme sucesso do Vale do Silício e de seus gênios residentes. E embora a sabedoria popular desconsidere a distância em uma economia global, como eu tinha apontado anteriormente, os geógrafos econômicos ainda constatam que, apesar de toda a propaganda exagerada sobre a "morte das distâncias", a localização de uma empresa ainda importa muito e os centros de inovação locais desempenham uma função crítica.

Certamente, o Mundo Inovador não irá ser desenvolvido da noite para o dia. Sua urgência será um processo desafiador e longo à medida que as nações lutam para repelir pensamentos fixos ultrapassados, focar suas energias e recursos em inovações, e interagir entre si em modos novos e cada vez mais complexos que demandam profundidade renovada em discussões, colaboração e compartilhamento de conhecimento. E, de todas as mudanças profundas requeridas, a mais difícil pode ser a cultural.

---

* N. T.: O *free rider* passa a idéia de algo ou alguém que se beneficia de uma atividade coletiva sem participar diretamente nela. No mundo financeiro pode representar, por exemplo, a aquisição de títulos por um corretor sem qualquer desembolso, para auferir lucros no futuro; prática essa normalmente proibida pelos órgãos reguladores.

O DESAFIO CULTURAL

É manhã em Dubai. Acordo em meu quarto na lustrosa Jumeirah Emirates Towers e apanho a caixinha de entrega de jornais que se projeta ao lado da maçaneta da porta. Possivelmente ainda estou grogue, mas tenho a impressão de que vejo não um ou dois jornais, mas 117! Num exame mais apurado, constato que há periódicos de 51 países. Seis deles são da Finlândia, inclusive o meu favorito, *Kainuun Sanomat*, e há dois exemplares do Brasil, da Nova Zelândia e do Nepal, enquanto me alegro ao ver que também posso ler o *Gorkhapatra*.

Passados alguns meses, estou felizmente instalado no Shangri-La Hotel em Cingapura e passo uma vista de olhos em um repositório similar. Para não ser superado, o serviço cingapuriano – referido como o Catálogo de Jornais Internacionais – contém 358 jornais de 62 países, incluindo um número impressionante de 28 somente da Rússia. Aqui, fico entusiasmado em ver tantas publicações escritas em eslovaco, macedônico e papiamento*.

Descobri mais tarde que a empresa por trás dessas ofertas, a Newspapers Direct, está baseada no Canadá, onde foi fundada por um polonês expatriado com capital de risco norte-americano e europeu. Falam sobre culturas cruzadas.

Para se tornar um líder que acelere o ritmo das inovações nesse mundo com alta velocidade de globalização, será necessário uma inteligência cultural evoluída, e, inclusive, uma sensibilidade frente a outras pessoas e línguas, além de uma abertura e desejo de conexão com o mundo como um todo.

Cada país tem sua própria versão de desafio cultural para superar. Para os Estados Unidos, trata-se de nossa falta lastimosa de habilidades em línguas e de nosso conhecimento cultural. Em 11 de setembro de 2001, tínhamos um mero punhado de pessoas que falavam pashto** em nosso governo, colocando-nos em uma desvantagem distintiva entre o povo *pashtun* do Afeganistão, país com o qual em breve estaríamos em guerra.

* N. T.: O papiamento corresponde a uma das línguas faladas nas Antilhas Holandesas, localizada na região do Caribe. O dialeto é uma mistura de inglês, espanhol, português e de algumas línguas africanas.

** N. T.: O pashto corresponde a uma das línguas mais faladas no Afeganistão; cerca de 50% da população do país se comunica com base nesse dialeto. Ele ainda é difundido no Paquistão.

E, em dezembro de 2006, o bipartidário Iraq Study Group reportava que, entre mil membros do *staff* locado na embaixada americana em Bagdá, apenas 33 falavam árabe, sendo que somente seis eram fluentes.

Apesar de suas conquistas em múltiplos mercados, os asiáticos também não estão imunes a desafios culturais. Considere, por exemplo, a China. Ela terá que equilibrar, cada vez com maior dificuldade, a reconciliação de um processo político extremamente opaco, centralizado, com o desejo de transparência entre uma subcultura em expansão de empreendedores de alta tecnologia, artistas e pessoas independentes. E apesar de seu sucesso comercial, o Japão começa a ser "prejudicado" por uma cultura hierárquica que resiste à abertura e impõe a conformação a fortes pressões. "O prego que se destaca merece uma martelada" é um ditado ainda pertinente, não uma nota de rodapé histórica singular, que descreve um modo de vida no Japão mesmo entre a proliferação dos *shin jin ryu*, ou dos "novos seres humanos", que podem ser vistos caminhando pelas ruas de Harajuku ou Shibuya em todo seu esplendor de alta moda no dia-a-dia. Talvez como resultado, ao menos em parte, os engenheiros talentosos têm se tornado o que o *New York Times* recentemente intitulou como um dos produtos de exportação mais valorizados do Japão.

Para observar um modelo bem-sucedido de interconexão, redes de trabalho e integração que deve evoluir em todas as regiões do mundo, examine a Europa. De acordo com o *Global Competitiveness Report*, do Forum Econômico Mundial, esse continente abriga sete das dez nações mais competitivas do mundo – Suíça, Finlândia, Suécia, Dinamarca, Alemanha, Holanda e Grã-Bretanha. Uma dose considerável para a imagem dos burocratas da UE em Bruxelas disputando interminavelmente a forma de definir uma banana.

De fato, os cinco principais países nessa relação são todos extremamente cosmopolitas; a maior parte de seus cidadãos fala diversas línguas e também entende diferenças culturais. A Suíça, por exemplo, a base neutra de reuniões para o restante da Europa há séculos, é uma mescla entre a França, a Alemanha e a Itália, mas mantendo sua própria cultura internacional. Sua diversidade cultural e política tem feito com que o país sedie várias agências internacionais. Na Dinamarca, outro forte competidor, a aptidão em idiomas estrangeiros é algo natural, como pode ser atestado por qualquer visitante. A capacidade dos dinamarqueses de criar empatia com pessoas de diferentes culturas e de construir pontes de entendimento tem feito eles obterem êxito como diplomatas, mediadores para a paz e executivos internacionais. Isso os ajudou a desenhar produtos que sensibilizam pessoas de todas as partes do mundo, desde os pequenos blocos multicoloridos Lego até os equipamentos eletrônicos de última geração da Bang & Olufsen.

Cingapura, colocada em 5º lugar na relação e principal competidor asiático, é diferente de muitos dos seus vizinhos. A cidade-estado-ilha é o fruto de três culturas diferentes – chinesa, indiana e malaia – modelada também por uma grande quantidade da população de descendência anglo-saxã sob o Império Britânico. De fato, a língua oficial do governo é o malaio, mas a efetiva língua nacional é o inglês e a língua emocional não-oficial, o chinês. Em Cingapura, anglo-saxões, indianos, malaios e chineses convivem em uma comunidade vibrante cujo toque único de diversidade e tolerância deriva de sua rica mistura cultural.

Essa combinação cria uma inteligência cultural vital que é importante não somente porque constrói laços de empatia, mas também porque estimula criatividade. A formação de conexões e entendimento em diversas culturas pode gerar frutíferas novas idéias. Scott Page, professor de sistemas complexos na Universidade de Michigan, persuasivamente aponta esse fato em seu recente livro, *The Difference – How the Power of Diversity Creates Better Groups, Firms, Schools, and Societies*, ressaltando que múltiplos pontos de vista são mais significativos do que a capacidade individual de pensar quando temos de resolver problemas importantes.

Certamente as redes através das quais as inovações se desenvolvem irão evoluir e seus sistemas passarão a ser integrados, não por meio de um grande plano, mas preferentemente como resultado de milhões de escolhas que serão feitas por indivíduos, empresas e governos. Assim ocorre pois a inovação começa com o conhecimento coletivo, os "lampejos" interativos de várias mentes. Ela não brota plenamente formada; ela é aprendida de pouco em pouco por meio de uma série de diálogos, partidas falsas e erros.

Mas se o governo não é o *player* dominante, ele irá modelar o panorama global do jogo, como notamos anteriormente na discussão das agendas nacionais. Ele pode capacitar inovações, definir as regras para canalizá-las e fornecer a liderança sem a qual a inovação não consegue atingir seu verdadeiro potencial. A questão para o mundo, então, da mesma forma que para os Estados Unidos, é onde estão os líderes mundiais para nos estimular a agir? E que instituições podem melhor suportar essa jornada?

Nossa sociedade cada vez mais interconectada globalmente necessitará considerar em que iniciativas de larga escala deverá investir. Perseguir fluxos futuros de oportunidade no, digamos, campo farmacêutico ou da nanotecnologia, irá envolver esforços nem mesmo remotamente cobertos pelos não usuais US$ 10 milhões ou até US$ 100 milhões pulverizados nos locais corretos. Serão necessários bilhões de dólares durante vários anos. A incrível magnitude de investimento requerido é um dos argumentos mais convincentes para que se faça uma orientação global dos esforços sob alguma forma significativa.

Podemos ficar preocupados que essa coordenação seja simplesmente muito difícil de ser gerenciada ou uma abertura para uma nova forma de superburocracia. Mas, em algumas áreas de pesquisa científica, já se obteve uma cooperação em larga escala. Governos europeus se uniram para fundar o projeto do Extremely Large Telescope, no Chile, e o acelerador de partículas Large Hadron Collider, no CERN de Genebra, o maior laboratório de estudo de física de partículas do mundo. Essa colaboração é talvez outro sinal de que a profusão de países europeus no topo em vários índices de competitividade não é mero acidente.

Eu diria que a mesma variedade de cooperação em larga escala pode ser aplicada quanto à noção de comando nas inovações. E mais, os desafios apresentados para a sociedade civil global pela mudança climática, pobreza, doenças, ameaças à segurança, ruptura educacional, e pela falta de água potável, demandam que as nações do mundo se associem para fins de colaboração.

Alguns podem duvidar se os países conseguem efetivamente dar um passo à frente até a liderança colaborativa em inovações numa escala global. Mas, novamente, considere Cingapura, que tenho citado com freqüência nessas páginas como uma espécie de Nação Inovação em formação. Evidências maiores desse *status* de evolução surgiram em 2006, quando o governo anunciou o Worldo•Singapore, uma iniciativa para explorar como o país pode exportar elementos de seu setor público e avanços em infra-estrutura como uma oferta de produtos e/ou serviços ao restante do mundo. Exemplos específicos poderiam incluir os desenhos de currículos de estudo de Cingapura, o *know-how* de construção de aeroportos, e os padrões técnicos para o *e-government*. No lançamento do programa, Peter Ho, secretário permanente do Ministério de Relações Exteriores e diretor do Civil Service, declarou inclusive que o programa Worldo•Singapore poderia levar o mundo a inovar dentro de Cingapura, ou, alternativamente, que Cingapura poderia inovar para o mundo todo.

Cingapura, assim parece, está preparada para alavancar sua *expertise* em inovação exportando-a como serviços do setor público para o mundo. Acredito que os Estados Unidos deviam seguir o exemplo à medida que nossas competências de inovações evoluem em uma escala global. Se os Estados Unidos definissem efetivamente seus objetivos no enfrentamento dos graves problemas que temos no mundo, seria crucial que não o fizéssemos unilateralmente – uma advertência válida tanto para a segurança global quanto para a pesquisa em ciências naturais. O *expert* em terrorismo Thomas Quiggan nos lembra em seu livro *Seeing the Invisible* que "ameaças à segurança nacional não são controladas no nível nacional. O estado deve aprender a operar no complexo e incerto ambiente internacional".

No entanto, ao gerar e orientar a cooperação internacional necessária para chegar a uma Nação Inovadora, os Estados Unidos devem demonstrar um comprometimento renovado com os – bem como a respeito dos – processos internacionais, embora eles possam, às vezes, parecer ineficazes. Da mesma forma que a América atuou como força orientadora por trás das instituições após a Segunda Grande Guerra que contribuiu tanto para aumentar a prosperidade mundial e gerar um certo nível de estabilidade política, devemos definir nossos objetivos abraçando esse tipo de função de liderança mais uma vez. Ao proceder dessa forma, isso iria renovar nossa posição mundial além de assegurar nossa própria prosperidade doméstica.

Mas antes de os Estados Unidos poderem retomar esse papel, temos de reinflamar nosso próprio comprometimento com as inovações, que, por sua vez, requer que façamos uma reavaliação de nós mesmos, que os velhos gregos se referiam como *ethikos*, ou uma "teoria de vida". À medida que lutamos com dificuldades contra os graves problemas de reavaliação de nosso papel no mundo e reformamos a visualização de nosso futuro desejado, devemos também analisar profundamente nós próprios e nossa sociedade para avaliar o espírito que rege nossas vidas.

UM ESPÍRITO PARA INOVAR

Nosso espírito, ou teoria de vida, é o conjunto de crenças e atitudes que orientam nosso comportamento. Para nossos propósitos, vamos pensar nele como uma teoria de vida que nos impele para as terras incertas de inovações bem-sucedidas ou que evita que algum dia cheguemos a atingi-las. Ter políticas corretas significará pouco se não tivermos implantado uma mentalidade nacional para ativar a sua implementação.

Creio que nossa cultura tenha se tornado excessivamente focada em metas de curto prazo e em ganho pessoal, e que ela tem perdido o zelo pela excelência nacional e sua paixão em adquirir as habilidades que serão tão decisivas ao nosso futuro em inovações. Os valores dos jovens são provavelmente o melhor espelho dos valores de uma cultura mais grandiosa, e em nosso país eles geralmente passam a impressão de estar em desacordo com os requisitos de uma jornada de inovação. De um lado há uma parceria em fundos *hedge* ou uma vaga no *American Idol*. Neste outro, há um doutorado em biologia quantitativa ou uma vaga no quadro das Forças Armadas. Qual deles atrai mais?

Como Dean Kamen, inventor da bomba de insulina portável, da cadeira de rodas iBOT e do transportador pessoal Segway, me revelou:

> "Durante uma geração inteira ou mais, o grande engodo americano tinha deixado os(as) garotos(as) pensarem que o que precisavam para se exceder de forma a ficarem ricos(as) e famosos(as), e ter um *status*, era serem virtuosos(as) no basquete, atuarem no cinema (em Hollywood), serem artistas ou jogarem na NFL (liga de futebol americano). Os exemplos a seguir em que garotos(as) desse país vêem 'sucesso' de toda espécie, partindo de qualquer métrica, estão no mundo dos esportes e do entretenimento. De fato, duvido que a maioria dos(as) garotos(as) consiga dizer o nome de um único cientista, engenheiro ou laureado com o Prêmio Nobel vivo atuante nos ramos de biologia, química, física ou medicina. No entanto, todos(as) eles(as) conseguem literalmente lhe falar os nomes de mais indivíduos da NBA (liga de basquete americano), da NFL e de Hollywood do que os nomes de pessoas com quem têm amizade."

Como chegamos a esse ponto? Vale a pena repetir as impressões de Kamen detalhadamente:

> "Foi tudo de uma maneira muito inocente. Os pais fizeram o que sempre tentam fazer – dar a seus filhos uma vida melhor e mais confortável do que tiveram. Mas, de alguma forma, na transmissão para uma vida 'melhor', 'mais confortável' (*more easier*), apareceu um 'c' ('e') maiúsculo e essa condição deixou de lado aspectos como o trabalho e a competência*. Vivemos durante um espaço de tempo em circunstâncias privilegiadas... nossos filhos têm excesso de tempo de lazer e, então, os esportes e o entretenimento tornam-se experiências que realmente podemos desfrutar. Mas a conseqüência involuntária foi o de mudar os valores de uma geração. O restante do mundo estava selecionando valores como trabalho com afinco, criatividade – o restante do mundo estava tentando seguir nosso exemplo ao mesmo tempo em que não estávamos alertas sobre isso. Agora estamos em uma posição muito vulnerável que nos deixou com uma geração crescendo, na qual um número substancial de pessoas simplesmente não tem a educação, recursos ou a cultura para trabalhar arduamente em tópicos realmente importantes".

Para renovar nossas competências para inovar, necessitaremos visar mais alto. A *expert* em inovação e escritora Dorothy Leonard enfatiza o papel decisivo nas inovações do que ela chama de "*deep smarts*", ou "idéias intensas", e do que nós poderíamos imaginar comparando o conhecimento (de uma matéria) *versus* obter somente as habilidades que necessitamos para atingir sucesso incremental, tático. As *deep smarts* são essenciais para pensarmos e agirmos no longo prazo e para sermos capazes de olhar sob a superfície e fazer escolhas prudentes. Deseja-se ter *deep smarts* nos níveis mais altos da governança corporativa e nacional. Mas, nossa experiência geralmente sugere que qualquer outra coisa diferente desse conhecimento está trabalhando em prol de nosso detrimento.

Como aflora o conhecimento? Considere por um instante o exemplo provavelmente exótico de preparar sushis. O aspirante a *chef* de uma casa especializada nessa iguaria, alguém que deseja se tornar um mes-

---

* N. T.: Quando o autor fala que os pais tentam dar uma vida melhor, mais confortável, creio que ele esteja querendo dizer que, com a "liberalidade" proporcionada, os jovens de hoje se acomodam e não se esforçam o bastante, obtendo notas C, D ou E, o que indica baixo nível de ensino, além de os distanciarem da competência, esforço, trabalho e do valor. Nos EUA afere-se a qualidade das provas com A, B, C, D, E etc. e, nesse caso, a transposição da idéia para o português deu certo, pois a letra C (de Confortável) é uma nota apenas regular e não o que se espera de um bom aluno.

tre e não meramente a pessoa que passa seus dias dispondo as fatias de peixe nas tábuas de preparação, deve passar por um rigoroso treinamento. Diz-se que durante praticamente o primeiro ano, o aprendiz varre o chão. No segundo ano, ele participa das compras dos peixes no mercado. Somente após ter passado um período de tempo considerável é que, inclusive, lhe permitem que comece a lidar com as facas.

O conceito de aprendizado certamente não é peculiar a sushis e ao Japão. Trata-se de um antigo sistema de treinar novos profissionais em muitos campos que tem sido praticado em vários países. Ainda hoje, a agência literária e de talentos William Morris faz seus candidatos a agentes trabalharem na seção de correspondência; levar as cartas até as salas de todos é um ato humilde e, diz-se, um modo muito bom de ajudar o potencial manda-chuva a "aprender o negócio". Na Annapolis, os novatos – conhecidos como calouros – enfrentam numerosos testes – inclusive uma corrida de resistência de duração de 15 horas e a escalada em um monumento untado de graxa no campus. As contratações de alunos do primeiro ano em firmas de consultoria em estratégia são bastante raras. E até Donald Trumps, como sabem milhões de telespectadores do programa televisivo *O Aprendiz*, faz uma distinção entre iniciantes e mestres.

A lição a ser aprendida com a trajetória do mestre em sushi é que o aprendizado deve seguir um certo "ritmo". Aprendizado importante demanda tempo, e a maior parte dele é um conhecimento difícil de ser expresso verbalmente, de forma tácita, pronto para ser utilizado, não extraído de livros didáticos, que é coletado aos poucos desde a observação até o comportamento, muitas vezes estranho, dos mestres profissionais.

O domínio em qualquer campo não é obtido facilmente. Da mesma forma que aprender a tocar um instrumento musical, essas aptidões não podem ser atingidas da noite para o dia e jamais podem ser simuladas sob pedido. Em vez disso, elas demandam anos de prática rigorosa. É aqui que reside o problema de uma cultura de "solução rápida" como a nossa. Quando solicitaram a George Leonard para dizer quais eram os ingredientes essenciais para ser um mestre em algo, ele disse: "Adore o platô". Ele estava se referindo à importância de uma prática disciplinada, paciente. Trata-se de uma paixão que tem um fim em si mesma. O platô refere-se à experiência comum a todos os profissionais disciplinados – sejam eles atletas, músicos ou inovadores – de descobrir que o índice de progresso de uma pessoa às vezes se nivela apesar de todos os esforços continuados empenhados. Assim, adorar o platô significa encontrar satisfação na prática sem a necessidade de um retorno e de um benefício imediatos. Conforme proferido pelo velho ditado, o mestre é alguém que sabe que ele sabe. Não se requer qualquer confirmação externa.

No mesmo espírito, David Bell, o jovem inventor francês do parkour* – o esporte radical que envolve corridas, pulos, saltos arrojados e movimentos entre e nas cercanias de edifícios – afirma: "Ainda estou aprendendo. Até agora não estou certo de nada. Estou apenas tentando ser o mais completo possível. O que faço não é realmente algo que possa ser explicado. A atividade somente pode ser praticada". Ou como expressa o anúncio da Nike: *"Just do it"*.

As implicações desses *insights* sobre a mestria em fazer algo podem ser numerosas. Primeiro, precisamos ver nosso trabalho sobre inovações como uma prática que envolve disciplina, não a busca de triunfos isolados no curto prazo. Esse é um problema óbvio de nossa cultura baseada em ganhos trimestrais, de gratificação instantânea pela qual gestores corporativos (e políticos) são avaliados e remunerados com base em seus êxitos na manutenção de uma tendência positiva contínua que gere resultados imediatos. Às vezes, dá a impressão de que a pergunta "O que você tem feito para mim recentemente?" aborda o *status* de um modelo de negócios. Se a alocação de recursos, os processos de tomada de decisões e o planejamento de carreiras obedecem a uma lógica de curto prazo, embora os desafios importantes que tanto as organizações como a sociedade enfrentam sejam essencialmente de longo prazo, não seria um caso da desconexão do óbvio?

Em seu cerne, a perícia em algo trata da habilidade de incorporar elementos supostamente paradoxais em uma única perspectiva unificada. Seu cumprimento requer a aptidão de se ver ambos os lados de uma moeda. John Heider, em sua primorosa revisão do Tao Te Ching *(The Tao of Leadership: Lao Tzu's Tao Te Ching Adapted for a New Age)* afirma que o líder dotado de sapiência aprende a ver as coisas na ordem inversa, de trás para a frente e de ponta cabeça. Além de essa recomendação ser a

---

* N. T.: O termo *parkour* é explicado na própria seqüência do texto como uma atividade recreativa radical que envolve muitos perigos, como, por exemplo, o de pular de um edifício para outro. A palavra na passagem para o português não se modifica.

condição *sine qua non* de idéias criativas – por exemplo, a noção de idéias laterais lançada pelo psicólogo Edward de Bono baseia-se nesse princípio –, ela também é uma habilidade necessária para se adquirir o tipo de sabedoria que necessitaremos para cultivar a Nação Inovadora.

Richard Saul Wurman, um *designer* e arquiteto da informação de ponta, disse outrora algo que realmente me impressionou: "Estamos migrando de uma era do ou/ou para o e/também". Pense sobre como o pêndulo tem virado na teoria do gerenciamento, de uma ênfase na diferenciação e especialização até uma na integração. A mudança exige um equilíbrio entre o enfoque de cima para baixo e o de baixo para cima, entre o planejamento e a emergência, entre o aberto e o fechado, entre o federal e o local, entre as grandes empresas e as *start-ups*. O conhecimento reside em dizer "e/também", que é, de fato, o único modo pelo qual os problemas graves podem ser enfrentados – por meio da inclusão de todos os pontos de vista, conforme anteriormente mencionado, sob um mesmo teto.

Inclusive o dilema do inovador pode, em seu cerne, ser revelado por meio de uma lente como uma parcela de uma falsa dicotomia. Necessitamos ambos do que o desenvolvimento dos novos negócios nos oferece – inovações, assumir riscos e aceitação do mercado – bem como do que o pensamento dominante requer na forma de controle, previsibilidade, eficiência e margem. O segredo é balancear continuamente as duas agendas. Manter o equilíbrio depende de se ter implantado os mecanismos integradores apropriados: padrões comuns, entendimentos compartilhados, protocolos de gestão do conhecimento, e alinhamento em torno de grandes idéias e de uma visão de longo alcance.

O perigo reside em permitir que os mecanismos integradores se tornem uma camisa-de-força ou que ditem um outro tipo de ortodoxia. Poder-se-ia argumentar que o sistema dos EUA funciona em face de sua capacidade de equilibrar contradições na mentalidade do "e/também". A Founding Fathers criou um dinamismo em nosso sistema de governo que pretendia reduzir as forças tendentes à centralização, e efetuou um número incontável de análises e balanços para manter uma tensão constante entre as forças da padronização e da diversidade, e entre o federal e o estadual, o municipal e o regional. Não se pode permitir que haja a predominância de algum nível de governo num sistema desse tipo. Em seu lugar, devemos estimular um tipo de negociação constante, que somente passa a ser cada vez mais complexo quando outras vozes – públicas, acadêmicas, de grupos de discussão – são incluídas no "caldeirão".

Cada nação deve buscar ter sua própria versão de equilíbrio. Países como Cingapura, que foram construídos em torno de noções culturais de hierarquia e respeito pela autoridade, talvez tenham de arquitetar um diferente tipo de mentalidade experimental. Cingapura já reconhece esse fato; ela até inventou algo denominado Phoenix Award (Prêmio Fênix), que na realidade premia empresários que obtiveram triunfos após reveses de negócios significativos e que mudaram os rumos de suas empresas.

O conhecimento ainda requer abordagens singulares para o seu cultivo. Colocado simplesmente, ele não é extraído de livros – embora a sua idéia possa ser descrita neles. Há uma razão pela qual o conhecimento fora cultivado no passado em clubes, onde mestres reconhecidos conseguiam orientar os aprendizes por meio de um rigoroso treinamento. As *deep smarts* do conhecimento em inovações seriam mais bem instiladas não pelos livros didáticos ou pelo conhecimento acadêmico, mas pela transmissão direta por meio do tipo de programas de tutoria que aproximam os aprendizes do contato com os *experts*. Dorothy Leonard utiliza a expressão "experiências orientadas" para os vários métodos – prática orientada, observação orientada, solução de problemas orientada e experimentação orientada – pelos quais as *deep smarts* podem ser cultivadas. Essa é a razão pela qual destaquei inicialmente que programas de tutoria bem desenvolvidos e bem implementados devem constituir uma parte importante de nosso impulso às inovações nacionais.

POUCO RISCO, POUCO GANHO

Você já teve a oportunidade de olhar para uma escada de mão nos últimos tempos?

O equipamento corriqueiro e de utilização intuitiva agora recebe o adereço de vários painéis de aviso:

Não suba na plataforma superior.

Não fique acima desse degrau.

Posicione todos os quatro pés da escada em superfície nivelada, firme.

Trave os espaçadores antes de subir.

Mantenha os degraus secos e limpos.

Retenha o corpo centrado, alinhado com as laterais.

Peso máximo permitido: 102 kg.

Perigo! Metal conduz eletricidade! Utilize-a com o máximo cuidado perto de correntes elétricas.

Perigo: Não fique de pé neste degrau ou acima.

Você pode perder o equilíbrio.

Perigo: Não fique de pé ou sentado.

Não suba pela parte traseira.

Escadas são perigosas.

A utilização inadequada pode trazer danos ou a morte.

Em seguida, aparecem os 20 avisos numerados, em letra menor, muitos repetindo as mesmas advertências listadas anteriormente. Entre meus favoritos:

3. Você jamais deve usar uma escada se não estiver em boas condições físicas.
5. Não utilize uma escada na frente de portas abertas.
7. Jamais coloque ou prenda algo sob uma escada, para ganhar altura ou ajustar superfícies desniveladas.
12. Seja extremamente cuidadoso ao subir ou descer de uma escada.
19. Condições de ventos fortes requerem cautela extra.

Em outras palavras, qualquer pessoa que usa uma escada do modo como os seres humanos normais sempre fizeram efetivamente tem grandes chances de sofrer um acidente. Isso, é certo, é precaução levada ao extremo do ridículo, mas acredito que a escada e seus painéis de aviso transmitem uma mensagem ainda mais profunda e preocupante a todos nós. A sociedade americana corre o risco de adotar a aversão a riscos como um princípio organizador, de ficarmos mais preocupados a evitar falhas do que atingir grandeza. Os jogadores de basquete referem-se a esse problema como o ponto intermediário da carreira em que há uma mudança da tendência de "arremesse a bola" para "não perca o lance". Trata-se do mesmo sentimento que podemos ter ao assistir aos mais recentes lançamentos de naves espaciais. As notícias parecem focar mais no fato ruim que não aconteceu, na aterrissagem bem-sucedida ou na ausência de uma explosão terrível, do que na mentalidade do explorador que primeiramente inspirou o lançamento.

No entanto, o comércio tem estado sempre repleto de riscos. Um novo produto é como andar num campo infestado de minas terrestres. E se ele não funcionar direito? E se o processo de manufatura for falho? Você tem capital de giro suficiente para cobrir emergências? O chefe da seção desistirá? E se a fábrica for destruída num incêndio? Será que os clientes gostarão da novidade? E se eles fizerem encomendas mas não pagarem?

Temos a sorte de que os Estados Unidos ainda têm muitas pessoas que assumem riscos, mas dificilmente se configura um fenômeno realmente nacional em termos de distribuição dos financiamentos de capital de risco de empresas no país. Em 2006, o Vale do Silício e a região metropolitana de Boston respondiam por praticamente a metade daquele financiamento. Acrescente as próximas quatro regiões que recebiam mais financiamentos – cidade de Nova Iorque, Los Angeles, Austin e San Diego – e há uma soma correspondente a 72% dos fundos. Não é de admirar muito que a firma de desenvolvimento de capitais de riscos Y Combinator insiste para que as empresas que ela financia se localizem no Vale do Silício ou em Boston. Conforme explicado, "francamente, não estaríamos fazendo um favor às *start-ups* se estimulássemos para que elas instalassem suas unidades em locais diferentes do Vale do Silício e de Boston... Não é um problema os fundadores geralmente terem de mudar para aceitar nossos financiamentos. Trata-se de um teste de comprometimento e (visto que eles estão mudando para centros de *start-ups*) melhoram suas chances de sucesso". Portanto, fica a dúvida do que está ocorrendo no restante do país.

Quando pedi a Mary Walshok, da University of California San Diego (UCSD), para que indicasse o ingrediente mais importante no *boom* empresarial dessa cidade, ela imediatamente apontou uma cultura de risco compartilhado. Esse é o tipo de cultura que capacitou cientistas empresariais visionários a unirem-se aos capitalistas pioneiros de riscos, que em si se assemelhavam um pouco a patronos das artes em suas apreciações do valor do talento e em suas disposições de tolerar a incerteza inerente ao desenvolvimento de novas idéias. Trata-se do tipo de cultura que construiu as principais indústrias nos Estados Unidos. Lembre-se de que Henry Ford lançou sua fábrica automotiva em um meio comercial que já sediava cerca de 50 montadoras de carros. Thomas Edison reconhecidamente fracassou em inúmeras tentativas até criar a lâmpada elétrica. A história, de fato, é repleta de relatos de empreendedores que abandonaram seus trabalhos, hipotecaram suas casas, mudaram-se com suas famílias e tomaram dinheiro emprestado de amigos e familiares em uma busca heróica para tornar seus sonhos realidade.

O espírito a partir do qual nasceram esses avanços revolucionários reservou suas melhores honras aos indivíduos que assumiram riscos cujos empreendimentos compartilhavam dois atributos específicos: a habilidade de romper com o *status quo* e de fazer melhorias de longo prazo na qualidade de vida. A maioria de nós consegue identificar objetivos e oportunidades de curto prazo, mas o panorama de longo prazo tende a permanecer confuso, independentemente do grau de qualidade de nossa visão. Por exemplo, qual será a próxima etapa dos recursos sem fio? Qual será a aplicação mais estupenda para filmes exibidos pela Internet? Que inovação em saúde e no bem-estar capturará a maior atenção da geração de *baby boomers* em processo de envelhecimento?

Certamente é mais fácil operar no curto prazo. Contamos com a análise, os procedimentos operacionais padrões e os consultores para nos informar como proceder. Mas a segurança do curto prazo é uma ilusão. Os ventos fortes da ruptura estão rodopiando em torno de nós, quer na forma de novos competidores, modelos de negócios, tecnologias, preferências dos clientes, quer na forma de fatores geopolíticos.

O economista W. Brian Arthur, professor no Santa Fe Institute e uma das maiores autoridades em crescimento impulsionado por tecnologia, compara o mercado de novas idéias a um cassino. Aqui, você tem comunicações sem fio; lá, tecnologia de busca. Se você quiser aumentar o valor da aposta, cada jogada lhe custará um ou dois bilhões. Você quer jogar? E se você o fizer, tem certeza de que está preparado para aceitar perdas e inclusive o insucesso, que é, de fato, uma parte inevitável do processo de inovação de "botar para quebrar" de longo prazo?

Por essa razão, pode parecer que o melhor meio de estimular a aceitação de riscos de longo prazo seria o de prover alguma forma de rede de proteção governamental, uma garantia para ajudar os empreendedores a se recobrarem e tentarem novamente. No entanto, essa abordagem seria discordante do espírito verdadeiro de assumir riscos. Contrariamente, o que nossa sociedade deve fazer é trabalhar para instilar a consciência de que a contraparte inevitável de um sucesso estrondoso é um fracasso retumbante, e que a pessoa mais bem-sucedida entre nós tenha freqüentemente forjado a trajetória para o sucesso por meio da passagem por vários insucessos.

Howard Gardner, decano dos educadores americanos, refaz um relato de suas viagens à China há cerca de 20 ano. Ela merece ser contada textualmente:

> "Eu e minha esposa estávamos visitando Nanjing com nosso filho de um ano e meio de idade... Um dia após o outro deixávamos Benjamin inserir a chave no escaninho a isso reservado na mesa de recepção do Jingling Hotel. Ele se divertia na tentativa, independentemente se obtivesse ou não sucesso. Mas comecei a notar que os chineses de mais idade com quem ocasionalmente cruzávamos ajudavam meu filho a colocar a chave no escaninho e olhavam para nós de forma desaprovadora, como se quisessem nos repreender: 'Vocês pais grosseiros e rudes não sabem como educar seus filhos? Em vez de deixá-lo se agitar e, provavelmente, ficar frustrado, vocês deviam mostrar a ele o modo apropriado de fazer as coisas'".

Nesse relato reside o segredo para o entendimento do sucesso do Vale do Silício. Nesse local, o aprendizado surge com o apetite para assumir o nível responsável de risco e falhar algumas vezes. O elemento qualificador principal é o "responsável". Não estou me referindo a erros ou falhas repetidas decorrentes de descuido ou falta de intenção; de preferência, estou me referindo a uma falha nobre – aquela que resulta de uma boa idéia que simplesmente não dá certo. No Vale do Silício, esse tipo de falha é elogiado. Se você assume uma falha após tentar bastante, na maioria das vezes você é estimulado para se levantar e tentar novamente. O insucesso não o lança fora da rede. De fato, o conhecimento que você obtém numa falha tende a ser aplaudido e encorajado.

Compare a mentalidade reinante no Vale Silício com os acontecimentos na Europa e no Japão, por exemplo, em que o insucesso nos negócios é normalmente ainda uma marca negra indelével nas futuras negociações com um banco, no levantamento de dinheiro ou para conseguir parcerias. De fato, o desejo por experimentos e riscos é o que avança uma idéia no Vale e permite que ele se reinvente e encontre os "padrões emergentes" da inovação. Devemos trabalhar para disseminar essa mentalidade por toda a sociedade.

EMPREENDENDO MUDANÇAS

O economista e pioneiro austríaco Joseph Schumpeter em construção jamais esquecida cunhou a expressão "destruição criativa" como o motor subjacente ao empreendedorismo. Penso que a mesma espécie de demolição impulsiona o movimento no processo de mudança necessário para a inovação. Um potencial inventor tem de se desfazer de algo para poder abrir espaço para fazer algo novo emergir. De fato, freqüentemente aponto que um "diretor-executivo de destruição" pode ser mais importante a uma empresa do que um "diretor-executivo de inovação".

Não há melhor (e mais peculiar) exemplo de destruição criativa do que o modo como Tiger Woods recriou seu *swing* no golfe. Woods, que se tornara profissional em 1996, tinha transformado radicalmente o mundo desse esporte e os livros de recordes em 2002. Ele vencera oito campeonatos de envergadura, inclusive o intitulado Tiger Slam, quando conquistou todos os principais títulos de uma única vez. No entanto, Woods determinou que poderia ser ainda melhor. Decidira remodelar totalmente seu *swing* – algo que geralmente é feito somente por golfistas em dificuldades na carreira. Para o horror de muitos, Woods não venceu qualquer campeonato de destaque em 2003 e 2004. Aquela promessa inicial era falsa? Provavelmente não. Nos anos de 2005 e 2006, ele ganhava dois dos quatro campeonatos mais importantes.

Pode-se dizer que a crença de Woods é: "Eu melhoro, portanto eu existo". Como ele explicara em uma entrevista: "As pessoas consideravam que era uma estupidez o fato de eu querer mudar meu *swing* após vencer o Masters por 12 *shots*... Por que uma pessoa desejaria mudar o *swing*? Bem, eu achava que poderia me tornar um golfista melhor". Ele também mostrava uma certa ingenuidade sobre os riscos envolvidos. "Tenho sempre assumido riscos para me tornar um melhor jogador, e essa é uma das coisas que têm me tocado há muito tempo."

E Woods tinha uma perspectiva de longo prazo, pois ele estava buscando uma mudança fundamental. "Eu sabia que não estava na melhor posição com meu *swing* no Masters", Woods disse. "Mas meu *timing* estava ótimo, e assim decidi fazer algo mesmo que não fosse a melhor opção. E consegui praticamente dar todas as tacadas leves para pontuar. Você pode ter uma semana maravilhosa como aquela mesmo quando seu *swing* não está perfeito. Todavia, é possível ainda disputar em torneios com aquele *swing* quando seu *timing* não está bom? Ele continuará eficaz durante um longo período de tempo? A resposta a essas questões, com o *swing* que eu tinha, era não. E eu desejava mudar isso."

Claramente, o que importava para Woods não era chegar em um ponto final, mas preferentemente um processo de aperfeiçoamento contínuo. Seu instrutor de *swing*, Hank Haney, observara: "Ele está procurando ficar melhor. Isso é o que ele visa todos os dias".

Decisivo para Woods cumprir sua meta era a disposição de mudar, uma aceitação do desconforto de se afastar do que lhe era familiar. Ele teve uma abertura para novas possibilidades, e a humildade de retornar ao início.

Relativamente à família de nações, os Estados Unidos são um país antigo. Comparando, a República Popular da China, embora com uma cultura antiga, opera segundo uma modalidade de governo criada em 1949. A Índia conseguiu sua independência somente em 1947. Até algumas das "envelhecidas" nações européias são novas: afinal, tanto a Alemanha como a Itália foram unificadas em 1871, praticamente um século após a criação dos Estados Unidos. Assim, na condição de um país "que está no poder", os Estados Unidos devem aprender a adotar uma "mentalidade de iniciante" que vise além de nossa "base instalada" de competências e considere o que necessitamos criar de uma nova maneira.

Se estivermos a ponto de renovar o compromisso de sermos o principal inovador do mundo, devemos ensinar três valores fundamentais – a disposição de termos conhecimento nas matérias, o espírito de assumir riscos e adotar mudanças continuadas – complementados por um quarto valor decisivo que rejeita a idéia de uma competição global como um jogo em que não há vencedores. Em outras palavras, devemos abraçar completamente a noção profundamente transformadora de que o que é bom para o mundo é bom para os Estados Unidos. Isso de forma alguma sugere que devemos reprimir nosso espírito ou desejo competitivo por ter bons desempenhos, longe disso. Mas devemos entender – e ensinar nossos filhos – que a melhor forma de competirmos em um mundo com uma globalização tão rápida é sendo colaborativos e facilitar a melhoria da vida fora de nossas fronteiras bem como dentro delas. Em lugar de buscar dominar a economia do mundo, devemos visar liderá-la como um solucionador de problemas progressivo e visionário.

QUAL É A HISTÓRIA?

A primeira etapa na estrada para renovarmos nosso compromisso nacional frente às inovações é imitar a fala do sueco Bo Ekman, perguntando: De que adianta a América? De que maneira é possível amadurecermos a idéia americana? A menos e até que apresentemos uma resposta convincente, nossa nação não será capaz de retomar o nosso nível máximo de eficiência.

A proposição de minha resposta é que a América aceite o manto da aceleração das inovações globais dirigindo o mundo na abordagem da gama descomunal de graves problemas que enfrentamos. Inspirar para que toda uma sociedade se mobilize em torno dessa majestosa visão não será de forma alguma uma proeza, pois isso já foi feito no passado.

Imagine que você esteja em casa sentado ao lado do rádio em março de 1933, ouvindo a voz calma, reconfortante, de seu novo presidente, Franklin Delano Roosevelt, lhe falando diretamente sobre a crise bancária e a capacidade de a nação se recuperar. Nos 11 anos que se seguiram, atravessando a depressão e a guerra, Roosevelt concederia mais 29 dessas “conversas ao pé da lareira”, se expressando numa linguagem cheia de vida, de fácil entendimento, (mais de 80% das palavras dele estavam entre as mil palavras mais normalmente empregadas em inglês). Aqui está um trecho do que Roosevelt tinha a dizer sobre seu programa revolucionário: “Não tenho expectativas de atingir a bola todas as vezes que tento bater nela. O que busco é a maior média possível de batidas, não apenas para mim mesmo, mas para a equipe toda”.

Roosevelt entendia claramente o poder de um líder nacional de aumentar a consciência coletiva de seus cidadãos utilizando uma narrativa efetiva de histórias. Howard Gardner observara que o único meio de mudar idéias, quer como atitudes individuais, quer como preconceitos coletivos de toda uma sociedade, é contar uma história transformacional sob diversos modos, método que ele intitula de redescrição, a fim de orientá-la para os problemas domésticos.

Conforme mostrado nos capítulos precedentes, os Estados Unidos estão necessitando de uma nova narrativa nacional. Contra todas as evidências, continuamos a nos comportar como se fôssemos sempre o primeiro país em inovações e em qualquer outra área. Isso é semelhante ao mito de que o Vale do Silício jamais será ferido mortalmente pelos competidores, sem mencionar seus ciclos recorrentes de êxito e fracasso. Pois a crença digital, a opinião não provada de que o "Vale sempre retornará" praticamente tem-se tornado um mantra. Uma vez que a idéia e as práticas do Vale do Silício atingiram uma aceitação global, a noção de sua imortalidade não carregará mais peso do que o mito de que os Estados Unidos serão sempre a nação mais expressiva, independentemente do que fazemos ou falamos.

Outros mitos americanos perigosos nascem de proposições mal formuladas e inexeqüíveis para reparar nossos meios. Pensamos, por exemplo, que a educação pode ser reformada simplesmente amontoando uma porção de trabalho de casa extra, ou que podemos acelerar as inovações devotando um maior número de nossos recursos para a criação e desenvolvimento de novos produtos comerciais. Essas medidas podem ser incrementalmente proveitosas, mas elas não abordam a necessidade de uma reforma fundamental do processo de inovação ou da própria educação.

Mitos como esses devem ser eliminados. Em seu lugar, precisamos de uma nova narrativa nacional que trate das inovações. Similarmente a Roosevelt apresentando ao país uma narrativa reparadora durante a Depressão, ou Winston Churchill quando falava aos britânicos no meio de suas agruras na guerra, os líderes atuais precisam articular uma nova história sobre inovações. Eles devem apresentar argumentos simples e de fácil compreensão, porém, vívidos a favor da meta de se criar a primeira Nação Inovação do mundo, apresentando persuasivamente a motivação por trás disso e o plano para atingi-lo. Tenho tentado neste livro prover alguma sustentação para idéias na articulação dessa narrativa.

Os dirigentes de nossa agenda nacional de inovações devem perguntar qual, especificamente, é o nosso estado futuro desejado. Qual é o propósito dos Estados Unidos? O que defenderemos no século XXI? O que escolhemos ser e que agenda efetivaremos vamos selecionar para nos engajarmos? Que ideais preferiremos adotar? Que partes de nossa narrativa nacional precisamos abandonar no meio do caminho e que partes devemos afirmar, inventar novamente ou renovar? E de que maneira articulamos essa narrativa entre muitos aspectos para mudar pensamentos fixos e construir alinhamento?

Nosso entendimento pode ser aprofundado pela consideração dos melhores e piores cenários de caso. Eles devem ser amplificados para o público como eu esquematizei a história de Jim Polk em capítulo precedente. Os desafios globais e os graves problemas específicos que enfrentamos devem ser explicados de maneira transparente e vigorosa. Eles, inevitavelmente, nos colocam em perigo tanto quanto a nossos vizinhos, e o público norte-americano certamente pode ser incitado a atacar esses problemas com as mesmas energia e convicção, as mesmas criatividade e resistência, que trouxemos para os grandes desafios enfrentados no século passado.

Há um terreno fértil em que podemos trabalhar. A apresentação de inovações como um desafio de uma geração para preservar nosso papel de liderança no mundo parece ser a coisa certa para repercutir a nossos cidadãos e para instilar um senso de urgência.

Alguns analistas da ordem mundial argumentaram que o século XX pode ter sido o "Século Americano", mas que o século XXI é um bravo mundo novo. Concordo que os Estados Unidos provavelmente não dominarão a economia mundial e a geopolítica neste século como o fizemos na última metade do século passado. Também afirmo, no entanto, que os Estados Unidos podem e devem aproveitar a oportunidade de liderar o avanço da sociedade global neste novo mundo de rápido desenvolvimento. Está dentro de nosso alcance obter novamente o *status* de "nação indispensável", utilizando nossa perícia em inovações como uma força para o bem mundial.

EPÍLOGO

"Não há *avant garde* alguma. Há apenas os que estão um pouco atrasados."

– *Edgard Varèse*, compositor

As paredes íngremes, verticais, de El Capitan assomam de forma magnificente sobre o vale Yosemite californiano. A montanha se eleva a uma altura de cerca de 1.035m do nível do vale, o equivalente aproximado a seis Washington Monuments ou dois e meio World Trade Centers. Considera-se que ela seja a maior massa unificada de granito do planeta. Seu volume majestoso é inconfundível. "Tocá-la", nas palavras de um alpinista, "é como se você colocasse as mãos na face de um planeta".

E a existência desse pico imponente é equiparada apenas pelo desejo ardente de muitos humanos de conquistá-lo.

Em 1958, o legendário alpinista Warren J. Harding obteve sucesso na escalada do El Capitan. A ascensão levou mais de seis semanas e foi descrita como uma experiência caracterizada por um esforço persistente – um número incontável de cordas presas na rocha por pítons de ferro, equipes centralizadas e uma subida metódica e gradual.

Embora o feito inicial não deva ser menosprezado, os anos seguintes assistiram a uma torrente de novas conquistas: a primeira escalada em "estilo livre" sem cordas de inserção; o primeiro emprego de chumbadores tipo cam; a primeira mulher a atingir o topo. E, com as escaladas sucessivas, o tempo requerido para atingir essas alturas começava a diminuir.

Avanço rápido até 2002. Nesse ano, o americano Hans Florine e o japonês Yuji Hirayama escalaram o El Capitan não em semanas ou dias, mas em um período surpreendente de duas horas e quarenta e oito minutos. A razão para a velocidade impressionante da dupla? Melhores equipamentos, melhores métodos de escalada e, essencialmente, melhores atitudes. Cada novo feito bem-sucedido modelou a percepção para que eles imaginassem que o que era aparentemente impossível poderia, de fato, ser atingido, e que lhes era permitido dançar nas bordas do risco e da prudência sem parar, até que escalaram a vertente da montanha num tempo recorde.

O que é impressionante é que a busca por velocidades ainda maiores e os aperfeiçoamentos nos equipamentos e técnicas que possibilitaram essa proeza continuam a ser imbatíveis no mundo da escalada. O desempenho hoje é facilitado por roupas de alpinismo desenvolvidas pela nanotecnologia, novos tipos de solas adesivas para as sapatilhas de escalada, além de conceitos mais refinados de operações e táticas. E, à medida que há um aprimoramento do desempenho dos alpinistas, o mesmo acontece com suas metas. Acima de tudo, o que justifica o impulso contínuo de ampliar os limites exteriores é a sensação constantemente mutável do que é possível.

A história do El Capitan e daqueles que o têm conquistado é uma metáfora perfeita, acredito, para a corrida global pela primazia nas inovações, uma competição em que cada país, não apenas os Estados Unidos, tem uma oportunidade de realizar sua própria visão de uma Nação Inovadora. Trata-se da história de como equipes centralizadas e metodologias impostas de cima para baixo têm cedido lugar para parcerias empresariais "enxutas" e improvisação no campo; como equipamentos pesados têm-se tornado leves; como o apetite em assumir riscos tem provocado inovações; e como a tecnologia tem gerado melhorias estupendas no desempenho.

Mais importante, a história fala de executores talentosos que estão abertos a possibilidades dramáticas e, também, redefinindo os parâmetros perceptíveis pelas pessoas. Hoje em dia, países de todas as regiões do mundo estão ouvindo com muita atenção os sons das sirenes de conquistas de novos picos, de ampliação dos limites visados do progresso humano, de dar expressão plena ao espírito humano.

Como será o mundo de uma Nação Inovadora? Tudo isso depende de como as inovações são utilizadas. Se a China persegue meios inovadores para dominar a tecnologia da informação visando a posse de material bélico centrado em rede para poder derrotar a Marinha dos EUA em algum conflito futuro, então esses recursos de inovações chineses colocarão em risco a estabilidade global. Como o inventor Dean Kamen observou sagazmente, qualquer ferramenta pode também ser usada como arma. Inversamente, se a China opta em investir em tecnologias limpas de modo a facilitar sua entrada nos *rankings* das nações desenvolvidas, então o mundo colherá um enorme dividendo na forma de reduções na poluição do ar e da água, nas emissões de carbono e na degradação ambiental.

Breve, no entanto, nós nem mesmo ouviremos falar de inovação em termos de uma única nação, quer nos refiramos à China, aos Estados Unidos, à Dinamarca, quer a qualquer país ou qualquer continente. Nosso interesse e nossa preocupação mudarão os espaços entre os nódulos e os distanciarão dos nódulos em si. Teremos mais e mais oportunidades de visualizar o mundo graças ao mesmo tipo de lente conceitual que historicamente utilizamos ao considerarmos um único país.

Se os Estados Unidos demonstrarem força, certamente isso será essencial para o progresso global e para o advento do Mundo Inovador. Talvez nos tornemos o equivalente ao Vale do Silício na esfera mundial. Certamente, nenhuma nação é perfeita e os Estados Unidos não são exceção. Mas, efetivamente, temos um recorde inigualável de altruísmo e de tradução de valores humanos em ações sociais. A escala, a riqueza e o histórico de influência dos Estados Unidos, acredito, continuam a fazer de nosso país a "nação indispensável" em um mundo de inovadores, mas ele não será mais o único país a deter as chaves das inovações. Os Estados Unidos poderão ser ocasionalmente o *player* dominante, um co-participante em certas oportunidades, e, em outras, somente um seguidor. E uma *pax americana*, que brota da primazia nas inovações, não mais será possível; liberta das tradicionais fronteiras geográficas, políticas e sociais, a inovação irá cada vez mais nascer de códigos abertos globais.

E isso é o que se espera, pois o que necessitamos em um mundo de graves problemas que desafiam todos os cidadãos do planeta é um sistema global de inovações voltado a todos nós, sistema esse que tenha o potencial de beneficiar cada indivíduo. E para congregar todos os *players* e elementos relevantes de cada desafio global sob um único teto, como o trabalho genuíno sobre os problemas graves requer que façamos, nossa análise deverá ir além das fronteiras nacionais.

Isso nos leva à questão de onde os elementos comuns deverão ser localizados para refletir os interesses de todos os *stakeholders*. Será no modelo dos Estados Unidos recém-ressurgente, um novo grupo de instituições ainda desconhecidas, ou um novo espaço social unido pelo poder de uma nova série de tecnologias mas sem um centro tradicional? Será uma nova coalizão disposta a explorar a sabedoria das multidões e de seu poder de cima para baixo em discordância com uma agenda emergente dos problemas principais? A tecnologia e as plataformas amadurecerão sob aspectos que as possibilitarão substituir instituições centralizadas? Neste exato momento, as respostas estão apenas começando a tomar formato nas mentes de alguns visionários. Somente o tempo revelará as respostas.

De qualquer maneira, o fenômeno das inovações em uma escala global continuará ao longo de uma trajetória que se tornará cada vez mais familiar assim que um país após o outro fizer a jornada. Por exemplo, o talento e o capital continuarão a fluir aos *"hot spots"*, localidades em que os trabalhos com inovações terão possibilidade de ocorrer. Os gênios ainda farão comparações entre eles baseados em uma escala de pares de excelência. Então esse movimento, como agora, chamará a atenção sobre a disponibilidade de tecnologia habilitadora e da têmpera do trabalho e do meio de vida, cotejando-os com as atuais "localidades quentes" inovadoras, tais como o Vale do Silício, Bangalore, Helsinque e Cingapura.

No entanto, o que é mais importante, é que as próximas grandes idéias podem agora efetivamente aparecer em qualquer parte. Os talentos não estão confinados em uma determinada cultura ou região. Ninguém tem o monopólio sobre as idéias. E isso fará do mundo um lugar mais vibrante onde se viver, lugar esse em que a natureza catalisadora da diversidade e o poder da inovação em todo o planeta poderão muito bem desatrelar o pleno potencial dos seres humanos para o bem deles próprios e para criar um mundo em que vale a pena vivermos. Toda essa conjuntura é algo muito promissor, pois ainda há muitos El Capitans para escalarmos.

FONTES DE REFERÊNCIA

Para escrever este livro, tive de consultar uma extensa literatura, parte dela como material-fonte nos setores acadêmico e privado, parte na literatura popular, sem falar de uma considerável quantidade *online*. Aproximando-me do final do processo, meu escritório parecia com aquelas salas de leitura de pequenas bibliotecas, o que não é de se admirar dada a "gravidade" que cerca a questão do que devemos fazer sobre nossa postura nacional em relação à inovação.

As indicações nessa seção não pretendem ser um aparato completamente erudito, mas preferivelmente um guia para algumas das fontes mais interessantes, bem como um meio de iluminar certas complexidades subjacentes às discussões neste livro. O *site* da Nação Inovadora, www.innovationnation.org, apresenta uma bibliografia mais convencional, bem como endereços completos para os *sites* mencionados nessas referências.

INTRODUÇÃO

Página 2 — Plano de cinco anos: Informações mais detalhadas sobre o 11º plano qüinqüenal da China podem ser encontradas em english.gov.cn/special/115y_index.htm.

Página 2 — Estratégias de inovações nacionais: Para exemplos de algumas das mais interessantes estratégias de inovações nacionais, veja a *Innovative Sweden*, publicada pelo Ministério da Indústria, Emprego e Comunicações, outubro de 2004; *Shaping Australia's Future Innovation*, um relatório de outubro de 1999 do Departamento de Indústria, Ciência e Recursos, que fora preparado para o 1º Encontro de Cúpula em Inovações (First Innovation Summit) do país, realizado em Camberra em 2000; e o *Achieving Excellence:*

Investing in People, Knowledge and Opportunity, do governo canadense, disponível em www.innovationstrategy.gc.ca.

Página 3 Pequim terá o maior centro de pesquisas em nanotecnologia do mundo: Stan Williams, diretor do grupo de pesquisa em ciência quântica da HP, em Palo Alto, é minha fonte para as competências de pesquisa em nanotecnologia da China. Mark Bunger, da Lux Research, é minha fonte de referência para diferentes abordagens nacionais sobre pesquisa em nanotecnologia.

Página 3 Hungria: *Beyond Borders: O Ernst Young's Global Biotechnology Report 2007* discorre essencialmente sobre os centros estabelecidos de pesquisa em biotecnologia e corporações. Mas ele ainda contém ensaios resumidos sobre uma gama fascinante de novos *"hot spots"* em biotecnologia, como a Hungria.

Página 4 Pew Global Attitudes Project: O Pew Global Attitudes Project, www.pewglobal.orfg, oferece uma medida inestimável da opinião global sobre uma faixa de questões.

Página 5 Council on Competitiveness: Os dois mais valiosos dos vários relatórios sobre inovação e competitividade nos EUA – particularmente em termos de dados históricos – são o *Competitiveness Index: Where America Stands*, do Council on Competitiveness, emitido em março de 2007, e o *Rising Above the Gathering Storm: Energizing and Employing America for a Brighter Future*, da National Academy of Sciences, emitido em 2005. Os dois estão disponíveis *online*. O relatório do conselho pode ser encontrado em www.compete.org e o da NAS, em www.nap.edu.

Página 8 Arbitrador: Meu primeiro desenvolvimento sobre a noção de arbitrador está em "The Worldwide Web of Chinese Business", *Harvard Business Review*, março/abril de 1993.

Página 13 Eu me lembro do debate: Para algumas noções sobre o mundo mutante do alpinismo, veja *The Challenge*, de Reinhold Messner (Oxford University Press, 1977) e o idiossincrático *Mount Analogue: A Novel of Symbolically Authentic Non-Euclidean Adventures in Mountaineering*, de René Daumal (City Lights Books, 1959).

CAPÍTULO UM: INSERINDO INOVAÇÃO NAS INOVAÇÕES

Página 18 Economista Muhammad Yunus: Há uma extensa literatura sobre microempréstimo, mas o relato disponível de Muhammad Yunus, *Banker to the Poor: Micro-Lending and the Battle Against World Poverty* (Public Affairs, 2003), apresenta um bom contexto bem como detalhes de sua história inspiradora. O relatório da Young Foundation, *Social Innovation: What It Is, Why It Matters, and How It Can Be Accelerated*, de Geoff Mulgan, oferece o melhor panorama sobre o tópico. O relatório está disponível *online* em www.youngfoundation.org.uk/publications.

Página 22 Clayton M. Christensen: O livro *Knowledge and the Wealth of Nations*, de David Warsh (W. W. Norton, 2006), apresenta uma brilhante pesquisa de como os economistas – de Adam Smith a Robert Solow e Paul Romer – lutaram pela contribuição das inovações ao crescimento econômico. O livro de Clayton M. Christensen, *The Innovator's Dilemma: When New Technologies Cause Great Firms to Fail* (Harvard Business School Press, 1997), introduz seu conceito de inovação disruptiva. Ele estende sua análise em *The Innovator's Solution: Creating and Sustaining Successful Growth* (Harvard Business School Press, 2003) e *Seeing What's Next: Using The Theories of Innovation to Predict Industry Change* (Harvard Business School Press, 2004).

Página 24 A expressão "problema grave": Alguns dos mais interessantes livros sobre os "graves problemas" globais são *High Noon: 20 Global Problems, 20 Years to Solve Them*, de Jean-François Rischard (Basic Books, 2002); *Global Crises, Global Solutions: Priorities for a World of Scarcity*, de Bjørn Lomborg (Cambridge University Press, 2004); e Plan B 2.0: *Rescuing a Planet Under Stress and a Civilization in Trouble*, de Lester Brown (W. W. Norton, 2006).

CAPÍTULO DOIS: SPUTNIK SILENCIOSO

Página 28 "Sputnik silencioso": A professora Rita Colwell, da Johns Hopkins University, merece todos os créditos pela expressão "Sputnik silencioso". A obra *Sputnik: The Shock of the Century,* de Paul Dickson (Walker & Co., 2007), oferece uma história convincente e popular sobre o Sputnik e suas conseqüências.

Página 30 Shangai Jiao Tong University: A principal pesquisa internacional sobre universidades é conduzida por essa instituição. Os resultados estão disponíveis em ed.sjtu.edu.cn/ranking.htm. A National Science Foundation faz uma pesquisa anual sobre doutorados em ciência e engenharia, www.nsf.gov/statistics/srvydoctorates. A NSF ainda é a principal fonte de dados sobre dispêndios em pesquisa e desenvolvimento, www.nsf.gov/statistics/showpub.cfm?TopID=8. Dados trimestrais sobre financiamentos de capital de risco nos Estados Unidos podem ser encontrados no *site* www.pwcmoneytree.com da PriceWaterhouseCoopers Money Tree.

Página 30 Número de estudantes que estão recebendo instrução: Há muitas fontes úteis para rastrear o ensino superior e as ciências. A Survey of Earned Doctorates, da National Science Foundation, foi mencionada anteriormente. Suas decomposições por tema, cidadania, sexo, e muitos outros fatores, estão disponíveis. O isihighlycited.com é um banco de dados grátis dos pesquisadores mais citados nas ciências. Vivek Wadhwa, da Duke University, tem conduzido pesquisas valiosas comparando disponibilidade e habilidade de engenheiros nos Estados Unidos, na China e na Índia. Um bom resumo pode ser encontrado em seu artigo "Where the Engineers Are", em *Issues in Science and Technology*, edição da primavera de 2007.

Página 32 O Program for International Student Assessment: A comparação internacional de feitos educacionais é um campo extremamente contencioso. Se você procurar no Google qualquer um dos estudos principais, o Program for International Student Assessment (PISA) ou o Trends in International Mathematics and Science Study (TIMSS), encontrará muitas polêmicas a favor e contra como relatórios simples dos achados. A Organization for Economic Cooperation and Development (OECD), que administra o PISA, tem volumes de dados e históricos sobre a metodologia em www.pisa.oecd.org. O National Center for Educational Statistics, pertencente ao Ministério Federal de Educação, é o melhor portal para acessar o TIMSS: nces.ed.gov/timss/.

Página 33 De acordo com a National Math & Science Initiative: A National Math & Science Initiative, www.nationalmathandscience.org, foi lançada em março de 2007. Dados sobre livros apropriados às idades foram indicados a mim por Thomas Kalil, assistente especial do secretário de ciência e tecnologia, Universidade da Califórnia, Berkeley. Eles foram extraídos do trabalho de C. Smith, R. Constantino e S. Krashen, "Difference in Print Environment for Children in Beverly Hills, Compton and Watts", *Emergency Librarian* 24 nº 4, (1997), 8-9.

Página 33 Grupo comercial de empresas indianas de terceirização. O papel da Nasscom na migração de 30 mil profissionais nascidos na Índia é citado em "Indians Find They Can Go Home Again", *New York Times*, 26 de dezembro de 2005. Dados sobre o Hsinchu Industrial Park são de uma apresentação de Irving Ho, *chairman*, EIC Corporation, no US-Japan Technology Management Center, Faculdade de Engenharia, Universidade de Stanford, outubro de 1999.

Página 35 Um estudo global de créditos tributários: Robert Atkinson, que dirige a Information Technology and Innovation Foundation, tem feito um trabalho extensivo sobre políticas fiscais voltadas para pesquisa e desenvolvimento e negociações de alta tecnologia nos EUA. Seu artigo "Deep Competitiveness" em *Issues in Science and Technology*, do inverno de 2007, oferece um resumo claro. O Bureau of Economic Analisys federal, www.bea.gov, rastreia os dispêndios em pesquisa e desenvolvimento nos EUA. A Eurostat, ec.europa.eu/eurostat/, faz o mesmo para os países-membro da União Européia.

Página 37 Migração do capital de risco para aplicações no estrangeiro: O grupo de prestação de contas da Ernest & Young publica uma pesquisa anual sobre capital de risco, o *Global Venture Capital Insights Report*. Números trimestrais sobre captação de fundos e investimentos de capital de risco podem ser encontrados no endereço www.pwcmoneytree.com, *site* da PriceWaterhouseCoopers.MoneyTree.

Decomposições detalhadas dos números do comércio dos EUA estão disponíveis no Bureau of Economic Analysis, www.bea.gov/international/index.htm. O Census Bureau ainda provê números das transações, com uma apresentação dos dados mais simples ao usuário, disponível em www.census.gov/foreign-trade/www.

Página 39 A Sociedade Americana de Engenheiros Civis: O boletim informativo sobre a infra-estrutura da American Society of Civil Engineers está disponível em www.asce.org/reportcard/2005/index.cfm.

Página 42 Famoso futurista Pierre Wack: Pierre Wack escreveu sobre sua abordagem de cenários em dois artigos da *Harvard Business Review*: "Scenarios: Unchartered Waters Ahead", *HBR*, setembro/outubro de 1985, e "Scenarios: Shooting the Rapids", *HBR*, novembro/dezembro de 1985. A introdução-padrão para os cenários é *The Art of the Long View: Paths to Strategic Insight for You and Your Company* (Currency, 1991), por Peter Schwartz, co-fundador e *chairman* da Global Business Network.

CAPÍTULO TRÊS: A NOVA GEOGRAFIA DA INOVAÇÃO

Página 53 Cingapura é uma nação-ilha: Uma parcela da percepção da extraordinária variedade de iniciativas de inovações de Cingapura pode ser obtida no *site* do Biopolis, www.a-star.edu.sg/astar/biopolis/index.do; no *site* do One North, www.one-north.sg; e no *site* da National Research Foundation, www.nrf.gov.sg/.

Página 54 Uma monografia sobre o Biopolis: A monografia útil da JTC Corporation é denominada *Biopolis, Design for Life!*, JTC Corporation, Cingapura, 2006.

Página 58 Líder mundial em energia eólica: O programa pioneiro em energia da Dinamarca é descrito com alguns maravilhosos relatos em "How Denmark Paved the Way to Energy Independence", *Wall Street Journal*, 16 de abril de 2007.

Página 59 Minha breve estada: Informações em inglês sobre o Comitê de Inovação Dinamarquês e *links* para seus relatórios podem ser encontrados em www.innovationsraadet.dk/indhold.asp?id=205.

Página 60 Flexibilidade e segurança: Um resumo proveitoso sobre "flexi-segurança" pode ser encontrado em A Fistful of Euros, fistfuloofeuros.net/?p=2468. O Nordicmodel, aplefebvre.wordpress.com, é um blog interessante que cobre todos os aspectos do modelo econômico e social nórdico.

Página 60 A faculdade administrada pelo meu amigo: A recente abordagem para a gestão da educação de Kaos Pilots está descrita em *Kaospilot A – Z*, por Uffe Elbaek (Kaos Communication, 2006). O *site* da faculdade é www.kaospilot.dk.

Página 67 Conforme apontado por um recente relatório da Asia Society: O relatório da Asia Society, "Math and Science Education in a Global Age: What the U.S. Can Learn from China", publicado em maio de 2006, está disponível em www.internationaled.org/mathsciencereport.htm.

Página 72 Setor de helicópteros norte-americano: A queda no setor de helicópteros norte-americano é um estudo de caso instrutivo de como os Estados Unidos têm deixado de promover inovações em algumas áreas críticas. O estudo do Departamento de Defesa "The Vertical Lift Industrial Base: Outlook 2004-2014" pode ser encontrado no *site* da política industrial do Pentágono, www.acq.osd.mil/ip/.

CAPÍTULO QUATRO: CRIANDO TALENTOS

Página 80 A Finlândia despende 6,4%: Experiências proveitosas sobre educação na Finlândia podem ser encontradas no *site* informativo do Finnish Ministry of Foreign Affairs, www.finland.fi/Education_Research/. O conjunto mais abrangente de dados comparativos sobre sistemas educacionais é gerado pela OECD, www.-oecd.org/education/. Uma ferramenta mais simples para a comparação de países em termos de educação, e em muitas outras áreas, é o www.nationmaster.com, da Nation Master, que agrega dados de várias fontes, inclusive da OECD. O *site* www.gapminder.org, da Gapminder, com uma brilhante estrutura gráfica, permite comparações entre um conjunto reduzido de dados ao longo do tempo.

Página 82 O país com uma identidade de marca: Informações abrangentes sobre o sistema educacional de Cingapura podem ser encontradas em www.moe.gov.sg., do Singapore Ministry of Education.

Página 85 Excelência educacional: Irlanda: Um bom resumo sobre os avanços educacionais na Irlanda pode ser encontrado em "The Luck of the Irish", *Fortune*, 25 de outubro de 1999.

Página 86 De acordo com o *Tapping*: A organização que emite o relatório *Tapping America's Potential*, www.tap2015.org, tem como objetivo dobrar o número de formandos com títulos de bacharéis em ciência, engenharia, tecnologia e matemática nos Estados Unidos até 2015.

Página 87 Os consultores da McKinsey: O estudo em três etapas da McKinsey & Company sobre *offshoring* e o mercado de mão-de-obra global está disponível no *site* www.mckinsey.com/mgi/, do McKinsey Global Institute. Muito embora os números da McKinsey sobre o impacto do *offshoring* possam parecer alarmantes, alguns observadores acreditam que eles minimizam o problema. O economista Alan Blinder de Princeton, ex-vice-presidente do Federal Reserve, tem sido particularmente franco. Seu artigo "How Many U.S. Jobs Might be Offshorable?" está disponível no *site* www.princeton.edu/~ceps/, do Center for Economic Policy Studies, da Universidade de Princeton.

Página 87 Howard Gardner, professor da Harvard e autoridade educacional: A obra recente de Gardner, *Five Minds for the Future*, discute a importância da ética na educação (Harvard Business School Press, 2007). Ele ainda explorou esse território em *Good Work:*

When Excellence and Ethics Meet, em co-autoria com Mihaly Csikszentmihalyi e William Damon (Basic Books, 2002).

Página 89 Veteranos animados de pouca idade: Dois livros recentes relatam o extraordinário impacto da G.I. Bill. *Soldiers to Citizens: The G.I. Bill and the Making of the Greatest Generation*, de Susan Mettler (Oxford University Press, 2005), é um trabalho acadêmico baseado nos levantamentos com 1.500 beneficiários do decreto. *Over Here: How the G.I. Bill Transformed the American Dream*, de Edward Hume (Harcourt, 2006), é uma obra com um perfil mais jornalístico.

Página 92 Desde o ano 2000, a Fundação Bill e Melinda Gates: Uma avaliação crítica dos esforços dessa fundação em escolas de ensino médio encontra-se em "Bill Gates Gets Schooled", *Business Week*, junho de 2006. As próprias informações e análises de iniciativas da fundação podem ser encontradas em www.gatesfoundation.org/UnitedStates/Education.

Página 100 E esses enfoques integradores: O livro *The Disciplined Mind: What All Students Should Understand*, de Howard Gardner (Simon & Schuster, 1999), descreve eloqüentemente o ensino que, nas palavras de Gardner, "toda criança merece". A descrição de novos modelos de ambientes de aprendizagem de John Seely Brown foi apresentada originalmente no Aspen Symposium do Forum for the Future of Higher Education de 2005. Ela pode ser lida em seu *site*, www.johnseelybrown.com.

Página 106 FIRST: Detalhes da FIRST e informações sobre os últimos desafios lançados para seus jovens competidores podem ser encontrados em www.first.org.

CAPÍTULO CINCO: SEDUZINDO TALENTOS

Página 110 *The Flight of the Creative Class*: Os dois livros de Richard Florida, *The Rise of the Creative Class* (Basic Books, 2003) e *The Flight of the Creative Class* (Collins, 2005), contêm abundantes análises e informações sobre o que chamo de "sedução de talentos". Além de examinar as condições que melhor atraem a "classe criativa", Florida compilou, durante um período de tempo, um Índice de Classe Criativa que posicionava as cidades segundo suas atrações. Na última publicação dos resultados, San Francisco estava em 1º lugar, Austin, em 2º.

Página 111 Um estudo de acadêmicos: O trabalho de Vivek Wadhwa, Gary Gereffi e seus pares na faculdade de Engenharia da Duke University já foi citado. Além de "Where the Engineers Are", de Wadhwa, veja o principal relatório: *Framing the Engineering Outsourcing Debate*, disponível para *download* em memp.pratt.duke.edu/outsourcing/.

Página 112 Globalização e o movimento mais facilitado: A obra de AnnaLee Saxenian, *The New Argonauts: Regional Advantage in a Global Economy* (Harvard University Press, 2006) examina o fenômeno de empreendedores globalizados, que vivem viajando, e que gravitam recorrentemente em torno dos necessários recursos e dos centros de conhecimento, deixando de manter lealdade a uma base doméstica específica.

CAPÍTULO SEIS: A IMPORTÂNCIA DO LOCAL

Página 128 Os clubes de jazz, em contrapartida: Meu primeiro livro, *Jamming: The Art and Discipline of Business Creativity* (Harper Business, 1996) desenvolve a metáfora do jazz como um sistema aberto para inovações.

Página 130 Em 1595, o jesuíta italiano: O livro *The Memory Palace of Matteo Ricci* (Viking, 1984), de Jonathan Spence, sinólogo de Yale, é um encanto de relato histórico. O palácio da memória é parte da história, mas o foco real do trabalho de Spence é a experiência das missões católicas empreendidas na China no século XVI.

Página 130 A imaginação pode atingir grandes alturas: A obra *How Buildings Learn: What Happens After They're Built* (Penguin, 1994), de Stewart Brand, oferece numerosos exemplos de como os melhores edifícios se adaptam com o tempo a seus usuários. Estruturas inflexíveis sufocam os usuários e se revelam inadequadas para suportar as inevitáveis mudanças em qualquer organização no decorrer do tempo. O próprio Brand se baseia no trabalho de Christopher Alexander, particularmente *A Pattern Language* (Oxford University Press, 1977) e *A Timeless Way of Building* (Oxford University Press, 1979).

Página 132 A Skunk Works original: O histórico da Skunk Works original pode ser encontrado em *Kelly: More Than My Share of It All*, a autobiografia de seu fundador, Clarence "Kelly" Johnson (Smithsonian Institution Press, 1985). Ela está repleta de histórias interessantes e da marca particular de sabedoria de Johnson.

Página 132 A *skunk works* é uma solução inteligente: Charles O'Reilly e Michael Tushman, "The Ambidextrous Organization", *Harvard Business Review*, abril de 2004.

Página 134 Aparelhos auditivos: Eu redigi a história da Oticon como um estudo de caso da Harvard Business School: Oticon (A) # 395144, publicado em 2 de maio de 1995. É possível encontrá-lo em: http:://harvardbusinessonline.hbsp.harvard.edu/bo2/en/cases/cases_home.jhtml (HBS Press Online).

Página 140 "Eu entendo o que você quer dizer": Acredito fielmente na importância da facilitação, mas a literatura sobre o tópico é, na melhor das hipóteses, incipiente. O meu próprio trabalho *Facilitation Manifesto* (Kao & Company, 2007) apresenta uma breve introdução, mas o melhor entendimento do poder da facilitação pode advir do estudo dos grandes diretores cinematográficos e de suas capacidades de persuadir diversos talentos a atuar de maneira cooperativa e além de suas expectativas.

CAPÍTULO SETE: A COLABORAÇÃO NOS EUA

Página 149 O significado literal de código aberto: Há inúmeros livros que explicam o fenômeno do código aberto. *The Success of Open Source* (Harvard University Press, 2005), de Steven Weber, cientista político de Berkeley, e *The Wealth of Networks: How Social Production Transforms Markets and Freedom*, de Yochai Benkler (Yale University Press, 2006), são exames acadêmicos, rigorosos, da economia política do mundo interligado em redes. Os ensaios de Eric Raymond são coletados em *The Cathedral and the Bazaar: Musings on Linux and Open Source by an Accidental Revolutionary* (O'Reilly Media, 2001). O panfleto de Demos, *Wide Open: Open Source Methods and Their Future Potential*, por Geoff Mulgan, Tom Steinberg e Omar Salem, apresenta algumas especulações interessantes de como as idéias de software livre poderiam ser adotadas em inúmeros campos.

Página 153 "Comportamento fora de controle": *Out of Control: The New Biology of Machines, Social Systems and the Economic World*, de Kevin Kelly (Perseus Books, 1995), traz um excelente panorama sobre o comportamento emergente.

Página 156 A popular história de quadrinhos: Warren Ellis é, de longe, meu favorito autor de novelas gráficas. Sua série *Global Frequency* traz um exame visionário do futuro da inteligência conectada em rede. Outros trabalhos dele oferecem visões alertadoras e determinadas sobre o futuro do jornalismo, das celebridades e da exploração espacial.

Página 159 Pilotos de caças em combates aéreos a curta distância: A obra *Boyd: The Fighter Pilot Who Changed the Art of War* (Little Brown & Co., 2002), de Robert Coram, discute o *loop* OODA e muitas outras inovações e excentricidades creditadas a John Boyd.

Página 166 Glenn Reynolds: *An Army of Davids: How Markets and Technologies Empower Ordinary People to Beat Big Media, Big Government, and Other Goliaths*, de Glenn Reynolds (Thomas Nelson, 2007), é um trabalho entusiasmado sobre o poder da nova mídia criada pelos usuários. Uma postura mais uniforme pode ser encontrada no trabalho de meu colega Lance Knobel, "Nulius in Verba: Navigating Through the New Media Democracy", em *Barons to Bloggers* (Melbourne University Press, 2005).

Página 168 O software *wiki*: *Wikinomics: How Mass Collaboration Changes Everything* (Portfolio, 2006), de Donald Tapscott, faz um bom trabalho explicando a Wikipedia e outras idéias de *"crowdsourcing"*.

O livro *The Wisdom of Crowds* (Doubleday, 2004), de James Surowiecki, cobre a razão simples pela qual a colaboração em massa pode ser tão bem-sucedida, e seu particular valor nos mercados de prognósticos.

Página 172 Mas Lessig, tem desenvolvido: Lawrence Lessig escreve cheio de entusiasmo em seu blog, www.lessig.org/blog. Seu livro *Free Culture: The Nature and Future of Creativity* (Penguin, 2005) explica as idéias por trás de suas batalhas legais e da criação do Creative Commons.

CAPÍTULO OITO: BEM-VINDOS AO FUTURO

Página 178 A National Business Incubation Association: A National Business Incubation Association, www.nbia.org, mantém dados de incubadoras nos Estados Unidos.

Página 180 Em seu influente livro: *The Competitive Advantage of Nations* (Free Press, 1990), de Michael Porter, não apenas definiu o vocabulário-padrão para discussões nas economias regionais, como também inflamou todo um setor de firmas de consultoria assessorando cidades, regiões e países. Porter também ajudou a fundar a Monitor Group, uma das principais empresas na área. O livro acima foi precedido pelas seguintes obras de Porter: *The Competitive Strategy* (Free Press, 1980) e *The Competitive Advantage* (Free Press, 1985), trabalhos esses que estabeleceram padrões em estratégia corporativa.

Página 184 Frans Johansson: O livro *The Medici Effect: What Elephants and Epidemics Can Teach Us About Innovation*, de Frans Johansson (Harvard Business School Press, 2006), argumenta que ocorrem inovações quando diversos grupos e recursos se combinam para "dar início a uma explosão de idéias".

Página 185 Mary Walshok: Uma grande parte de meu material sobre San Diego provém de várias sessões de conversações, bem como de intervenções mais formais com Mary Walshok, vice-reitora associada, Public Programs, University of California at San Diego (UCSD).

Página 189 Mas nos números do orçamento federal dos EUA: O Center for Economic and Policy Research oferece uma calculadora orçamentária *online* que possibilita aos usuários inserirem despesas ou alíquotas fiscais específicas no contexto de um orçamento federal geral: www.cepr.net/calculators/bc/cbc.html.

Página 194 Aqui está o que Richard Rhodes me revelou: A história definitiva do Projeto Manhattan – e um texto essencial para qualquer pessoa interessada em entender a dinâmica de uma inovação em grande escala – é *The Making of the Atomic Bomb*, de Richard Rhodes (Simon & Schuster, 1986). Rhodes ainda devotou generosamente uma manhã para uma entrevista comigo na qual pude pesquisar mais profundamente as lições que esse Projeto transmite como uma agenda efetiva de inovações nacionais.

A meu ver, o programa Apollo ainda se ressente da falta de um Richard Rhodes. A melhor história geral é *Apollo: The Race to the Moon*, de Charles Murray e Catherine Bly Cox (Simon & Schuster,

1989). *The Man Who Ran the Moon: James E. Webb, NASA, and the Secret History of Project Apollo*, de Piers Bizony (Thunder's Mouth Press, 2006), revela material extra e é particularmente valioso quando trata do tópico de James Webb.

Página 198 Johnson operava o programa Skunk Works: Além de *Kelly: More Than My Share of It All*, há a autobiografia de Clarence "Kelly" Johnson (citada anteriormente), e um relato mais completo das histórias mais recentes do Lockheed Skunk Works pode ser encontrado em *Skunk Works: A Personal Memoir of My Years at Lockheed*, de Ben Rich e Leo Janos (Little Brown & Co., 1994). A Lockheed Martin mantém um *site* muito útil sobre Skunk Works, www.lockheedmartin.com/skunkworks, que inclui as 14 regras de Johnson (e onde os fãs podem comprar produtos promocionais oficiais do Skunk Works). O Skunk Works é também coberto como um dos estudos de caso em *Organizing Genius: The Secrets of Creative Collaboration*, por Warren Bennis e Patricia Ward Biederman (Perseus Books, 1998).

Página 200 George Leonard, autor de Mastery: O livro *Mastery: The Keys to Success and Long-Term Fullfillment*, de George Leonard (Penguin, 1992), foi desenvolvido a partir da própria experiência do autor como um mestre de aikido. Mas essa teoria do conhecimento fornece lições importantes para qualquer propósito, quer para melhorar suas habilidades no tênis, quer para melhorar suas competências nacionais para inovar. Leonard também foi muito gentil ao passar parte de um dia conversando comigo sobre mestria e como lecionar de maneira efetiva.

Página 201 Senge e seus parceiros: Para mais detalhes sobre o tópico de "marcar presença", é possível consultar a fonte: *Presence: An Exploration of Profound Change in People, Organizations, and Society*, por Peter Senge, C. Otto Scharmer, Joseph Jaworski e Betty Sue Flowers (Currency Books, 2006).

Página 203 O Plano Marshall: Surpreendentemente, há poucos relatos populares sobre o pioneirismo do Plano Marshall. Ensaios acadêmicos úteis sobre o plano e seus efeitos podem ser encontrados em *The Marshall Plan: Fifty Years After*, editado por Martin A. Schain (Palgrave Macmillan, 2001). Allen Dulles, famoso mais tarde como diretor da Central Intelligence Agency, escreveu sobre o plano quando sua aprovação ainda estava duvidosa em 1947. O trabalho de Dulles, *The Marshall Plan*, foi descoberto por um pesquisador acadêmico 40 anos após o autor tê-lo preparado, sendo publicado subseqüentemente (Berg Publishers, 1993).

CAPÍTULO NOVE: A AGENDA NACIONAL DE INOVAÇÕES

Página 213 Rubin como seu primeiro diretor: A própria perspectiva de Robert Rubin sobre o Conselho Econômico Nacional e muitas outras questões pode ser encontrada nessa modesta e agradável autobiografia, escrita em co-autoria com Jacob Weisberg, *In an Uncertain World: Tough Choices from Wall Street to Washington* (Random House, 2003).

Página 214 Robert Kaplan e David Norton: Robert Kaplan e David Norton, "The Office of Strategy Management", *Harvard Business Review*, outubro de 2005.

Página 215 A Tekes tem um orçamento de US$ 500 milhões: O livro *The Past and Future of America's Economy: Long Waves of Innovation that Power Cycles of Growth*, de Robert D. Atkinson (Edward Elgar, 2005), utiliza a Tekes finlandesa como um modelo do que o autor intitula de uma "fundação de criatividade americana"). O *site* da Tekes, www.tekes.fi/eng, tem numerosos estudos de caso de colaboração entre o governo, o setor privado e o meio acadêmico com parceiros internacionais.

Página 216 Devemos desenvolver: *What is a Critical Technology?*, de Bruce A. Bimber e Stephen W. Popper (Rand, 1994), apresenta uma estrutura útil para a avaliação de tecnologias em uma base nacional. Os relatórios bienais do National Critical Technologies Panel da administração Clinton estão disponíveis *online* nos National Archives, mas a ferramenta de busca do Google parece oferecer melhores resultados na recuperação desses dados do que o próprio mecanismo dos arquivos, www.archive.gov.

Página 224 A disponibilidade de banda larga: Existem diversas pesquisas sobre a penetração da banda larga. Optei por utilizar os dados estatísticos da Organization on Economic Cooperation and Development, www.oecd.org. A Diretoria de Ciências, Tecnologia e Indústria da OECD mantém uma série útil de tempos de dados estatísticos sobre a penetração e uso de banda larga em todos seus 30 países-membros.

Página 227 Conforme detalhado no *best-seller Longitude*, de Dava Sobel: *Longitude: The True Story of a Lone Genius Who Solved the Greatest Scientific Problem of His Time*, de Dava Sobel (Penguin, 1996). O economista Michael Kremer, da Harvard, tem sido o primeiro defensor de prêmios para estimular inovações, com seu trabalho sobre incentivos para criar vacinas contra a malária e outras doenças tropicais. Visite seu *site* www.economics.harvard.edu/faculty/kremer.vaccine.html.

CAPÍTULO DEZ: O QUE É BOM PARA O MUNDO É BOM PARA A AMÉRICA

Página 233 Uma das maiores potências do mundo: Com certeza estou ciente das controvérsias que rondam sobre a idéia do destino manifesto dos Estados Unidos. Não defendo um novo imperialismo. O *Manifest Destiny: American Expansion and the Empire of Right*, de Anders Stephanson (Hill & Wang, 1996), pesquisa a origem do conceito e como ele tem sido utilizado até os dias atuais.

Página 236 Qualifica todos os inovadores do mundo: O Global Innovation Index é preparado pela revista *World Business*, em associação com a INSEAD, principal faculdade de administração européia. Ela utiliza dados estatísticos agrupados segundo oito títulos – instituições e políticas, capacidade humana, infra-estrutura, sofisticação tecnológica, mercados de negócios e capital, conhecimento, competitividade e riqueza – para criar um *ranking* de 107 nações. No índice de 2007, os Estados Unidos ficaram classificados em 1º lugar, a Alemanha em 2º e o Reino Unido, em 3º. Angola obteve a última colocação, em 107º. Todos, inclusive eu, adoramos *rankings*, mas esses tipos de instantâneos estatísticos devem ser utilizados com uma certa dose flexível como indicadores intrigantes, e não como julgamentos definitivos: worldbusinesslive.com/search/article/625441/the-worlds-top-innovators/.

Página 236 O banco de investimentos Goldman Sachs: Jim O'Neil, economista global do Goldman Sachs, teve a idéia original de agrupar Brasil, Rússia, Índia e China como influenciadores-chave no futuro da economia mundial. Sua noção foi expandida em um relatório de pesquisa econômica do banco, "Dreaming with BRICs: The Path to 2050", elaborado por Dominic Wilson e Roopa Purushothaman (Goldman Sachs Global Economics Paper 99, outubro de 2003). Seguiram-se inúmeras análises. Uma apresentação interessante de vídeo sobre os BRICs pode ser encontrada em www.gs.com/brics.

Página 237 "Teoria dos Arcos Dourados": Thomas Friedman descreveu sua "Teoria dos Arcos Dourados de Prevenção de Conflitos" no livro *The Lexus and the Olive Tree* (Farrar, Straus & Giroux, 1999). Aparentemente ele omitiu o fato de que Belgrado tinha diversas franquias de McDonald's na época dos combates na antiga Iugoslávia.

Página 237 Saxenian denomina de "circulação de cérebros": O livro *The New Argonauts: Regional Advantage in a Global Economy*, de AnnaLee Saxenian (Harvard University Press, 2006), fornece uma estrutura para se pensar sobre a "circulação de cérebros". Os argonautas de Saxenian são empreendedores/viajantes internacionais, que se deslocam facilmente entre diferente países e culturas para se beneficiarem das redes globais de recursos e de conhecimento.

Página 239 Em uma pesquisa com 186 empresas: Booz Allen Hamilton e INSEAD, "Innovation: Is Global the Way Forward?" 2006. Disponível no arquivo www.strategy-business.com/media/file/global_innovation.pdf.

Página 242 *Global Competitiveness Report*: Michael Porter, Klaus Schwab, Augusto Lopez-Claro e Xavier Sala-i-Martin, eds., *The Global Competitiveness Report* 2006-2007 (Palgrave Mcmillan, 2006). Algumas das informações constantes no *Global Competitiveness Report* podem ser acessadas em www.weforum.org/gcr.

Página 247 A *expert* em inovação e escritora Dorothy Leonard: Minha ex-parceira no ensino na Harvard Business School, Dorothy Leonard, e o sócio dela, Walter C. Swap, adicionaram *insights* incisivos em seus estudos de cultivo do conhecimento intitulado *Deep Smarts: How to Cultivate and Transfer Enduring Business Wisdom* (Harvard Business School Press, 2005).

Página 249 No mesmo espírito: Alec Wilkinson, "No Obstacles", *The New Yorker*, 16 de abril de 2007, retrata um perfil fascinante de David Bell e do novo esporte radical intitulado *parkour*.

Página 253 A metade daquele financiamento: Dados atuais sobre o financiamento de capital de risco nos Estados Unidos podem ser encontrados em www.pwcmoneytree.com. A nova abordagem do Y Combinator é sucintamente descrita em seu *site*, www.ycombinator.com.

Página 255 "Um dia após o outro deixávamos Benjamin": A história do então jovem Benjamin Gardner é recontada no livro *The Disciplined Mind: What All Students Should Understand*, de Howard Gardner (Simon & Schuster, 1999).

Página 258 "Conversas ao pé da lareira": O Museum of Broadcast Communications, www.museum.tv, oferece todas essas conversas de Franklin Delano Roosevelt graças ao seu arquivo *online*.

SOBRE O AUTOR

John Kao, intitulado de "Sr. Criatividade" e "inovador em série" pelo *The Economist*, tem tido uma carreira multifacetada: guru em inovação, escritor de renome, indicações para o Prêmio Tony como produtor cinematográfico e teatral, psiquiatra, professor da Harvard Business School, consultor experiente e empreendedor em série. Ele é o presidente da Kao & Company, uma empresa de consultoria e desenvolvimento de empreendimentos de risco que tem, entre seus clientes, empresas de primeira linha, agências governamentais e figuras políticas. Kao reside atualmente em San Francisco, Califórnia.

O *site* innovation.org está sendo lançado como um portal que disponibiliza acesso a inovações no tópico multifacetado de uma estratégia nacional voltada a inovações. Ele tem como objetivo suportar a interação entre uma comunidade global de legisladores de diretrizes, *experts* de domínio e cidadãos interessados.

INDEXtech-SINbrasil – Consultoria e Capacitação
Rua Arthur Rocha, 23 sala 401. CEP 90450-171 – Porto Alegre/RS
Fones: 55-51-3330-1444/3028-5454
Cel.: 55-51-8162-0800
E-mail: hiparcio@indextech.com.br
www.indextech.com.br/www.sinbrasil.com.br

Qualitymark Editora
Rua Teixeira Júnior, 441 – São Cristóvão
20921-405– Rio de Janeiro – RJ
Tels.: (21) 3295-9800/3860-8422
Fax: (21) 3295-9824

www.qualitymark.com.br
e-mail: quality@qualitymark.com.br

Dados Técnicos:

• **Formato:**	16×23cm
• **Mancha:**	12×19cm
• **Fontes:**	NewBskvll BT
• **Corpo:**	11
• **Entrelinha:**	13,2
• **Total de Páginas:**	304
• **Lançamento:**	Julho/2008
• **Gráfica:**	Armazém das Letras